서해와 갯벌

나승만 · 조경만 · 고광민 · 이경엽
이윤선 · 김 준 · 홍순일 지음

景仁文化社

이 책은 2005년 정부재원(교육과학기술부 학술연구조성사업비)으로
한국학술진흥재단의 지원을 받아 연구되었음(KRF-2005-005-J13702)

서 문

이 책은 한국학술진흥재단 2005년 중점연구소 지원 과제 9년 중 1단계 2차년도(2006.12.01-2007.11.30) 연구 결과를 담아낸 것이다. 「국가 해양력 강화를 위한 도서·해양문화 심층연구」라는 과제 아래 유형문화자원 분야와 무형문화자원 분야로 세분하여 연구를 하고, 그 성과를 단행본으로 간행한 것이다. 이 책은 제2세부 분야 「한국 도서·해양문화의 서해권 연구-무형문화자원 분야-」 내용이고, 주제어는 갯벌이다. 우리 연구단은 도서·해양문화에 담긴 의미찾기 작업을 섬과 바다의 문화현장에서 주민과 함께하는 방식으로 진행해 왔다. 서해권 도서·해양문화의 조사와 활용방안의 연구는 바로 이러한 내용을 핵심으로 한다.

서해권은 우리나라 조기를 위시하여 갯벌이 펼쳐져 있는 황금어장으로서 이른바 '조기문화'와 '갯벌문화'를 특징으로 한다. 또한 새만금간척사업이라는 국책사업이 시행되는 현장이어서 도서·해양문화의 원형이 훼손될 위험성이 가장 높은 곳이다. 그리고 중국 및 북한과 접경하고 있어 역사적·문화적으로 교류와 긴장이 중중화된 해역이다. 서해권을 1단계 연구 대상지역으로 선정한 것은 바로 이 때문이다.

갯벌은 말 그대로 '갯가의 넓고 평평하게 생긴 땅'이지만 일반적으로는 조류潮流, 潮汐流로 운반되는 미사silt나 점토clay 등의 미세입자가 파랑波浪의 작용을 적게 받는, 즉 파도가 잔잔한 해안에 오랫동안 쌓여 생기는 평탄한 지형을 말하는 것이다. 서해 연안지역은 전세계적으로 매우 큰 조차潮差를 가지는 대조차大潮差 환경으로, 도처에 갯벌이 잘 발달되어 있다. 세계 5대 갯벌 중의 하나라는 말은 이를 방증傍證하는 것이다. 바닷물의 수평운동인 조류潮流는 조수潮水가 오르내릴 때 발생하며, 조류는 토사를 운반하여 퇴적시키고 해안지형을 변화시켜 발달시킨다. 이러한 갯벌은 바다 갯벌은 수산물의 생산에서 육상의 그것보다 9배나 높은 가치를 가지고, 연안갯벌은 육상에서 배출되는 오염물질을 정화하며, 도서·연안의 갯벌은 사람들에게 사냥, 낚시, 아름다운 경치 및 해수욕장 등을 제공한다. 또한 연안갯벌은 단기간의 홍수량을 조절하여 홍수에 따른 인명 및 재산피해를 감소하고, 태풍으로부터 육지지역에 대한 피해를 감소시키는 등의 주요 기능을 수행하고 있다.

우리 연구단은 이 점에 주목하여 서해와 갯벌의 어로문화를 논의했다. 영산강 및 서남해 주민들의 갯벌 환경과 기술, 생업들에 묻혀 있고 언술, 설화, 의례행위들에 단편적이고 간헐적으로 나타나는 개념들, 서해바다 황금갯벌의 구비문학, 낙지, 잡어, 부세 등을 채취하는 어구漁具 손 도구, 독살, 발 등, 남해안과 서해안에서 이루어지는 낙지잡이의 어법과 어구, 갯벌어장, 갯벌지역의 어로신앙, 금강하구 내륙에 인접해 있으면서도 변방으로 인식되고 있는 섬 개야도 등이 바로 그것이다. 이 논의를 통해 서해권 도서·해양문화의 특성에 접근하고자 한 것이다.

이 책은, 대상의 인식 방법으로서 '사람들의 생활과 갯벌', 인식 대상의 조사 연구로서 '서해의 갯벌'에 대한 글로 구성되어 있다.

우선 논의한 것은 「사람들이 갯벌과 생활에 대해 갖는 개념들 – 영산강 유역, 서남해 연안과 도서지역 사례 – 」(조경만)이다. 이 글은 영산강 및 서남해 주민들의 갯벌 환경과 기술, 생업들에 묻혀 있고 언술, 설화, 의례행위들에 단편적이고 간헐적으로 나타나는 개념들을 관념론적 관점에서 살피되, 몇 가지 양상들 안에 어떤 개념이 들어 있는가에 초점을 두었다. 즉 단편적 언술이나 행위들에 묻어 있으면서 한 컷으로 나타나는 축도縮圖, 한 컷으로 전체를 지시하는 단편적 평언評言과 비유를 대상으로, 갯벌에 대한 생태계와 기술경제, 사회경제적 연구를 벗어나, 장소와 생활에 대한 사람들의 개념을 살피는 관념론적 접근을 시도한 것이다. 이와 동시에 자연환경에 대한 인식과정, 개념화와 개념들, 개념에 의해 내용과 형식을 갖추는 지적·정서적 사항들, 상징을 통한 의미화 등으로 진전시키겠다는 과제를 남겼다.

다음에 논의한 것은 '서해의 갯벌'에 관한 것이다.

첫째, 「증도 주민들의 갯벌에 대한 민속적 인지와 어로활동」(나승만)에 대한 논의이다. 이 글은 증도 갯벌어로를 어로민속의 관점에서 살피되, 낙지, 잡어, 부세 등을 채취하는 어구漁具와 경제력과의 관계에서 증도 갯벌어로의 양상과 사회상의 고찰에 초점을 두는 동시에 손 도구, 독살, 발 등의 어로문화사적 위상을 살핀 것이다. 증도 갯벌어로에서 주목한 세 가지 도구는 손 도구, 독살, 발이다. 증도 갯벌어로의 양상과 사회상을 고찰할 수 있기 때문이다. 손 도구는 일상적 어로활동의 수단인데, 낙지에서 보는 것처럼 주민과 어촌공동체의 경제력을 신장시킨다. 독살은 현재 소멸되었지만, 경제력의 바탕이 되었고, 보다 폭넓게 참여한 주민들은 이를 통해 다양한 잡어들을 잡았다. 그리고 발은 현재 소멸되었지만, 부자가 상대적으로 이를 주도하였다. 증도 재앙섬 발은 부세만의 서해 남단 산란장과 일치하는 의의가 있다.

둘째, 「낙지의 어법과 어구」(고광민)에 대한 논의이다. 이 글은 남해안과 서해안에서 이루어지는 낙지잡이를 생산민속의 관점에서 견학을 통해 살피되, 낙지의 어법과 어구의 차이를 규명하는데 초점을 두는 동시에 그 까닭을 살피고자 한 것이다. 필자는 남해안 낙지의 어법과 어구와 서해안 낙지의 그것을 대비하는데 힘썼다. 그 결과 낙지의 민속생태는 사례마다 미묘한 차이가 있다고 한 후, 전남 고흥·해남 등 남해안의 무른 갯벌에서는 주로 여성들이 맨손이나 호미, 그리고 전남 신안, 충남 서산, 경기도 화성·안산 등 서해안의 탄탄한 갯벌에서는 주로 남성들이 가래나 호미로 잡는다고 했다. 여름에 전남 신안군 암태도에서는 낙지구멍에 '곡간'을 설치하여 낙지를 유인하여 잡기도 한다고 했다. 단, 한반도의 낙지의 어법과 어구는 보다 많은 사례들이 축적될 때 보다 명확한 결론이 드러날 것이라고 했다.

셋째, 「갯벌어장 이용방식의 변화와 어촌공동체의 적응」(김준)에 대한 논의이다. 이 글은 갯벌어장을 주민들의 생활과 생산의 기능이라는 시각에서 소유방식과 운영형태에 따라 공동점유, 순환점유, 사적점유, 개별점유 등으로 구분하여 살피되, 갯벌어장의 변화에 따른 신공동점유형 어촌공동체의 출현에 초점을 두는 동시에 노인·여성 등 사회적 약자의 생활기반과 어촌의 유지·지속이라는 우리 갯벌의 위상을 살폈다. 어민들은 간조시 6m 이내인 연안습지를 특별한 공간으로 여기는 이유는 김, 바지락, 굴 등 양식어업을 하고, 낙지, 숭어, 새우 등을 잡고 있으며, 천일염을 생산하기도 하기 때문이다. 특히 우리의 갯벌은 외국의 갯벌과는 달리, 마을공동어장으로서 마을(노인·여성)의 경제적 기반이 되고 있다. 갯벌이 지속되어야 하는 것은 단순히 해양생태계의 유지나 공익적 측면만이 아니라 어촌마을의 유지와 지속차원에서도 매우 중요하다는 것이다.

넷째, 「갯벌지역의 어로활동과 어로신앙」(이경엽)에 대한 논의이다. 이 글은 '갯벌지역의 어로신앙'을 해양민속의 관점에서 살피되, 갯제의 어로활동변화에 초점을 두는 동시에 해양문화의 위상을 살핀 것이다. 어로활동이 경험적이고 생태적인 인식체계와 연관되고, 어로신앙이 종교적인 관념에 토대를 두고 있어서 서로 구분되지만, 풍요를 기대하고 실천하는 행위라는 점에서 동질성이 있다고 하면서, 갯벌환경에 적응한 어민들의 민속지식과 축원의례를 검토한 것이다. 갯벌이 수많은 생물의 서식지이자 다양한 어업문화를 낳고 전승해온 배경이라고 전제하고, 갯벌어민들은 환경에 적응하면서 민속지식을 창출하고, 토착지식을 전승하며, 풍어어로의 안전을 위해 축원의례를 거행한다고 했다. 그러면서 갯벌어로상 생태환경조건(물때)과 어로력·의례력은 긴밀하다는 원리를 추출한 후 갯바위지역과의 비교를 통해 갯벌지역 어로신앙의 네 가지 특징을 정초했다. 어로종류별 의례의 대응, 갯제의 지속과 변화, 여성의 주도적 참여, 두드러진 기풍의례적 주술종교성 등이 바로 그것이다.

다섯째, 「서해바다 황금갯벌의 구비전승물과 해양정서」(홍순일)에 대한 논의이다. 이 글은 서해바다 황금갯벌을 구비문학의 관점에서 살피되, 서해 갯벌지역민이 종합예술제의장에서 해양신격을 모심으로써 일생과 생산의 주기에 따른 의례를 거행할 뿐만 아니라 언어적 진술과 문학적 형상에 의한 미적 전유행위를 시도하는 점에 초점을 두는 동시에 갯벌어로를 하면서 지니게 되는 구비전승물과 해양정서의 해양문화사적 의의를 살폈다. 그 결과, 서해 갯벌지역민들은 바다와 연안을 오가면서 갯벌어로를 하면서 지니게 되는 해양정서인 생태적 생명성, 자연적 적응성, 개방적 다양성, 진취적 의식성 등을 표출할 수 있었다. 풍어제의 개양할 미·임경업장군을 상상으로 신앙하며, 입을 닫는 행위를 통해, 신앙의 결절점結節點을, 갯벌어로의 시작에서 의례하며, 갯벌어장을 트는 행위를 통해 생산의례의 결절점을, 풍어제의 배치기·띠뱃놀이에서, 시가무詩歌舞로 푸는 행위를 통해 놀이의 결절점을, 새벽·오후갯벌어로에서, 기후, 해류 및 조류, 물때, 파도, 바람의 종류 등을 보고 소리를 하는 행위를 통해 노동의 결절점을 만들었다. 이러한 서해 갯벌지역 구비전승물은 그것에서 해양정서가 구현되고, 소통을 위한 문화장치의 구축을 전제로 하며, 들[평야]문화와 도서[섬]문화의 연결고리이자 배경인 강을 통해 두 세계의 협력과 교류를 가능하게 할 것이기 때문에 해양문화사적 가치를 지닌다고 했다.

여섯째, 「개야도 '도서문화'의 전통과 활용전략 – 새만금의 안섬·바깥섬 설정을 중심으로 – 」(이윤선)에 대한 논의이다. 이 글은 금강하구 내륙에 인접해 있으면서도 변방으로 인식되고 있는 섬 개야도를 문화자원의 개발과 활용이라는 관점에서 살피되, 새만금권의 도서문화적 전통에 초점을 두는 동시에 지역활성화 방안을 살폈다. 새만금만灣의 재설정을 전제로 당_堂설화와 조간대 어업권역이라는 지역문화적 특징을 들어 도서문화적 전통을 규명하고, 주민들의 경제적 이익을 창출하는 방안을 마련하고자 한 것이다. 새만금만은 외해 어로권역으로 어청도와 외연열도를 윗바깥섬으로, 연안 어로권역으로 연도와 개야도를 윗안섬으로, 신시도를 중심으로 하는 고군산군도를 안섬으로, 비안도와 두리도를 아랫안섬으로, 그리고 외해로 권역으로 위도, 식도, 왕등도를 아랫바

깔섬으로 재설정할 수 있다고 전제한 후, 서해·남해 전통적 어구
어법의 총체적 구현을 전제로 새만금만의 총체성에 대한 각편으
로서의 전략을 수립해야 한다고 했다. 새만금 방조제를 통해서 잃
어버린 이 해역 조간대의 어로문화들을 주벅을 통해서 체험하게
할 수 있으며, 소멸해가는 당설화와 당제의 축제화를 통해서 잃어
버린 신화성을 드러내게 할 수 있다는 것이다.

우리연구소는 한국학술진흥재단이 선정하는 중점연구소로서
1999년부터 6년간 서남해권 도서·해양문화 조사 연구사업을 완료
했다. 그 이후 다시 같은 종류의 사업인 중점연구소에 선정되어
2005년 12월부터 2014년 11월까지, 9년간 1단계 서해권(3년), 2단계
남해 및 제주권(3년), 3단계 동해권(3년) 등의 권역별 연구를 수행하
고 있다. 이 책은 9년간 지속되는 조사연구사업의 두 번째 성과물
이다.

이 책의 주제어는 '섬과 바다, 주민, 도서·해양문화, 문화자원
(cultural resources)이며 전체를 아우르는 키워드는 문화론적 지역활성
화이다. 이 주제어들을 민속지적·문화생태적·활용론적 관점에서
풀어가고 있는 것이 이 책의 주된 흐름이다. 그런데 두 번째 해의
성과물이기 때문에 주제어 중 섬과 바다, 주민들의 생업문화에 대
한 현지조사 연구 성격이 강조된다. 참여 연구진들은 민속학, 구
비문학, 문화인류학, 사회학, 문화콘텐츠의 전공자들이며, '문화론
적 지역활성화'를 키워드로 공유하고, '학제간 공동연구방법론'을
기둥삼아 연구의 내용과 방법을 조율하고 있다.

우리연구단은 제1단계 제2차년도 연구총서를 내면서 그 동안
도움을 주신 분들께 감사의 인사를 드리지 않을 수 없다. 우선 도
서문화연구소의 연구력을 인정하고, 연구원들이 중점연구소를 통

해 잠재적 역량을 발현할 수 있도록 기회를 준 한국학술진흥재단
의 관계자 및 심사위원님들께 감사한다. 다음에 도서·연안문화의
조사·연구에 대한 성과물을 의욕적으로 선점하기 위해 해양문화
에 대한 개척의지를 불태우며 노고를 아끼지 않은 연구팀 구성원
여러분을 위로한다. 그 다음으로 연구 과정에서 협조와 지원을 아
끼지 않은 군청과 각 섬의 면사무소 관계자 여러분, 특히 열성적
인 제보와 정책에 대한 의견을 주신 섬지역 주민들께 고마운 마음
을 전한다. 그리고 제1단계 제2차년도 연구성과물을 책으로 만들
어 주신 경인문화사의 사장님과 부장님 및 관계자 여러분께 감사
를 드린다.

2009년 07월 16일

연구책임자 **나 승 만**

목 차

제1부

사람들이 갯벌과 생활에 대해 갖는 개념들

—영산강 유역, 서남해 연안과 도서지역 사례—

조경만

Ⅰ. 머리말

사람은 시간과 공간의 틀 속에 살고 자신을 둘러싼 자연환경의 이모저모에 대해 의미를 부여하면서 산다. 현실을 문화적으로 구성하면서 사는 것이다. "개념적, 표현적 수단들 – 관념, 신념, 스토리, 노래 등 – 의 정교한 배열들 속에서 공동체 구성원들은 물리적 환경에 대해 일관성이 있는 이해理解를 생산하고 겉으로 드러낸다"(Basso, 같은 글 : 52-53). 그러나 이러한 관념론적 사실들에 대한 관심은 환경적응의 물적物的, 조직적 수단들에 대한 관심에 비해 훨씬 취약하다(Basso, 같은 글 : 52).

이 글1)은 갯벌에 대해 사람들이 부여하는 의미들, 그들의 머릿속에 담는, 갯벌에 대한 개념들 그리고 갯벌을 접하는 자기 생활에 대한 개념들을 살핀 것이다. 갯벌 지질, 지형, 생태계, 기술과 경제생활, 환경가치와 경제가치, 환경운동과 지역조직, 간척과 개발 및 이에 대한 기술경제, 사회경제적 반응 등 지금까지 많이 연구되어 온 사항들에 가려 있었던 사항들이다. 여기서 개념이란 어떤 사실에 대해 사람들이 머릿속에 갖게 된 이해의 요체要諦라고 말할 수 있다. 개념은 때로는 직접적으로, 압축적으로 사실들을 지시하며 때로는 은유, 환유와 같은 비유적 표현에 담긴다. 이 글의 대상은 갯벌, 갯벌과 연계된 생물과 무생물로 이룬 생태계, 생활 장소 등에 대해 사람들이 갖고 있는 개념이다.

사람들은 공간에 대한 장소 경험, 장소감場所感(sense of place)1)같은

---

1) 이 글은 필자의 논문 「갯벌과 인간 생활에 대한 개념화 현상 고찰」, 『도서문화』 제33집, 목포대학교 도서문화연구소, 2009, 103~139쪽에 수록된 내용을 수정·보완한 것이다.

것을 갖는다. 이것들은 명시적인 개념적 용어를 통해 표현되거나 서술적 묘사를 통해 표현된다. 예를 들어 함평만 등 서남해 주민들에게 갯벌은 경제적 자원의 처소라는 뜻에서 '저금통장'이라 표현된다. 한편 특별한 용어는 없지만 갯벌은 주민들에게 갯골과 물 깊이를 익숙하고 민감하게 가려 드나드는 활동 터전으로 개념화된다. 또한 다른 종류의 생업장소로 가면 잃게 되는 자기 몸의 효용성과 존재가치가 확인되는 장소이기도 하다. 이처럼 주민의 장소 경험에서 발생하는 "감각과 자리잡기(emplacement) 간의 관계"(Feld and Basso, 1996 : 11)가 장소감을 이룬다.

이 글에서는 사람들이 갯벌이라는 장소에 대해 이해하고 설명하며, 기술경제, 사회경제적 행위 반응을 하고 의례적 표현 행위를 하는 사례들이 기술되고 있다. 이 사례들로부터 사람들이 갯벌과 생활에 대해 어떤 개념을 갖고 있으며 어떻게 표출되고 있는지를 찾는 것이다. 본 연구에서는 갯벌은 물론 바다, 섬, 강, 동식물 등 갯벌과 연속된 환경요인들이 함께 다루어진다. 이 환경요인들과 사람들의 반응들이 서로 연계되어 있기 때문이다. 한국 서남부 영산강 유역, 강 하구, 전남 무안 함평만, 전북 부안군 새만금개발지역 연안, 전남 신안, 진도 등의 문헌 및 현지 사례를 대상으로 한다.

사람들이 자연환경에 접하면서 취하게 되는 인식과 그 결과인 지식은 상당히 자세하고 구체적이며 체계화되어 있다. 사람들은 직접 접하는 환경요인에 대해 지식 획득, 적응 혹은 변형의 과정에서 구체적인 인식을 하게 되며 문화에 따라 적절한 내용과 체계를 갖는다. '백문百聞이 불여일견不如一見'이라는 말처럼 경험은 풍부한 인식과 지식을 낳는다. 함한희와 김경표는 새만금 지역 어민의 바다에 대한 인식과 생태지식, 환경운동가의 보존 논리와 생명 인식, 갯벌을 개발 대상으로 볼 뿐인 정부의 사고를 분석하고 있다(함한희·강경표, 2007). 이에 비해 개념은 세세한 인식 내용과 지식 너머에 있다. 그것은 지식의 결과 생겨난 한마디의 평언評言 형태를 띠기도 하고 세계관처럼 세상을 보는 시각으로 존재하기도 한다. 때로는 겉으로 드러나지 않고 주민들의 구체적인 지식 전개, 일상적 행위들, 의례 등의 표출 행위들에 내재해 있다. 지적, 정서적 경험의 결과 생긴 개념이 비유 형태로 나타나기도 한다. 갯벌에 대해 전남 함평만 석두리 주민들이 자주 표현하는 '저금통장'이라는 개념은 지적 경험의 소산으로서 갯벌에 대한 은유이다. 갯벌은 연구자들에 의해서도 개념화된다. 갯벌 속의 여성을 연구해 온 윤박경은 '생명줄'이라는 말을 쓴다. 2002년 전북 부안군에서 이 만난 여성들에게는 갯벌이 생존자원의 공급처라는 뜻에서 생명줄과 같다는 뜻이다. 이 갯벌은 주민들에게는 보상 등으로 경제적 상쇄를 할 수 없는 생명줄, 하느님이 준 생명, 자신이 귀하게 여겨야 할 생명으로 개념화되고 있다.[2] 김준은 "갯벌의 가치를 계산기로 따지지 말라"[3]고 말한다. 그가 경험한 갯벌 자원은 계산기로 따질 수 없는 미味, 어민의 삶은 경제주의적 계량화로 잴 수 없는 문화적 차원을 갖고 있다. 주민들의 관련 행위들과 지식을 보면 세세한 내용들이 나오겠지만 그가 말하고 싶은 요체는 갯벌에는 경제주의적 계산 세계와 다른 총체적이고 문화적인 세계가 있다는 개념적 사실이다.

"문화가 없이는 환경을 정의할 수조차 없다. 환경이 무엇이고 무엇일 수 있는지 알 수 있는 수단이 없다"(Kay, 1996 : 39)는 말은 관념론적 시각에서 문화의 기능을 설명한 것이다. 갯벌에 대한 접근에서도 마찬가지이다. 사람들이 갯벌에 대해서 갖는 개념, 자기 생활에 대한 개념 그리고 그 표현 등 제반 관념적 사실들은 사람들과 갯벌들 사이를 매개하고 사람들이 갯벌을 정의하고 반응을 취하는데 영향을 미칠 것이다.

그러나 관념적 사실들의 기능과 영향력을 파악하기에는 현재 확보된 사례들로부터 할 수 있는 작업의 한계가 뚜렷하다. 갯벌에 대한 사람들의 짧은 언술들로부터 개념을 찾는 작업, 일상적 행위나 의례적 행위들 속에 숨어있는 개념을 찾는 작업 정도가 가능한데 아직은 개념을 한 집단이나 지역 생활의 총체성에 연결시켜 볼 만한 체계적 사례를 확보하지 못하였다. 이러한 상황에서 본 연구는 한 곳의 단일 사례를 통해 갯벌과 생활 간의 체계적 분석을 하지 못하고 있다. 여러 곳을 대상으로 어떤 사례들이 있는지 현상 파악 정도를 하는 것이 가능했고 그 사례가 어떤 의미를 갖는지를 고찰하는 정도에 머물렀다.

Ⅱ. 갯벌생태계에 대한 적응과 개념화

1. 육지와 바닷물 사이, 주민의 생존 전략

갯벌은 바닷물과 육지 사이의 조간대潮間帶로서 바다, 섬, 육지 사이에 분포하면서 이들을 지리적, 생태학적으로 연결시키고 인간의 삶을 부양한다.

진도 임회면 회동마을과 모도 사이로 길게 뻗은 모래갯벌은 해저 모래언덕 형태로 양옆의 갯벌들보다 높고 간조 때에 이 부위만 길게 수면 위로 드러난다. 과거에는 겨울과 봄철 절량기에 굶주림

을 면하려는 주민들이 서식 동식물을 채취하던 곳이다. 설화에 의
하면 모도에 살던 '뽕할머니'가 식구들의 허기진 배를 채워주려고
식량을 얻기 위해 이 길을 따라 본도에 나왔다. 돌아가던 때에는
어느덧 만조가 되어 섬에 닿지 못하게 되었다. 이에 그녀는 기도
를 하여 파도를 잠재우고 섬에 닿을 수 있었다.[4] 과거 이 갯벌이
쓰였던 실제 모습과 이 설화는 서남해 도서, 연안 주민 생존의 양
상을 말해준다. 절량기에 갯벌의 동식물은 구황 식량이었다. 오늘
날처럼 상품자원으로서가 아니라 생계경제를 지탱시키는 자원을
갯벌에서 얻었던 것이다. 다른 한편으로 설화는 육지부와 섬 간의
의존적 관계를 말해준다. 모도의 견지에서 보면 진도 본도도 육지
이다. 농토가 희소한 모도에게 과거 진도 본도는 농산물을 의존하
게 되는 대상이다. 그 관계가 굶주림을 면하기 위해 본도를 찾은
뽕할머니의 행적으로 나타난다. 이 설화에는 나타나지 않지만 서
남해에서는 농업 여건이 여의치 않은 섬들의 경우 부녀자들이 해
산물을 육지부의 가정들과 단골 관계를 맺었다. 식량을 얻고 그
대가로 해산물을 공급해주는 관계이다. 강진 마량, 고흥 녹동 등
육지부의 주요 포구와 항구들은 이곳들을 통해 섬사람들이 육지
로 접근하는 주요 접점이었다. 진도군의 위 설화에서는 농산물과
해산물의 증여 관계까지 나타나지는 않는다. 그러나 식량이 희소
했던 섬사람들의 생존현실과 육지에의 농산물 의존이라는 경험적
사실이 설화로 변환되었으리라는 점까지는 추정할 수 있다. 이 사
례의 경우 갯벌은 한편으로 사람들의 생각에 생존자원을 제공하는
생태계이고 다른 한편으로 두 장소를 연결시키고 식량을 연결시키
는 길이었다 할 수 있다. 농업이 취약한 섬에서 나타나는 육지와의
경제적, 사회적 관계가 설화까지 낳았다고 판단되는 것이다.

갯벌을 끼고 사는 우리나라 주민들은 식량의 주된 제공자인 농토와 또 다른 자원 제공자인 갯벌 사이에서 다변적인 적응 전략을 취한다. 갯벌은 한편으로는 풍요한 수산 자원의 제공자이면서 절량기에 굶주림을 면할 자원 제공자이다. 다른 한편으로는 육지와 연결된 또 다른 토지 자원이다. 인천광역시 강화도, 전남 신안군 증도 등 많은 섬들이 본래 여러 개의 섬이었다가 간척을 통해 하나의 섬이 되었다. 한 섬 내에서도 만입灣入된 수많은 곳들이 산록 인근에서부터 서서히 간척되어 내려왔다. 연안도 마찬가지이다. 예를 들어 12세기 고려 고종(1235년) 때의 연안 간척, 해남 윤씨 가문의 17세기 이래 해남 등 서남해 연안과 도서 간척 등에서 보는 바와 같이 오래 전부터 연안 갯벌은 간척 대상이었다.

영산강 특히 바닷물이 밀려드는 영향권인 중하류의 강변에서부터 하구河口에 이르는 갯벌은 강, 바닷물, 농토와 지형적, 지리적, 생태학적으로 복잡한 관계에 놓였던 곳이다. 이 갯벌은 강, 바다와 함께 주민에게 자원을 제공했던 생활 장소였다. 또한 갯벌은 농토를 확보하고자 하는 사람들에게 주요한 간척 대상이었다. 영산강 유역의 강, 갯벌, 바다와 주민생활의 관계는 다음과 같이 설명될 수 있다.

영산강은 내륙과 바다를 연결하는 수운水運과 조업의 길이었고[5] 민물 어류와 바다로부터 회유하는 어류로 구성된 복합적인 어족자원의 서식 환경이었다. 영산강은 바다의 밀물이 강으로 진입하는 감조感潮 현상이 심했다. 한편 영산강은 구배가 깊은 곡류曲流 하천으로 퇴적환경이 발달했으며 조수의 영향권에 든 갯벌이 형성되었다. 현재 강의 안쪽으로 깊이 들어온 나주 인근 영산포榮山浦는 강물의 수운을 타고 홍어, 젓갈 등 해산물이 운송되고 유통

되는 주요 포구였는데 이곳의 강변에서도 갯벌 퇴적층을 볼 수 있다. 그러나 검증된 바는 아니지만 주민들의 기억에 조수가 영산포까지 올라가는 일은 드물었다. 나주 다시면 죽산리 주민들의 경험에 의하면 조수의 영향권이 가뭄 때와 평시에 따라 그리고 물때에 따라 달라지는 것까지 구분된다.

> 과거 영산강 하류 유역의 유로와 지형에서 두드러지는 것은 감조感潮에 의한 주기적 역류현상과 갯벌의 발달이다. 영산강은 어느 하천보다도 조수의 영향을 많이 받는 감조하천이었다. (중략) 죽산리 주민들에 의하면, 오랫동안 비가 오지 않고 물때가 사리일 경우에는 영산포의 영산교 일대까지 조수가 올라갔다고 한다. 그러나 이러한 경우는 극히 드물었고 보통 가뭄이 들었을 경우에는 조수의 영향이 죽산리 윗쪽의 신석리 일대를 크게 벗어나지 않았다. 가뭄이 들지 않을 때는 조금씩 틀렸으나 대체로 나주군 공산면 신곡리 앞의 중촌포 나루에서 죽산리 앞쪽의 강 유역까지 조수가 밀려들었다(조경만, 1994: 48).

이 내용은 1982년 영산강 하구언이 막히기 전 시점에 대한 기억이고 당시만 하더라도 상류에서부터 댐들이 축조되었으며 많은 곡류曲流들이 직강直江으로 변형되고 곳곳의 강변이 간척되었던 때이다. 주민들의 기억을 종합해 보면 죽산리는 강에서 조수를 접할 수 있었던 거의 끝 지점이 된다.

대략 이 지점부터 아래쪽으로 갯벌이 본격적으로 형성되었을 것이다. 깊은 구배의 곡류하천이고 그물과 같이 수많은 지류를 끼고 있는 영산강의 지형을 따라 갯벌은 본류와 지류의 충적조건이 되는 곳들에 숱하게 분포되었으며 바닷물과 민물이 섞이는 특수한 서식조건, 육지부로부터의 양분 공급 등으로 저서생물, 회유성 어류들과 갈대 등의 기수역 식물들이 발달했다.

영산강 유역의 갯벌은 주민의 수산물 채취, 포획, 어로에 이용
되었던 한편 여러 계층에서 농토를 확보하기 위해 간척하고자 했
던 대상이기도 했다. 나주, 영암 등지의 간척에 관한 기록이 16세
기 『명종실록』[6]에 보이며 이듬해 영산강 유역에 속하는 현 영암
군 군서면 지남제支南堤의 축조 기록이 보인다.[7] 이후 조선조 말
궁방토宮房土를 조성하기 위한 현 무안 일로 일대 남창들의 간척에
서부터 일제 강점기 동척東拓 등의 식민세력과 일인, 한인 지주의
간척, 해방 후 신한공사新韓公社에서부터 1970년대 이래 영산강유
역종합개발에 이르기까지 영산강유역의 갯벌은 국가, 지방세력,
식민세력 등에 의해 광활한 농토로 전환시키는 대상이었다(김경수,
1999: 78~91, 범선규, 2002: 48~50). 본 논문에서 주목하고자 하는 것은
이러한 세력들에 의한 간척이 아니라 기록에 나타나지 않는 일반
주민의 간척과 갯벌 이용에 관한 것이다. 사실상 거대 개발을 할
수 있었던 세력들과 달리 일반 주민들은 영산강 유역의 지형, 지
질, 물 조건에 맞추어 미시적 적응 전략을 취하는 것이 생존을 가
름하는 일이었다. 강의 범람원이나 갯벌은 농업에서는 커다란 제
약조건이었다. 주민들은 한편으로는 갯벌에서 수산자원이라는 편
익을 얻었지만 다른 한편으로는 그 갯벌을 농토로 바꾸어야만 생
존할 수 있었다. 갯벌은 주민생활의 자연환경이 되고 자원 처소가
된 한편 그들의 주된 생계였던 농업에 있어서는 바닷물의 유입을
막고 간척되어야 할 대상으로 존재했다. 영산강 강변은 상당부분
이 소농으로서는 홍수와 범람, 바닷물의 유입으로 접근하기 어려
웠던 곳이었다. 그러나 나주시 노안면 금안동과 같이 계곡과 중력
수를 이용한 구릉지의 논, 혹은 거주지역 앞 곡간 충적지谷間 沖積地
와 같이 좋은 조건의 경작지를 갖기 어려웠던 농민들은 강변을 토

지로 만들어야 했고 저지대 습지를 토지로 만들어야 했다. 그것도 세력가에 의한 규모가 큰 간척이 아니라 조금씩 제방을 쌓아가면서 몇 두락斗落 씩 강변을 향해 토지를 만들어가는 과정이었다. 영산강 중하류에 속하는 현 나주시 동강면 옥정리 봉추마을 박만배(남 73세, 2008년 현재), 박선배(남 70세)씨는 그들의 조부 때부터 시작된 강변 간척을 기억한다. 현재는 강과 농경지 사이에 낮은 둑이 막히고 수문이 설치되었지만 1990년대 중반만 하더라도 강변에서 경지 조성을 위해 흙을 실어 나르던 곳이다. 여러 세대에 걸쳐 바닷물이 밀려들어오는 것을 막기 위해 돌과 흙을 나르며 조금씩 둑을 막아 농경지를 확장하던 것이 강물과 바닷물의 영향권을 점차 좁히면서 현재의 상태에 이른 것이다. 옛 농민들에게 영산강변의 갯벌은 만조 때에 바닷물에 덮이는 곳이고 제방으로 바닷물을 막아 농경지로 만들어야 할 곳이었다. 봉추마을 주민들은 갯벌이라는 육지와 물 사이 조간대라는 지형적 조건을 토지자원으로 바꾸는 변형을 취했다. 그러나 동시에 이 갯벌은 강과 함께 생업의 대상이며 좋은 어로조건을 향유하게 해주는 대상, 강변 생활을 향유하게 해주는 대상이었다. 농토에 대한 추구로 인해 이 유역 주민들에게 강과 갯벌은 장애물로 존재했고, 다른 한편으로 어로 생활과 향유 대상으로 존재했다.

2. 강변 생활에 나타난 영산강과 갯벌의 개념

주민들에게 수산자원의 서식처인 갯벌과 강은 일상적인 음식 소비자원의 처소, 상업적 어로의 처소이며 동시에 향유의 대상이었다. 봉추마을 박만배, 박선배씨의 기억에 따르면 1982년 하구언

河口堰이 강과 바다를 갈라놓기 전까지 주민이 소유하는 1-2척의 배가 강에서 하구 밖의 서해까지 왕래하면서 다양한 어종들을 잡았다. 그 외 다른 주민들은 갯벌에 서식하는 어패류와 게, 헤엄쳐 올라오는 복어와 장어 등을 일상적인 음식소비와 천렵의 대상으로 삼았다. 한편 나주시 노안면 학산리 인근 강의 곡류로曲流路 공격사면 부위에 깊은 소沼가 형성되어 있었는데 주민들의 말로는 바다로부터 이 소에까지 거슬러 올라 온 복어가 비로소 참복어가 된다(조경만, 1994: 48).8) 주민들의 이러한 말은 강과 강변 생활에 대해 이들이 갖고 있는 개념을 나타낸다. 주민들이 복어가 자기 지역으로 올라와 품격이 달라진다고 말하는 것은 한편으로는 사실을 설명하고자 한 것이라 할 수 있다. 그러나 다른 한편으로 복어가 품격이 달라진다는 말은 과거 이 일대 강이 특별한 생태학적 위상을 차지하고 있었다는 과시이자 강과 자기 생활에 대한 이들의 개념이다. 품격 높은 물고기를 구가謳歌할만한 좋은 생태적 위치에 살았다는 말로, 강과 생활에 대한 개념을 말하는 것이다.

주민들에게 갯벌과 강의 생물들은 생업 대상이고 앞서처럼 향유 대상이 되기도 했으며 절량기에 생존을 위한 식량이기도 했다. 주민들은 생활의 여러 측면에서 갯벌과 강에 의존했던 것이다. 영산강 하구는 그 지리적, 지형적 특성으로 인해 풍요하고 다양한 생물들이 서식하거나 회유하는 곳이었고 주민들이 그 풍요함과 다양함에 기대어 생업과 향유와 생존을 도모했다. 제종길에 의하면 "하구는 육상으로부터 유입되는 유기물이 많고 뚜렷한 환경 구배가 형성되는 곳이어서 다양한 서식공간이 형성된다. 하구는 생물들에게 풍부한 먹이와 적절한 은신처 기능을 제공하며, 연안에 서식하는 해양생물들의 산란장으로도 활용된다. 그리고 하구는 퇴적물의 공급이 왕성하게 이루어지는 곳이어서, 넓은 하구 갯벌과 염습지가 발달한다. 이러한 하구 습지는 철새들을 비롯한 다양한 생물들의 이상적인 서식지가 된다"(조경만·제종길, 2003 : 102-103). 영산강의 하구에 있는 무안군 삼향면 구 남악리 일대 영산강 하구 주민들은 간척 이전 기수역과 갯벌의 풍요한 자원과 광범한 전유 행위에 대해 생존, 생업의 의미와 아울러 향유의 정서까지 부여한다. 이들은 간단한 어로도구들을 사용하여 강 안과 밖에서 많은 어획량을 올릴 수 있었다. 오룡마을 오석태(남 67세, 2000 현재)씨는 처음 어로를 시작할 때는 물이 드는 시간에 나가 '뜰망'으로 물고기를 건져 올렸다. 나중에는 '개맥이', '발맥이'를 썼으며 '후릿그물'도 썼다. 뜰망은 수심이 얕은 곳에서 모여드는 물고기를 밑에서부터 건져 올리는 그물이다. 개맥이 등은 물이 들 때 들어온 물고기가 썰물 때 빠져나가지 못하고 가두어지도록 갯벌에 설치한 것들이다. 후릿그물은 남획의 위험이 있다하여 사용이 금지되기도 하였지만 이 역시 바닷가나 강가에 적응된 형태이다. 그물 한쪽을 배가 끌고 나간 후 반원형으로 넓게 치고 고기가 그물에 들면 바닷가, 강가에 있는 사람들이 그물을 끌어당기는 방식으로 영산강 하구 기수역에 몰려드는 물고기를 잡는데 썼다. 이 도구들은 우리나라에 널리 퍼진 것이긴 하나 영산강 하구에서는 밀물을 타고 물고기가 많이 모이는 곳이기에 이 정도의 도구들만으로도 간단하게 잡아낼 수 있었다는 점에서 환경에 대한 적응적 특화(adaptive specification, Sahlins et als., 1961)의 표징이 된다. 주민들의 '일물천금'이라는 말은 생태계와 자원과 생업의 풍요를 나타내는 표현으로 강에 대한 이들의 개념, 그곳 생활에 대한 개념을 나타낸다. 한번 물이 드는 것은 천금千金이 드는 것이고 천금을 누리는 것이다.

이곳 주민들이 강과 갯벌로부터 자원을 전유하는 것을 보면 생물종 범위를 최대화하려는 태도가 나타난다.

> 이곳의 갯벌은 모래질이 적고 깊이 빠지기 때문에 세발낙지는 드물고, 몸집과 다리가 굵은 낙지들이 흔했다. 깊숙한 곳에 숨은 낙지를 잡기 위해 삽으로 개흙을 파는 일은 많은 힘을 들여야 했다. 갯벌일이 주로 부녀자들이 행하던 일이라지만 남자들도 틈틈이 갯벌에 나가 흙을 파고 낙지를 잡아 들였으며 그 밖의 어패류도 채취했다. 주민들이 강과 갯벌에서 잡아들였던 먹을거리는 다양했다. 숭어, 모치, '운저리', '장뚱어', 장어, 낙지, 새우, 게, 맛, 꼬막 등등이었다. (중략) 강에서 나는 생선과 갯벌에서 나는 것들은 과거 절량기絶糧期에 굶주림을 막는 수단들이기도 했다. 예를 들어 사람들은 농토에서 나는 먹을거리가 없을 때 게를 삶아 배를 채우기도 했다. 그밖의 모든 것들이 굶주림을 막는데 동원될 수 있는 것들이었다. (중략) 한 가지 지적할 것은 이곳 사람들에게 강이나 갯벌이 음식의 자원, 재료들의 제공처로서 기능했던 바가 매우 강하게 인식되어 있다는 점이다.9) 또한 이곳들에서 자신들이 먹을거리의 포획이나 채취 행위를 벌이며 살아 왔다는 점이 강하게 인식되어 있다. 주민들의 생활의식 속에 강과 갯벌의 먹을거리들, 그곳들에서의 포획과 채취 행위가 크고도 강하게 각인되어 있는 것이다. (중략) 주민들은 갯벌에서 '입에 들어갈 수 있는 것들'은 모두 잡았다는 사실을 자랑스럽게 말한다(조경만·홍석준·김창민, 2000: 170-171).

이러한 자원들은 주민들이 직접 소비하거나 상품화하였다. 위와 같은 지역생태계의 조건과 자원을 최대한 범위에서 이용하고자 하는 주민 반응을 보면 생존과 생업과 아울러 향유가 이곳 생활의 주요 개념으로 자리를 잡고 있다. 입에 들어갈 수 있는 것들을 모두 잡았다는 것은 한편으로는 먹을 것에 대한 추구이며 다른 한편으로는 그 먹을 것의 풍요하고 다양함에 대한 향유이다. 향유라는 개념은 음식조리에서도 나타난다.

숭어는 회를 뜨거나, 그늘에서 습기가 어느 정도 적절히 남은 상태로까지 말려 구웠고, 찌개로도 끓여 먹었다. 제사 때 진설할 어류로도 구운 숭어가 항시 올랐다. 모치, 운저리, 장뚱어도 말려서 구워 먹기에 좋은 생선이었다. 또한 찌개에 넣어 끓였다. 장뚱어는 목포, 무안 일대의 음식점에서도 널리 알려진 것처럼 탕으로 끓여 먹는 생선으로 사용되기도 했다. 운저리는 껍질을 벗기지 않고 듬성듬성 썰어 먹는 횟감이기도 했다. 사람들은 운저리를 된장에 찍어 깻잎에 싸서 먹었다. 낙지는 썰어서 된장에 찍어 먹거나 찌개에 넣었다. 장어는 찌개거리로 아침, 저녁 밥상에 자주 오르는 생선이었다. 장어는 고아 먹거나 구워 먹거나 죽을 쑤어 먹기도 했다. 맛은 찌개나 탕에 곁들여지는 어패류이고 꼬막은 쪄서 먹었다. 새우와 게 역시 찌개에 넣거나 쪄서 먹었으며 젓을 담가 먹기도 했다. 사실은 이상의 조리법들에 국한된 것만은 아니었다. 주민들은 상황에 따라 조리 방법을 바꾸어 가면서 다변화시킬 수 있었다(조경만·홍석준·김창민, 같은 글: 171).

이상과 같은 사례들에는 생태계의 조건, 자원에 대한 기술적, 경제적 반응과 함께 사람들의 생활의식과 정서까지 포함되어 있다. 영산강 중하류로 올라오는 생물종은 자원전유의 대상이면서 여느 곳보다 질이 높은 생태계임을 확인시켜주고 그 생태계를 향유하게 해주는 생활감각의 대상이다. 하구의 생물종 다양성은 생업의 좋은 조건인 동시에 음식조리, 소비를 향유하게 하는 대상이다.

3. 영산강 하구 생태계와 자원에 대한 주민 개념

바다, 강, 갯벌에서 생계를 유지하는 영산강 유역 주민들의 자연과 생활에 대한 의식을 조사해 보면 실용적 적응전략이 잘 드러난다. 한편 강의 물리적 형상, 생태학적 과정, 자원의 특성 등에 대한 묘사로부터 자연에 대한 정서와 의식을 찾을 수 있다. 자연환경과 자원을 생존적 적응의 대상으로 삼고 있는 주민들의 정서와 의식은 실용 혹은 효용론적인 담론들의 전개 속에서 부분적으로 표출되는 것이다. 특히 지역과 자원의 풍요함이나 독특한 미味를 강조하는 묘사로부터 정서가 나타난다.

　　이 일대 주민들은 과거 영산강 하류의 풍요한 어족자원과 갯벌의 수산자원에 대한 애착을 갖고 있다. 직접 생계에 보탬이 되었건 그렇지 않건 간에 이들은 강 하류의 어로와 갯벌을 놓고 한 때의 풍요로움이라는, 환경과 자원 상의 이미지를 부여한다. 가장 두드러지게 부각시키는 것이 이곳의 갯벌 지질과 어류의 맛에 대한 것이다. 이 일대를 비롯한 영산강 하류의 갯벌은 모래흙이 섞이지 않고 토심이 깊으며 입자가 매우 고운 지질을 갖고 있다. 주민들의 표현으로 '푹 빠지는' 갯벌이다. 주민들은 이러한 지질 때문에 양분이 잘 스며 있어 물고기의 맛이 남다르다고 말한다. 특히 남악리 앞의 갯벌은 생활하수로부터 내려가는 양분이 갯벌에 스며 어류의 서식과 물고기의 맛에 크게 영향을 미친다 한다. 비단 남악리 일대 뿐 아니라 서남해의 모든 어촌 주민들이 물고기의 맛과 갯벌을 특별히 상관지우는 관념을 갖고 있다. 갯벌의 양분을 흡수하여 기름진 물고기의 맛을 그렇지 못한 바다의 '밋밋한' 맛과 대비시킨다. 남악리 주민들은 여기에 더하여 자기 지역의 물고기 맛을 서남해의 다른 지역들과 대비시킨다. 남악리 주민들이 물고기의 맛에 영향을 주는 또 다른 요인으로 드는 것이 담수와 해수가 합쳐지는 곳이라는 점이다. 강의 담수와 해수가 합쳐지는 곳으로 숭어 등이 산란기에 몰려들며 이 무렵의 물고기 맛이 좋다는 것이다. "여기 고기 맛은 뻘이 좋고 해수육수가 합해져 육질이 좋아. 색깔이 '놀미야색'(노르스름한 색)을 띤 것이…"10)(조경만·홍석준·김창민, 같은 글: 166~167).

　하구에서의 생업 과정에서 주민들은 니토泥土가 미세하게 발달한 갯벌을 경험하고, 그 고운 갯벌, 깊숙이 빠져드는 갯벌을 단순히 물리적 입자가 아니라 양분이 스며들어 있는 갯벌로 인지한다. 이 갯벌이 어류에게 좋은 서식처가 된다. 어류의 몸에 들어간 양분이 사람들에게 좋은 미각을 제공한다. 강물과 바닷물이 합쳐지는 장소 조건은 어류의 생태로 보면 산란기 어종들이 회유하는 서식처가 된다. 한편 인간에게는 좋은 미각을 제공하는 조건으로도 개념화된다. 주민들은 생태학적, 생물학적 사실성에 관한 담론에 그치지 않는다. 하구 갯벌 생태계와 어족자원은 주민들이 자기 장소 및 생활에 대해 정서적 향유 가치를 부여하는 수단이다. 또한 다른 지역과 '다르고 더 나은' 장소적 우월성을 부여하고자 하는 근거이다. 주민들에게 자기 쪽 갯벌은 양분이 풍부하게 스며있는 것이고 다른 곳 갯벌은 별로 그렇지 않은 것이다.

'푹 빠지는' 갯벌, 산란기를 맞은 물고기들이 모이는 곳 그리고 그 물고기들의 맛에 대한 이야기는 이곳에 터를 잡고 살아 온 사람들이 장소와 생활에 대해 갖는 미적美的 개념이기도 하다. 이는 독자적으로 층위를 이루고 있는 미학과 예술 세계가 아니라 자연에 대한 생존적 적응과 일상적 생활세계에 묻어 있는 미적 표현이라 할 수 있다. 고도로 미학적인 내러티브(narrative)나 시적 형식이 아니라 갯벌, 어종, 맛이 가진 특징 등 일상적 사물의 물성物性(materiality)을 통해 미를 표현하는 것이다.11)

Ⅲ. 갯벌의 종교적 개념화

1. 생산력 상징으로서의 갯벌

갯벌이 생물종, 수산자원의 서식처라는 점 때문에 사람들의 의식 속에서는 갯벌이 자원과 그 서식 장소 그리고 생업의 장소로서 개념화되어 있다. 갯벌을 대상으로 한 생활의식과 정서 같은 것도 앞 장에서 나타난 것처럼 자원과 서식처의 형상, 질을 통로로 해서 표출된다. 서남해의 전통의례 혹은 관습들 중에서도 이와 같은 맥락에서 수행되는 것이 있다.

음력 정월 서남해 어촌들에는 갯제와 갯벌 훔치기 관습이 있다. 갯제는 통상 당제 전이나 후에 바닷가에서 지내며 별도의 제를 지내지 않고 헌식獻食만 하는 경우도 있다. 진도군 고군면 덕병리에서는 당제 이후에 갯가에 세워진 장승에서 다시 장승제를 지내고 바닷가에서 갯벌에 음식을 던지며 헌식을 한다. 주된 신격인 당신堂神과 수호신 장승에 대한 의례를 하고 마을 주변 바닷가와 바다를 다니는 객신客神들에게 음식물 공여를 하는 것이다. 서남해 일대 어촌 곳곳에서는 물이 들었다 나갈 때 주민들이 바가지에 촛불을 켜 놓고 바다로 띄우는 의례도 있다. 바다 멀리까지 기원祈願이 닿도록 함이다. 한편 1995년 필자 등의 전남 완도군 약산면 득암리 하득암 마을 보고를 보면 정월 14일에 마을 부녀자들이 마을 중앙, 청년회관 앞, 선창가 세 곳에서 갯제를 지냈다. 갯제는 저녁 7-8시 경 20여명의 부녀자들이 제물을 진설하고 술을 올리는 간단한 절차이다. 제물을 받는 신격은 물 위의 산신, 물 아래 용왕, 객사를 하거나 정체를 알 수 없이 바다를 떠도는 신격들이다. 제를 주관하는 이가 "어이 물 아래 김서방"이라 부르면 다른 주민들이 "어이"하고 대답하는 절차가 있는데 이는 바다에 떠도는 객신들을 가장 많은 성씨인 김金씨로 대표하여 부르는 것이다. 마을에는 정체가 분명한 당신이 있고 바다에도 용왕이 있다. 이렇게 볼 때 바다는 마을과 함께 정립된 종교적 범역인 것이다. 한편 그 바다에는 정체가 불분명하여 마을 신앙의 대상으로 포괄하기 어렵지만 마을에 영향을 끼치는 객신들이 있다. 범역을 볼 때 이 경우의 바다는 모호한 대상이다. 그러나 갯제 때에 이들까지 위무함으로써 마을이 호혜적 관계를 유지하는 대상, 의례가 포괄하는 범역을 넓힌다. 마을이 풍요와 안녕을 보장받는 범역을 넓히는 것이다(조경만·선영란·박광석, 1995 : 292).

약산면 해동리 당목마을의 갯제에서는 먼 바닷가로부터 풍요를 끌어 오고자 하는 의례적 기도企圖도 있었다. 제주祭主가 신격들에게 술을 바칠 때 주민들은 손을 비비면서 "물 아래 진서방, 물 아래 진 서방, 물 아래 진 서방 응암 자지바탕 해우 우리 당목 개창으로 다 오게 해주시요"라 빌었다. 당목 갯벌로 김의 생산력이 전이되도록 해 달라는 것이다(조경만·선영란·박광석, 같은 글 : 293-294).

한편 득암리 일대에서는 조사 당시부터 40-50년 전까지 갯제 이전에 갯벌 훔치기 관습도 있었다. 남자 4-5명이 인근에서 갯벌을 훔쳤고 이 때문에 상대편에서는 밤새도록 갯벌을 지켰다. 주민들은 훔친 갯벌을 창호지에 싸서 선창가에 놓고 갯제를 지냈다. 농토에서의 복토福土 훔치기와 같은 의미의 관습으로 전 해에 김양식이 잘 된 갯벌의 펄을 훔쳐 자기 양식장에 옮겨 놓으면 그 해 양식이 잘된다는 속신을 따른 것이다(조경만·선영란·박광석, 같은 글 : 293). 해남 어불도에서도 보고된 바 있는(김준, 2007) 이 관습은 비옥한 갯벌이 가진 생산력을 민간신앙으로 해석한 것으로 여기서 갯벌은 김을 키워내는 생산력의 상징으로 기능한다. 이 상징의 의미가 되는 생산력은 갯벌을 훔쳐 옮기는 행위를 통해 훔친 자의 갯벌에 주술적으로 접촉되고 전염된다.

이상과 같은 의례들은 우선 주민들이 바다와 바닷가와 갯벌을 호의적으로 자원을 제공하고 생활의 안녕을 보장하는 영역으로 개념화하려는 종교적 기도企圖라 말할 수 있다. 초자연적 존재들에 대한 의례와 상징적 증여 행위로 단지 야생의 자연이 아니라 그 존재들과 자신들 간의 호혜적 관계를 맺는 장소들로 규정하는 것이다. 주민들은 자신들의 신념체계에서 이미 정립된 바다의 신격 외에도 안정되지 못하고 바다를 떠다니는 객신客神들까지 위무하여 이들이 인간 생활에 나쁜 영향을 미치는 초자연적 존재로부터 변환되게 한다.

다음 주민들이 갯제와 갯벌 훔치기를 통해 다른 곳의 생산력을 자기 갯벌로 끌어들이려 하는 것은 갯벌을 물리적 객체가 아니라 자체가 생명력을 가지고 생물을 양육하는 실체로 보고 그 실체를 종교적으로 개념화한 것이다. 이 점은 갯벌이 양분 저장소이기 때문에 생물들이 자란다는 것과는 다른 관념이다. 갯벌에 대해 주술적 효능을 기대한다는 것은 그 자체가 주술적 힘을 갖고 작용할 것을 기대하는 것이다. 갯벌의 물성物性은 물리적, 생물학적 구성 요인들을 넘어 주술적 힘으로 구성된다. 당목마을 갯제에서는 다른 곳에서 생산력을 가진 자연물로부터 자기 마을 갯벌로 주술적 힘이 전달되며, 득암리에서는 다른 마을 갯벌이 직접 자기 마을 갯벌로 들어 와 그 주술적 힘을 전염하고 전체적인 성장을 불러일으킨다.

2. 현대 환경운동에서의 갯벌과 매향埋香

매향埋香은 향나무를 묻는다는 뜻이다. 매향비 등 매향 기록이 남은 곳[12]을 보면 대체로 려말선초麗末鮮初에 새겨졌고, 매향 기록은 산지나 사람들이 발견하기 어려운 곳에 있으나 매향은 해안 지역, 바닷물과 계곡 등 육지부의 물길이 만나는 곳으로 특히 갯벌에서 행해졌다고 알려져 있다. 민간신앙이 일반적으로 그러하듯 이 매향에도 현실을 벗고자 하는 동기 혹은 구복적인 동기가 다분하다. 매향 기록이 려말선초라는 시기에 집중되어 있고 해안지역에 집중되어 있는 것은 이 변동기 국가의 정치경제적 상황의 격변과 1세기 넘는 몽고의 지배, 왜구의 출몰 등으로 민民의 고초가 심했고 이 고초와 현실적 불안에서 벗어나고자 하는 염원과 관련되리라는 해석(이해준, 1983; 김형주, 2005b) 등이 이러한 동기를 뒷받침한다. 또한 일반 주민들이 통상 매향비 등을 두고 보물이라 하는 것이나 넉넉한 곡식이 생긴다는 속설을 갖고 있는 점, 실제로 침향이 갖는 재화적 가치 등을 볼 때 기복적이거나 현세적인 동기가 존재함을 알 수 있다. 이와 같은 이질적 동기들이 결부되겠지만 전체적으로 볼 때 매향에는 인간이기에 갖는 보편적인 혹은 시대와 지역에 따라 달리 나타나는 현실적 혹은 내세적 기복祈福 동기가 보다 초월적 가치와 세계를 지향하는 성립종교(established religion)적 신념으로 번역되거나 이와 결합하였다 볼 수 있다. 매향이 미륵신앙 중 하생下生을 맞이한다는 그리고 용화초회龍華初會의 참여를 통해 내원궁內院宮에 든다는 민중적 염원의 가치 및 세계관과 연결되어 왔을 것으로 보인다. 불교적 민간신앙 조직이며 향촌조직인 향도香徒(鄕徒) 집단13)이 매향을 행하였다는 점을 볼 때 개개인을 넘는 집합적 가치와 세계관이 내재되고 발현되었을 것이다. 또한 향도 집단의 성격을 볼 때 민간의 불교 의식意識이 결합되어 현실적, 구복적 동기들이 불교 전래의 천년왕국千年王國적 집합적 가치와 세계관으로 번역되어 표출되었거나 양자가 결합된 것이 매향 관습이었다고 생각된다.

　매향은 추상적 신념을 물성物性을 통해 개념화하고 표출하고자 하는 민民의 사고방식을 보여준다. 향목香木을 갯벌에 묻어 침향枕香이 될 것을 기대하는 것은 물리화학적으로는 긴 세월 동안 나무를 썩히지 않고 보존시키는 갯벌의 능력에 힘을 입어 향목이 침향으로 변환하기를 기대하는 것이다. 종교적으로는 향목이 침향으로 바뀌고 인간에게 등장하는 것이 새 세계의 도래를 초래하기 위한 상징적 기도企圖로 볼 수 있다. 향목의 침향으로의 변환은 새 세계의 도래를 뜻하는 상징적 변환이다. 하생을 한 미륵을 맞고 용화회에 참여하는, 달리 말해 새 세상을 맞이하고 그 세상에 들어간다는 미래 염원이 침향으로의 변환이라는 구체적, 체현적體現的 과정을 통해 상징적으로 매개되도록 하는 것이다. 갯벌은 오랜 시간 향나무를 보존하면서 인간 존재가 희구하는 이상적 세계의 도래를 기다리는 장소이다.

　매향이 2000년대에 들어 새롭게 응용되어 왔다. 2000년 1월 30일 전북 부안군 변산면 해창 갯벌에서 매향제가 열렸다. 멀지 않은 산지에서 작은 계곡 물길들이 부안댐을 거쳐 갯벌로 흘러드는 곳이 이곳 해창 갯벌이었다. 지역 환경단체 '새만금사업을 반대하는 부안사람들'의 신형록(남, 50세)씨 등이 해창 갯벌에서 서북쪽으로 300걸음 되는 곳에 길이 1.5m, 두께 15cm 가량 되는 향나무 5-6개를 묻었다. 이날 매향제는 향나무를 묻는다는 점은 과거와 같으나 다른 제의의 절차들은 고증적 근거를 가진 것은 아니었다. 또한 그 주관조직이 부안과 전국의 환경단체들[14]이었고 참여자도 환경단체 구성원 위주였다. 주민 500여명과 금산사 주지 덕산스님, 부안 향토사가 김형주씨 등이 참관했다. 비문은 육지부 조개미 고개 근처에 세웠다. 그 비문은 상당히 현대적인 문투였고 불교적 민간신앙의 분위기보다는 소망을 적어놓은 듯한 분위기였다.

우리가 선조로부터 물려 받았듯이 후대에 물려줄 갯벌이 보전되기를 바라는 뜻에서 이 비를 세우며 해창다리 서북쪽 300m 걸음 갯벌에 매향합니다.

현대사회의 환경단체와 주민들이 당시 쟁점이었던 새만금 간척에 대항하면서 갯벌을 지키기 위한 상징적 표현으로 갯벌에 향을 묻었다는 점에서 이는 전통을 현대의 상황에 비추어 재해석하고 현대의 상황에 영향을 미치고자 하는, 일종의 전통의 발명(Hobsbawm & Langer, 1972)이었다.

과거 매향를 주도한 집단이었던 향도의 구성원을 알 수 없으나 이들이 지역집단이었고 불교적 민간신앙으로 전승해 오던 미륵신앙에 따라 매향을 행하였음을 추정할 수 있다. 이에 비해 새만금 해창 갯벌에서 매향을 하고 매향비를 세운 집단은 부안, 전북, 전국 단위의 환경운동단체들이고 갯벌 간척을 막아내고 갯벌을 지키기 위한 상징적 행위로 매향 전통의 문화요소들을 작동시켰을 뿐이다. 그러나 이러한 상징적 행위는 반드시 불교와 민간신앙이 아니더라도 신념화信念化의 유효성有效性을 가진 것이었다는 점은 추정할 수 있다. 그 이전부터, 그리고 이후 사람들이 보여 온 반응을 보면 매향에서도 이들이 신념적 반응을 보였음을 추정할 수 있는 것이다. 새만금 해창 갯벌에서 그 이전에 허철희(남, 51세) 등의 지역 예술가, 신형록 등의 지역 환경운동가, 계화도에 사는 염정우(남, 49세) 등의 젊은 주민들이 장승을 세웠다. 또한 불교, 원불교, 가톨릭, 기독교 사제들이 이곳에 컨테이너 법당과 교회를 세웠고 상당기간 정기적으로 의례를 지냈으며 외부에서 방문객이 올 때 의례와 담소들도 이곳들에서 있었다. 2003년 3월 28일 삼보일배三步一拜가 여기서 출발했다. 이러한 역사적 사실들을 볼 때 과거 새만금의 매향은 단순히 과거 관습을 끌어들여 현재의 환경운동 이슈를 표방하는 데 그친 것이 아니었다고 보여진다. 매향은 구체적 내용은 각기 다르겠으나 참여자들이 그 어떤 종교적 의미와 정서를 갖도록 하는 의례였다고 판단된다. 또한 다음은 전문가로서 과거 관습의 내용을 알고 그 종교적 의미를 인지하고 있던 부안의 향토사가 김형주(남, 79세, 2009년 현재)씨는 몇 년이 지난 후 이 의례에 참여했던 동기와 의례의 의미를 설명한다.

> 내가 이 행사에 초청을 받아 감기몸살의 불편한 몸을 이끌고도 달려가 본 것은 프로그램에 매향비埋香碑 세우는 행사가 있었기 때문이었다. 갯벌에 향香을 묻고 내세기복來世祈福을 염원하는 이 불교적인 민간신앙民間信仰은 고려시대에 주로 행하여져 오다가 16세기 이후에 끊긴 민초들의 신앙적인 의식이었다. 나는 오랫동안 민간신앙을 공부하여 오면서 이에 대한 관심은 있었으나 직접 그 현장을 접하여 볼 기회를 갖지 못하였으며…(김형주, 2005a)

> 이제 새만금 해창海倉 갯벌에 묻힌 매향埋香이 이름 없는 민초들의 애절한 염원을 담아 신비로운 침향沈香으로 승화되면서 그 향내 도솔천에 뻗치면 우리의 미륵님은 도솔의 내원內院으로부터 변산의 새만금 갯벌로 내려와야 하지 않겠는가. 그리하여 바다와 갯벌과 거기 사는 순박한 사람들이 하나 되어서 조개와 굴, 전복, 소라, 바지락, 개우렁, 농발게, 갈게, 갯지렁이, 쑥, 짱뚱이들과 어우러져 함께 사는 날이 절대조화의 무쟁처無諍處요, 미륵의 세계라 하겠다(김형주, 2005c).

이 글을 볼 때 그의 새만금 매향에 대한 관심은 종교적이라기보다는 학술적이다. 또한 이 글은 독자에게 새만금 매향의 종교적 의의를 전달하는, 역사와 문화 해설이다. 그러나 그 논조는 새만금에서 갯벌과 생명체들과 사람들의 절대조화의 무쟁처이고 미륵의 세계로 현현되어야 한다는 언술을 비롯해 다분히 신념적이다. 과거 매향 관습에 결부된 불교적 민간신앙과 같은 신념을 그가 가졌을 것이라는 추정은 할 수는 없다. 그러나 적어도 과거 관습에 대한 지식에 근거하여 새만금 매향을 해석, 재해석하고 종교적 의미와 신념적 언술을 부여하려 했다는 점은 단순한 학술적 해설을 넘는다.

매향 관습에서 갯벌은 오랜 시간 향나무를 보존하면서 그 향나무를 상징으로 하여 사람들이 이상적 세계가 도래되기를 기다리는 장소이다. 갯벌은 향나무의 물리적, 화학적 보존 장소인 동시에 인간과 세계의 존재론적 장소이다. 달리 말해 보존능력으로 말미암아 갯벌은 오랜 시간의 지속성을 나타낸다. 그 지속성의 어느 시점에 향나무의 변화를 신호로 하여 인간 존재가 이상적 세계 도래를 예감하는 장소가 갯벌이다. 한편 현대사회 환경운동의 매향 의례에서 갯벌은 장소성을 넘어 이상적 세계 그 자체로도 개념화된다. 갯벌은 현대에 생성된 생명이라는 개념의 표상이 되고 직접적인 생명 의례의 대상이 되는 것이다. 좀 더 자세히 보자. 현대사회 새만금이나 강화도 매향의례에서의 갯벌은 두가지 종교적 개념을 표상한다. 하나는 종교적 전염과 융합이고 다른 하나는 이상적 세계의 도래이다. 사람들은 향나무를 통해 갯벌보존의 의미와 이를 추구하는 자기 존재의 정체성을 체현하고 이를 갯벌에 묻어 갯벌에 전염시킨다. 갯벌에 향나무를 묻음으로써 인간의 의미, 정체성이 갯벌과 하나의 세계를 이룬다. 한편 갯벌은 그 자체가 장구한 세월을 지속해 온 사물이다. 여기에 향나무가 묻혀 갯벌의 물리적 보존력만이 아니라 지속성이라는 시간개념의 힘을 입는다. 이 지속성의 시간 속에서 김형주씨의 언술처럼 언젠가는 생명이 어우러지는 세계가 도래한다.

생명 개념은 2007년 10월 28일 인천 강화도 동막 갯벌에서 열린 매향에서 더 뚜렷하다. 매향제는 1990년대 말부터 지역운동가들이

만들어 실행해 온 축제의 여덟 번째인 '정해년 마차례'의 일환이었
다. 강화도는 1990년대부터 인천, 서울 지역에서 환경, 문화, 교육
에 관심을 둔 활동가들이 거주하면서 지역운동을 벌여 온 곳이다.
마니산의 원형 발음이라 하여 '마리학교'라 이름을 붙인 대안학교
가 있고, 황선진(남, 57세), 오영호(남, 52세) 등 70년대, 80년대 문화운
동을 하던 활동가들이 있다. 황선진씨는 서울과 인천에서 70년대
문화운동과 80, 90년대 진보적 정치운동을 하다가 강화로 들어와
마리학교를 세웠고 한국문화와 종교 및 2000년대 우리사회에서 생
성된 생명사상을 탐구하며 이러한 문화적, 종교적, 사상적 기반에
서 교육과 환경운동, 생명축제 등을 실행해 왔다. 2007년 매향제는
황씨와 지역 동료들이 수행해 온 생명축제의 일환이었고 황씨처럼
문화적, 사상적 기반으로부터 민초民草의 정치를 만든다는 이념으
로 규합한 초록당이 결합하였다. 2007년 매향제는 이와 같은 사고
思考의 맥락에서 실행되었기에 과거 매향의 주도적 사상과 신념이
었던 미륵 하생 신앙에 비해 훨씬 포괄적이다. 당시 이들이 자신의
신념과 정체성의 근간으로서 설정해 갔던, 다분히 종합적으로 재
구성한 '토착적', '전통적' 세계관'을 보여준다. 초록당 준비위원
정호(남, 50세)씨가 지어 읽은 제문이 그 예이다.

> 유세차 정해년 임술월 기묘일 하늘에 계신 천신님, 땅을 주재하
> 시는 지신님, 우주 삼라만상의 운행과 순리를 통찰하시고 주관하시
> 는 신령님. 태초에 땅과 물, 불과 바람인 사대四大를 내려 생명을 만
> 드시고 희로애락 생노병사를 지배하시는 천지신명님께 삼가 고하
> 나이다. (중략) 더욱이 저희들에게 내리신 강화는 드넓은 갯벌과 사
> 시사철 알곡이 넘쳐나는 산과 들을 주셨으니 어찌 그 은혜를 흠경欽
> 敬치 않겠나이까. (중략) 신 새벽의 여명처럼 어둡고 칙칙한 죽임의
> 세상을 밀어내고, 생명평화의 아름다운 미래를 열어제낄 수 있는 주
> 역으로 분연하게 떨쳐 일어나도록 점지하여 주옵소서.

온 세상에 생명평화의 원융圓融의 꽃이 만발하게 하옵소서. 천天·지地·수水·화火·풍風의 조화를 주관하시는 천지신명이시여. 다시 한 번 엎드려 비옵나니 어여삐 어루만져 주옵소서. 오늘 저희들의 매향은 그간의 모든 쓰라린 고통과 슬픔들과 함께 새로운 세상을 향해 전진하고자하는 염원을 담고 있사오니 굽어 살펴 주옵소서.

이 매향제에는 중학생으로 10여 명의 학생들과 교사들, 50여 명의 지역 환경과 문화 활동가들, 지역주민들, 외지의 활동가들이 모였고 수많은 향나무 조각들을 준비하여 사람들이 각자 붓으로 그림이나 소망의 글귀를 써서 갯벌에 묻었다.

새만금의 장승, 해창 갯벌의 법당, 교회 설치와 의례, 매향, 그리고 강화 생명축제의 매향제 등은 모두 공통점을 지닌다. 첫째 갯벌이 의례에서 직접적인 대상이 된다. 갯벌은 보존되어야 할 자연환경이고 주민 생존의 터전이다. 의례는 자연환경과 주민 생존을 지키고자 하는 종교적 표현이다. 여기서 주목되는 것은 '생명'이라는 개념이 거의 모든 사람들의 언술과 활동에 의해 갯벌에 부여된다는 사실이다. 아직 구체적으로 분석되지 않았지만 갯벌 서식 동식물이라는 자연과학적 용어로만 설명될 수 없는 개념이 사람들이 의례의 대상으로 삼는 갯벌의 물성을 이룬다. 생태계라는 자연과학적 용어보다도 생명이라는 정서적, 사상적 함의가 다분한 용어가 갯벌에 부여된다. 양분의 생태학적 순환과 동식물의 생리작용이라는 과학적 사고보다는 생성되고 살아 움직이는, 활력을 가진 물物로서 생명체들이 갯벌에 있고 그 전체가 생명이다. 여기서 생명이란 사람들의 과학적, 실용적 논리와 사고로만 그 속성을 규정할 수 없는, 영성靈性과 물활物活의 정서와 자연－인간의 통섭에 대한 기대 혹은 사고가 부여되는 개념이다. 과거 매향의 갯벌은 향나무가 묻혀 오래 보존되는 이화학적, 물리적 수단이다. 육지의 물과 갯벌이 만나는 곳이 주로 선택된 이유는 알 수 없으나 여기서 갯벌은 장구한 보존 시간 때문에 선택된 것으로 보인다. 이 갯벌에 묻힌 향나무가 오랜 세월이 지나 물에 떠오르면 침향이고 침향은 새 세계를 맞이 할 상징적 매체이다. 이에 비해 최근 새만금 매향에서의 갯벌은 그 자체가 보존 대상이다. 향나무가 사람들의 신념과 세계관을 체현體現하는 물질이라는 것은 예나 지금이나 같다. 그러나 여기에 더하여 최근의 매향에서는 갯벌은 사람들이 신념과 세계관에 의해 물성이 부여된 또 다른 실체이다. 사람들이 묻는 향나무와 이를 받아들이는 갯벌이 그들의 신념과 세계관을 구현할 통합적 실체이다.

매향에서 물성이 매개하는 또 하나의 차원이 시간이다. 사람들은 향나무가 수백년 묻히면 침향이 된다고 믿는다. 과거의 매향에서는 오랜 세월 묻혀서 된 침향이 석가 이후 56억 7천만년 지나 도래한다는 미래불未來佛을 상징적으로 매개한다. 최근 새만금 등의 매향에서는 갯벌이 단순한 수단으로서 오랜 시간 향나무 보존에 유효하다는 실용적 사고를 넘어선다. 사람들은 생활과 환경에 대한 원顧이 담긴 향나무를 묻으며 갯벌이 대대손손 이어지고 대대손손 생명의 세계로서 지속할 것을 기원한다. 인간 생활과 환경의 지속성에 대한 의례적 기도企圖이다.

Ⅳ. 맺는 말

서남해 갯벌은 자연환경의 한 공간, 생업의 장소일 뿐 아니라 사람들이 생활 장소, 생활세계 그리고 자신들이 희구하는 세계를

구현시키고자 하는 종교적, 사상적 대상으로 존재해 왔다. 사람들
이 자신을 둘러싼 자연과 자기 삶에 대한 개념을 갯벌에 부여하여
갯벌의 물성을 이룬다. 본 연구에서는 영산강 및 서남해 주민들의
갯벌 환경과 기술, 생업들에 묻혀 있고 언술, 설화, 의례행위들에
단편적이고 간헐적으로 나타나는 개념들을 찾고자 했다. 진도 회
동과 모도 사이 갯벌과 관련된 설화는 궁핍에 대한 주민 반응으로
서 갯벌이 회동과 모도 사이를 연결하는 식량 수수授受의 개념을
나타낸다. 영산강 유역 갯벌에서는 농업이라는 주 생존 수단을 넓
히기 위한 생태학적 대체와 강변 생활의 지형적, 생물학적 다양성
의 향유라는 상반된 개념들이 존재했다. 또한 다른 지역의 어종이
지닌 질, 품격, 미각과 차별성을 갖는 어종을 제공해주는 생태학
적 차별성 나아가 지역생활의 차별성에 대한 개념이 존재했다. 갯
벌은 자연환경이고 기술적, 경제적 대상인 동시에 생태학적 차별
성, 지역생활의 차별성에 대한 개념이 부여된 물적物的 상징이었
다. 다양한 언술과 행위들이 그 개념을 의미화하고 있었다.

주민이 적응대상으로 삼아 온 갯벌에서는 이렇게 생존, 생업,
자원을 둘러싼 개념들이 발견된다. 이에 비해 과거의 매향 및 현
대사회 환경단체들의 매향을 보면 갯벌이 인간 생활과 인간 존재
처소로서의 세계라는 훨씬 총체적이고 넓은 대상에 대한 개념들
이 발견된다. 과거의 매향에서 갯벌은 매향의 장소로서 수단적 개
념이 강했던 것 같다. 장구한 시간을 보존시킬 수 있다는 기능적
사고가 지배적이었다고 보여지는 것이다. 한편 현대사회의 매향
에서는 과거 미륵 하생 등 불교적 민간신앙보다 더 범위가 넓고
새롭게 생성된 의미들이 부여된다. 갯벌은 수단을 넘어서 의례를
통해 지속되어야 할, 직접적인 의례 대상으로 존재한다. 또한 갯

벌은 그 속의 동식물들과 함께 '생명'으로 개념화되며 매향은 이 생명의 세계를 지속시킬 혹은 파괴되는 현실을 극복하고 새로운 세계를 맞기 위한 의례로 존재한다.

사람들은 자신을 둘러싼 자연과 사회와 자신의 삶에 대해 개념을 품고 산다. 지식, 감정, 태도 등 사람들이 살아가면서 갖게 되는 지적知的, 정서적 사항들은 세상과 자기 존재에 대한 제반 개념에 의해 내용과 형식을 갖추게 된 것들이다(조경만, 2008). 개념은 상징을 통해 겉으로 드러나고 구체화된다. 사람들은 자신이 품고 있는 생각을 상징 형태 속에 담으며, 이 때 그 생각은 상징적 '의미'로 나타나게 된다. 기어츠(C. Geertz)는 문화를 의미들이 역사적으로 전승된 상징 패턴이라고 설명한다(Geertz, 1973: 89).

이 글은 갯벌에 대한 생태계와 기술경제, 사회경제적 연구를 벗어나 있다. 장소와 생활에 대한 사람들의 개념을 살피는 관념론적 접근을 시도한 것이다. 이 글에서의 관념론적 접근은 내용이 풍부하고 잘 정립된 인식과정과 내용들을 대상으로 한 것이 아니다. 단편적 언술이나 행위들에 묻어 있으면서 한 컷으로 나타나는 축도縮圖, 한 컷으로 전체를 지시하는 단편적 평언評言과 비유를 대상으로 한 것이다. 우선 몇 양상들을 모으고 그 안에 어떤 개념이 들어있는가를 살피려 했다. 과정과 맥락에 대한 조사기록이 불충분했던 때문에 이 글은 여기서 멈춘다. 앞으로 갯벌에 대한 관념론적 접근을 자연환경에 대한 인식과정, 개념화와 개념들, 개념에 의해 내용과 형식을 갖추는 지적, 정서적 사항들, 상징을 통한 의미화 등으로 진전시키고자 한다.

People's concepts on tidal flat and their lives: -On the Cases in Youngsan River Basin, Southwest Coast and Islands

Kyoung-Mann Cho

As a suggestion on the research subject and direction of island cultural study, this paper includes the approach to the world of people's ideas. Especially the cases of people's conceptualization of their natural surroundings and human lives in them. This work, dealing with the cases in the tidal flats of Youngsan river basin, Southwest coasts and islands, is to discover the clues for the future island study which could be more well-arranged and systematic.

Tidal flat is a natural space, people's place to earn living. Also it is a space of meanings with the formation of people's concepts on the natural place, resources and their lives. Traditional narrative related with tidal flat between Hoedong village at Jindo isaland and Modo island a perceptive reaction to the hunger. In the narrative the tidal flat is conceptualized as the ways of food quest and supply. In the Youngsan river basin tidal flats are mainly thought as the objects of replacement to agricultural land. But simultaneously there have been discourses and behaviors which conceptualize the tidal flats and the river based on them as the place for the appreciation of divers fish resources, of local lives depending on the resources. Tidal flat is defined as the place of abundance in the religious discourses, as the object for the quest and transition of magical power of abundancy. The concepts related with the definition of place and the appreciation of resources, under the umbrella of human's appropriation of nature mainly appear. *Maehyang*, the ritual of embedding chinese juniper into the inner world of tidal flat, transcends the meanings of livelihood and appropriation of nature. It is an ontological place of human beings and world as well as physical and chemical reserve of this magical chinese juniper. In other words, it is a waiting place for the arrival of ideal new world which human beings have yearned for. Tidal flat, in contemporary context, is conceptualized as ideal world itself. It becomes a representation of the concept *'Saengmyoung'* which has been recently formed as a material and spiritual entity and phenomenon. Tidal flat becomes as direct object for rituals of *'Saengmyoung'*.

This study is beyond those of ecosystem, techno-economy and socio-economy. It tries to access to the people's world of ideas investigating the conceptualization of place and life. This access is not to the well established, affluent knowledge world. A cut of scheme embedded in partial words and behaviors, a cut of critical words and metaphors designating wholeness are main objects to access. This study is performed with the prospect of future interest in these trivial, neglected research objects in the future studies of island cultures

1) Feld, F. & K. H. Basso, *Senses of Place*, Santa Fe : School of American Research Press 1996의 용어에 따름.
2) 윤박경, 「그레」, 『갯벌 배움터 그레』, 2003년 10월 13일자.
3) 김준, 「갯벌 가치, 계산기로 따지지마라」, 『서울신문』, 2008년 4월 19일자.
4) 현지의 여러 이본異本들 중 두 가지 이본이 이종철·조경만, 1987: 212-213에 보고되어 있고 위 설화는 그 중 하나이다.
5) 고려조, 조선조에 나주 등지에서 발달한 세창稅艙과 세곡선의 수운 항로 등 영산강 수운 역사(김경수, 1987)와 영산강 중하류 나주시 동강면 옥정리 봉추마을(2008. 6. 7 제보자 박만배, 박선배), 영산강 밖 영암군 삼호면 (구) 가지마을 등 강 내외 주민들의 영산강에서 다도해 일대까지의 조업 사례(조경만, 1992).
6) 권21, 명종 11년(1556년) 12월 1일.
7) 권21, 명종 12년(1557년) 4월 3일.
8) 전남 나주시 동강면 옥정리 봉추마을이 소농들이 수세대에 걸쳐 강변에 충적된 갯벌을 조금씩 농토로 바꾸어 간 전형적 사례이다.
9) 생태계와 자원의 다양함과 풍요함에 대한 반응은 여러 곳에서 나타난다. 예를 들어 2006년 6월 전북 부안군 위도면 서대석(남, 50세)씨는 서울에서 생활할 때보다 훨씬 적은 경비로 풍요한 생활이 가능하다고 말한다. 집 앞 갯벌을 한번만 나가면 숱한 종류의, 양질의 음식거리를 얻기 때문에 경제적으로나 정신적으로나 압박을 훨씬 덜 받는다는 것이다(2006. 6.21 현지자료).
10) 무안군 삼향면 남악리 오룡마을 오석태의 언술.
11) 장소에 대한 주민들의 주장과 표현 형식을 언급한 펠드와 바소의 논의 참조(Feld and Basso, 1996: 7).
12) 경남 고성 삼일포(1309년), 전남 영암 서호면 엄길리(1344년), 전남 영광 법성포(1371년, 1410년), 경남 사천(1387년), 전남 신안 암태도(1405년), 전남 해남 맹진리(1406년), 충남 해미(1427년), 전남 영암 미암(1430년), 장흥 덕암 매향비(1434년) 등.
13) 전남지방의 경우 신안 암태도, 영암 엄길리, 해남 마산면 맹진리 매향비 등. 예를 들어 엄길리 암각의 경우 彌陀契內千方人이라 하였고, 해남 맹진 암각에서도 埋香置彌陀香 徒五十八上堂一百이라 하여 매향 집단이 향도임을 알 수 있다. 이 지역들의 매향과 향도 집단에 관해 이해준,

1983 : 57~58 ; 성춘경, 1986 : 208~209   참조.
14) 새만금사업을 반대하는 부안사람들, 전북 환경운동연합, 그린훼밀리운동
연합, 녹색연합, 환경과공해연구회, 한국YMCA전국연합, 환경정의시민
연대, 환경운동연합.

제2부

서해의 갯벌

제1장
중도 주민들의 갯벌에 대한
민속적 인지와 어로활동

나 승 만

Ⅰ. 서 론

이 글은 신안군 중도면 주민들의 갯벌어로 일상사를 다룬 것이다. 어로문화에서 중도의 지정학적 의미를 찾는다면 서해와 남해의 교차점에 위치한 갯벌어로 지대라는 점이다. 서해는 수심이 낮고 갯벌이 발달하여 다양한 어패류가 서식하고 있는 한편 조하대의 수심이 낮은 모래뻘 지대는 천혜의 회유어류 산란장이기 때문에 봄철 난대성 어류들이 산란하고 성장하기 위해 회유해 오는 곳이다. 여기에 비해 남해는 수심이 비교적 깊고 해류의 흐름이 서해보다 강하며 봄에는 난대성 어류들이 회유해 오고 가을과 겨울에는 한대성 어류들이 회유해 오는 곳이다. 중도는 이런 특성의 접경지대에 위치하고 있지만 서해적 특성이 강한 곳이라고 할 수 있다.

고찰의 대상은 갯벌어로의 주민들, 주민들의 갯벌에 대한 인지, 제작도구와 이용 방법, 그리고 서식 어류들이다. 서술 관점은 도구를 중심으로 삼았다. 그래서 손도구를 활용한 조간대 갯벌어로, 독살을 이용한 조간대 갯벌어로, 발을 이용한 조하대 갯벌어로로 장을 나누었다. 각 장에서는 어민과 어로도구, 갯벌에 대한 인지가 복합적으로 논의될 것이다.

현재 증도에는 어업을 전업으로 하는 어촌이 없다. 대부분 농업을 위주로 하고, 어업은 부업 수준이다. 어업을 부업으로 하는 마을의 경우도 우전리와 방축리 정도다. 증도는 신안군에서 <게르마늄 개펄축제>를 진행했을 정도로 넓고 질 좋은 갯벌을 소유하고 있지만 현재는 갯벌에서의 어로활동이 활발하지 않다.

증도는 행정구역상 4개의 법정리, 9개의 행정리, 11개의 자연마을로 이루어져 있다. 면적은 28.20㎢이며 해안선의 길이는 48.34㎞다. 2001년 12월 기준으로 742가구 1,808명의 인구가 살고 있다. 주 소득원으로는 벼, 마늘, 김, 소금 등이고 소금은 우리나라 최대의 염전인 태평염전에서 생산해 내고 있다. 현지 조사 지역과 일정, 면담자는 다음과 같다.

조사지역 : 전남 신안군 증도면 우전리 및 방축리 일대
조사일시 : 2006년 4월 22일, 5월 10일
제 보 자 : 증도면 우전리 박국순(남, 1941생)
증도면 우전리 조성갑(남, 73세)
증도면 방축리 오산마을 김요섭(남, 71세)
증도면 방축리 검산마을 김정석(남, 54세)

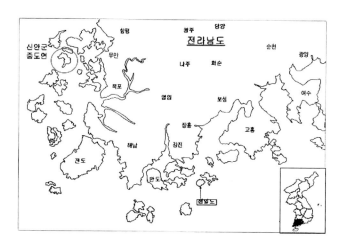

〈그림 1〉 전라남도 지도

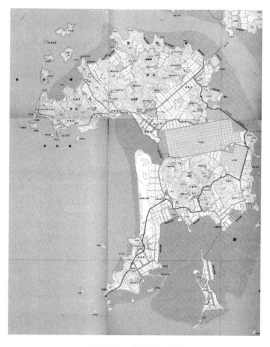

〈그림 2〉 증도면 지도

Ⅱ. 갯벌 생태에 대한
증도 주민들의 민속적 인지

갯벌은 퇴적물의 조성에 따라 모래갯벌(sand flat)과 펄갯벌(mud flat)로 구분되고, 두 가지 특성이 함께 나타나는 것을 혼성갯벌이라고 한다. 또한 위치에 따라 해변 갯벌과 하구역 갯벌로 구분할 수 있다. 퇴적물 조성은 해안의 물리적인 특성에 따라 좌우되기 때문에 해수유동이 심한 노출된 해안에서는 모래 갯벌이, 보호된 해안에서는 펄갯벌이 우세하다. 이렇게 형성된 갯벌들의 물리·퇴적학적 환경 차이는 생물상이나 생물 생산뿐만 아니라 물질 순환에도 커다란 영향을 미치게 된다.[1]

이러한 생태적 구분법은 갯벌의 성질에 따른 학술적 구분법이다. 그러나 어로활동을 하는 어민들은 이미 오래전부터 갯벌을 구분해왔다. 그 구분 기준은 갯벌의 성질뿐만 아니라 생산물과 지형 등이 고려된 것으로 갯벌어업이 활성화된 곳일수록 더욱 체계화되어 나타난다.

압해도 대천리 광립마을의 경우 해안선과의 거리, 갯벌의 성질, 어획물의 종류 등이 종합적으로 고려되어 크게 4가지로 구분하는 것으로 보고된 바 있다.[2] 또한 제주도에서는 조수간만의 차에 따른 수직적 분할과 지형에 따른 분류를 통해 바다밭은 세밀하게 구분하고 있다.[3] 여기서는 증도면 우전리의 갯벌 구분에 대해 살펴보도록 한다.

우전리에서는 갯벌을 토양의 성질과 어획자원에 따라 조간대를 '더개', '모래밭', '갯벌' 등 3가지로 구분하고, 조하대에 있는 모래톱을 '취'라고 한다. 더개는 조간대 중간부분으로 뻘과 패류의 껍질이 뒤섞여 있는 공간이다. 발이 빠지지 않는 뻘로서 바지락이 많이 난다. 모래밭은 모래사장이 있는 해변을 지칭한다. 모래밭에서는 대합이나 맛이 많이 난다. 갯벌은 일반적으로 '뻘'이라고 한다. 조간대 전체를 지칭하기도 하고, 조간대 하단부를 지칭하기도 한다. 조간대 하단부의 갯벌은 이물질이 섞이지 않은 뻘이 있는 곳이다. 이곳에서는 키조개나 소라, 나방, 꽃게, 낙지 등이 난다. 취는 썰물에도 드러나지 않는 조하대 부분의 모래밭이다. 바다 깊은 곳에도 취가 있으나 우전리의 경우 갑오징어가 많이 났던 오징어바위 근처에 취가 있었다. 취에는 바다풀들이 많이 자라고, 어류들이 산란을 하는 장소다.

Ⅲ. 손도구를 이용한 어로활동

1. 조간대 갯벌 어족자원과 어로 방법 개관

갯벌의 환경에 따라 서식하는 어종이 다르고, 어획하는 방법도 달라진다. '더개'에서는 주로 반지락를 채취하고, '모래밭'에서는 대합을 채취한다. 반지락과 대합을 제외한 대부분의 어종은 '갯벌'에서 채취하고, '취'에서는 갑오징어를 잡는다. 각각의 어종을 중심으로 어로방법을 파악해 본다.

바지락은 쩍개미가 있어서 발이 빠지지 않는 더개에 서식한다. 주로 봄철과 가을철에 많이 잡는데, 이 시기에 속이 여물기 때문이다. 봄과 가을이 아닌 경우에도 잡을 수는 있지만, 여물지 않기 때문에 잡지 않는다. 물때는 갯벌이 많이 드러나는 사리 때에 잡는다. 바지락은 갯벌 깊숙이 들어가지 않고 겉 표면만 살짝 묻일 정도로 들어가기 때문에 호미로 파서 잡는다. 손가락 한 마디 정도의 깊이에 서식하기 때문에 호미로 긁어서 채취한다. 반지락을 잡는 사람은 주로 여자들이다.

대합은 백합이라고도 한다. 우전리에서는 대합과 백합의 구별이 없이 대합이라는 용어를 사용한다. 대합의 서식지는 물이 빠진 조간대 중간지점이다. 그중에서도 특히 모래밭에서 서식한다. 사시사철 대합을 잡을 수 있으나, 농사일로 바쁜 철에는 잡지 않는다. 모래밭을 1cm 정도 파면 대합을 잡을 수 있고, 대합글캐(대합글 캥이)로 잡는다. 대합은 주로 남자들이 채취한다.

굴을 석화라고 한다. 석화는 바위에 붙어 서식하고, 조새를 이용해 따낸다. 자연 상태에서 채취할 때에는 주로 겨울에 따는데, 양식을 하는 사람들은 계절에 상관없이 채취한다. 양식을 하지 않는 굴은 바위에서 따지만, 양식을 하게 되면 바위에서 채취하지 않기 때문에 시기에 상관없이 수확하는 것이다.

키조개를 개접이라고 한다. 개접은 조간대 하단의 갯벌에 서식하고, 사철 잡을 수 있다. 조간대 하단에 서식하기 때문에 물이 많이 빠질수록 많이 잡을 수 있다. 개접의 모양은 각정殼頂이 매우 좁고 아래로 갈수록 점점 넓어지는 삼각형 모양이다. 뾰족한 각정 부분이 땅 속 깊숙이 박혀있기 때문에 삽이나 호미로 파서 잡는다. 일단 삽이나 호미로 중간정도까지 판 다음 손으로 잡아당겨 잡는다.

소라는 조간대 하단 갯벌에 서식한다. 키조개나 나방과 더불어 물이 많이 빠질수록 많이 잡을 수 있다. 어로방법은 물이 많이 빠지는 사리 때 갯벌로 나가서 손으로 줍는다. 예전의 경우 갯벌에서 잡을 수 있었는데, 해태양식을 한 이후로는 해태 지주목에 주로 붙어있다. 기타 조개류의 경우 해태양식을 하면서 대부분 사라져버렸는데, 소라는 지금도 한 번 나가면 망태로 하나씩 잡을 수 있다.

나방은 작은 고동류의 생물로 조그맣고 동글동글하게 생겼다. 늦은 봄에서 여름까지 조간대 하단의 갯벌에서 잡는다. 주로 마을의 부인들이 채취하고, 채취도구는 석애다. 물이 빠지면 부인들이 석애와 나방소쿠리를 들고 가서 잡고, 그것을 머리에 이고 돌아온다. 나방은 국을 끓여 먹는다. 국을 끓이면 국물 색깔이 푸르스름하고, 짠 맛이 가미되어 감칠맛이 난다. 소라와 달리 날 것으로는 먹지 못한다.

증도에서의 꽃게잡이는 주낙과 비슷한 방식이었다. 꽃게잡이 방법에 대한 명칭은 없으나 줄과 미끼를 사용하는 점에서 주낙과 비슷하다. 꽃게를 잡기 위한 도구는 줄, 쪽받이 또는 앙받이, 미깝(미끼) 등이다. 먼저 10발정도 길이의 줄과 밴댕이(송어)를 준비한다. 밴댕이는 어린 송어다. 줄 중간 중간을 매듭으로 묶고, 매듭 사이로 4~5토막낸 밴댕이를 집어넣는다. 미끼를 줄에 묶는 식이다. 보통 10발 길이의 줄에 20개의 매듭과 20개의 미끼를 단다. 줄에 미끼를 다 끼우면 마장(마장목)에 줄 한쪽 끝을 묶는다. 마장은 수심 1m 20㎝ 정도의 깊이에 박는다. 줄의 한 쪽 끝을 마장에 묶고 한 쪽 끝을 갯벌에 늘어뜨린다. 이렇게 하면 꽃게잡이를 위한 준비가 완료된다.

꽃게잡이는 썰물 때 한다. 꽃게잡이를 위한 줄은 한 사람당 보통 2~3개 정도를 설치한다. 늘어뜨린 줄 주위에서 쪽받이나 앙받이를 가지고 꽃게가 미끼를 물었는지 확인한다. 물 속에 있는 줄을 잡아보면 꽃게가 물었는지 안 물었는지를 알 수 있는데, 꽃게가 미끼를 물었을 때는 줄을 당기는 듯한 느낌이 든다. 손으로 전해오는 느낌을 따라가서 앙받이나 쪽받이로 꽃게를 주워 담는다. 꽃게가 미끼를 계속 물고 있지 않기 때문에 지속적으로 물속의 줄을 확인해야 한다.

줄과 미끼만을 이용한 꽃게잡이는 1970년대까지 행해졌다. 이 시절의 꽃게잡이에 대해 우전리 박국순씨는 "그렇게 재미있었어요. 그때는 먹는 재미보다도 잡는 재미가 좋았어요"라고 회상한다. 그러나 1970년대 초반 꽃게가 없어지면서 이러한 어로방법도 자취를 감췄다.

뻘떡게는 꽃게와 비슷한 방법으로 잡는다. 줄과 미끼를 이용해 잡는 방식은 같지만, 게를 잡는 공간이 다르다. 꽃게가 갯벌과 얕은 바다 사이에서 잡는 것에 비해, 뻘떡게는 주로 바위 옆에서 잡는다. 꽃게잡이와 공간이 다를 뿐, 마장을 박고 줄에 밴댕이를 끼우는 것은 동일하다.

짱뚱어잡이는 낚시를 이용한다. 미끼를 끼우지 않고 낚시를 던졌다 채는 것을 반복하여 잡는 방법이다. 증도에서는 <짱뚱이다리>를 만들어 관광효과를 기대할 정도로 짱뚱어를 홍보하고 있지만, 실제 짱뚱어를 잡는 사람은 많지 않다.

갑오징어는 바다풀이 서식하는 곳에서 많이 잡힌다. 몰과 장포, 톳 등의 바다풀이 많은 곳에 산란을 하기 때문에 이곳에서 주로 잡는다. 우전리 입구쪽에 오징어바위라는 바위가 있었고, 이 바위 주위에 바다풀이 많아 갑오징어가 몰렸다고 한다. 오징어바위라는 이름도 오징어가 많이 몰려드는 곳이기 때문에 지어진 이름이다. 그러나 현재는 리조트를 짓는 과정에서 없어져 바위가 있었던 위치만을 확인할 수 있다.

오징어가 몰려드는 곳은 바다풀이 많이 자라고, 썰물 때 수심 1m 이하 정도 되는 지점이다. 산란을 할 때는 포도알처럼 검은 알이 바다풀 주변에 수없이 붙어있었다. 이것을 보고 솔잎이 붙은 솔가지를 바다풀이 나는 곳에 던져놓고 오징어를 유인하여 잡기도 했다.

갑오징어잡이는 주로 사리발 저녁에 한다. 갑오징어가 불빛을 좋아하고, 사리때 물이 쓰면 어른 허리춤 정도의 깊이에서 산란하기 때문에 2인 1조를 이루어 한 명은 후레시(전등)를 들고, 한 명은 쪽받이를 받쳐서 잡는다. 주로 바다풀이 있는 곳이나 솔가지를 던져놓은 곳에서 작업을 하는데, 쪽받이를 한 번 뜰 때마다 1~2마리의 갑오징어가 잡혔다. 그러나 20여년 전부터 바다풀이 점점 사라지고, 이와 더불어 갑오징어도 사라졌다.

낙지는 갯벌에서 사철 잡을 수 있으나 여름철에는 산란을 하기 때문에 잘 잡지 않는다. 산란을 하게 되면 태어난 새끼들이 어미를 뜯어먹으면서 크기 때문에 소득이 적다. 또, 낙지는 가을철에 잡은 것이 맛있고, 이때의 낙지를 '가을낙지'라고 하여 많이 잡는다. 보통 가을에 낙지를 잡으면 다른 시기에 비해 크기가 작다.

낙지잡이는 두 가지 방법으로 한다. 하나는 갯벌에서 가래로 잡는 것이고, 또 하나는 퉁어리(통발)로 잡는 것이다. 갯벌에서 잡는 방법은 낙지구멍을 확인하고 가래로 파서 잡는 식이다.

갯벌을 파서 낙지를 잡을 때에는 주로 가래로 잡았으나 근래에는 삽의 양 날 부분을 잘라내서 쓰기도 하고, 삽을 그대로 사용하기도 한다. 최근의 삽은 예전에 비해 면적이 좁아 갯벌을 잘 팔 수 있기 때문에 변형을 하지 않아도 사용할 수 있다. 퉁어리로 잡는 방법은 퉁어리에 미깝을 넣어놓고 들어오게 유인하는 방법이다.

2. 어로 도구

갯벌에서 사용하는 도구는 우전리 박국순(남, 1941생) 어르신의 댁에서 사용하고 있는 것을 실측 조사했다. 조사된 도구는 바옷글캐, 대합글캐, 석애, 호미, 쪽받이, 앙받이, 가래, 삽, 나방소쿠리, 망태, 홍서리, 조락 등이다. 이 중에서 현재 소장하고 있는 것으로는 바옷긁캐, 대합긁캐, 쪽받이, 망태, 홍서리, 조락 등이다.

1) 홍서리

▫ 기능 및 사용방법 : 홍서리는 어획물을 담아 이동하는데 사용한다.
▫ 형태 : 그물코가 작은 그물을 적당한 크기로 잘라내어 반으로 접은 다음 입구를 제외한 양 측

〈사진 1〉 홍서리

면을 꿰맨다. 입구에는 줄을 끼워 오므리고 펼 수 있도록 만든다. 제보자가 직접 제작하였다.
▫ 입구에서 바닥까지의 길이(세로) : 53cm
▫ 입구의 폭(가로) : 27cm

2. 대합긁캐

▫ 기능 및 사용방법 :
대합을 채취하기 위
한 도구로서 갯벌 바
닥을 긁을 때 사용한
다. 손으로는 나무막
대를 잡고, 줄은 허리
에 둘러 뒤로 걸어가
면서 갯벌 바닥을 긁는다.

〈사진 2〉 대합긁캐

▫ 형태 : 사진 상에는 뒷부분의 손잡이에 해당하는 나무막대가 없
지만, 실제는 1m 이상의 나무막대가 연결되어 있다. 사진에 보
이는 대합긁캐는 손잡이에 해당하는 나무막대가 부러져서 없는
상태다. 제보자가 직접 제작하였다.
▫ 쇠로된 날에서부터 손잡이까지의 길이 : 36㎝ + 1m 정도
▫ 쇠로된 날의 길이 : 24.5㎝

3. 조락

▫ 기능 및 사용방법 : 어
획물을 담아 이동하는
도구이다.
▫ 형태 : 대나무로 절어
서 만든 것으로 입구
는 타원형이고, 바닥
은 일자형이다. 등에
짊어질 수 있도록 2개

〈사진 3〉 조락

의 어깨끈이 있다. 조락과 망태, 홍서리는 어획물을 담는 도구
로서 공통점을 지니고 있으나 조락의 경우 양쪽 어깨에 짊어질
수 있도록 두 개의 어깨끈을 달아서 망태나 홍서리에 비해 이동
할 때 편리하다. 제보자가 직접 제작하였다.

▫ 높이 : 36cm
▫ 밑부분 길이 : 67cm
▫ 입구 폭(가로) : 35,5cm
▫ 입구 폭(세로) : 21cm

4. 망태

▫ 기능 및 사용방법 : 어
  획물을 담아 이동하는
  도구이다.
▫ 형태 : 그물코가 작은
  그물을 잘라 입구를
  제외한 3면을 꿰매고,
  안쪽에 두꺼운 비닐을
  덧댄다. 입구 양 옆으

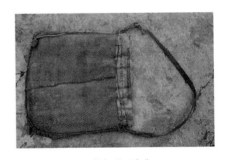

〈사진 4〉 망태

로는 한 줄의 어깨끈을 단다. 제보자가 직접 제작하였다.
▫ 입구에서 밑부분까지의 길이(세로) : 45cm
▫ 밑부분의 길이(가로) : 43cm
▫ 어깨끈 길이 : 81cm

5. 조새

▫ 기능 및 사용방법 : 바위에 붙어있는 굴을 딸 때 사용한다. 윗부

분은 바위에서 굴을 딸 때 찍어내는 용도이고, 아랫부분은 굴의 속살을 파내는 용도다.

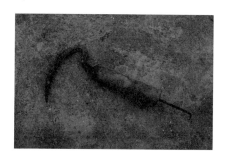

〈사진 5〉 조새

▫ 형태 : 나무토막에 쇠붙이를 단 것으로 윗부분은 돌 틈을 찍을 수 있도록 두껍고 날카로우면서 길게 만들어졌고, 아랫부분은 가늘면서 끝부분이 살짝 구부러져 있다. 예전에는 우전리에 성냥간이 있어서 자체적으로 제작을 했으나 현재는 철물점에서 구입한다.

▫ 위에서 아래까지의 전체 높이(세로) : 31㎝

▫ 윗부분 쇠붙이의 높이(세로) : 9㎝

▫ 윗부분 쇠붙이의 폭(가로) : 5.5㎝

▫ 아랫부분 쇠붙이의 길이(세로) : 6.5㎝

6. 쪽받이

〈사진 6〉 쪽받이

▫ 기능 및 사용방법 : 쪽받이는 물 속에서 어획물을 뜰 때 사용한다. 갑오징어나 꽃게, 뻘떡게 등을 잡을 때 어획물이 빠져나갈 수 없도록 밑에서 받치는 용도다.

▫ 형태 : 'V'자에 가까운 'X'자 모양으로 만든다. 밑부분이 손잡이다. 두 개

의 대나무에 그물을 엮어서 만든다. 손잡이 가까운 부분에 나무를 대고 어획물을 담을 수 있는 공간을 별도로 만든다. 제보자가 직접 제작하였다.

▫ 대나무의 길이(세로) : 170cm
▫ 펼쳤을 때의 그물 폭(가로) : 95cm

3. 어로활동의 주체와 성에 따른 구분

우전리 갯벌 어로활동은 어종과 어로시기, 어로공간, 어구 등에 따라 다양하게 구분할 수 있다. 그런데 이러한 어로활동이 남자와 여자라는 성별 구분에 따라서 진행되어왔음이 파악된다. 각각의 항목에 따른 어로활동을 파악하면 <표 1>과 같다.

우전리에서의 갯벌 어로활동은 남자와 여자의 역할이 구분되어 있다. 갯벌에서 어로작업을 할 때 여자들은 주로 바지락과 나방, 석화를 잡고, 남자들은 대합, 꽃게, 뻘떡게, 낙지, 짱뚱어, 낙지 등을 잡는다. 비교적 여자들이 갯벌에서 많은 활동을 하지 않는 편이다.

〈표 1〉 증도의 갯벌 어로자원과 어로활동

어종	어로시기	어로공간	어구	어로활동 주체	어로활동 현황
반지락	봄, 가을	더개	호미	여자	5년 전 중단
대합	사철	모래밭	대합글캐	남자	5년 전 중단
석화	겨울	바위	조새	여자	현행
개접(키조개)	사철	갯벌	삽, 호미		5년 전 중단

소라		갯벌	맨손		현행
나방	늦봄, 여름	갯벌	석애, 나방소쿠리	여자	5년 전 중단
꽃게		갯벌과 얕은바다 사이	쪽받이, 앙받이, 줄, 미끼	남자	35년 전 중단
뻘떡게		바위 옆	쪽받이, 앙받이, 줄, 미끼	남자	
낙지	사철	갯벌, 바다	가래, 삽/ 퉁어리(통발)	남자	현행
짱뚱이			낚시	남자	현행
갑오징어		취	쪽받이	남자	25년 전 중단

　마을에서 여자들이 할 일을 남자들이 하거나, 남자들이 할 일을 여자들이 하게 되면 "예끼, 저래야 쓰겠냐", "어따 저사람, 너무 철모르는 짓거리 헌다" 등의 말을 하는 등 흉을 봤다고 한다. 어른들이 "여자들이 길쌈이나 하고, 집에서 일이나 하제, 무슨 밖에 나가서 일을 하냐"라고 했다. 그만큼 남자와 여자의 일이 구분되어 있었음을 알 수 있다. 그러나 어떤 근거에 의해 남자와 여자의 할 일이 구분되어 있었는지에 대해서는 알 수 없다. 다만, 작업형태와 도구의 사용을 통해 짐작할 따름이다.

　여자들이 잡은 어획물은 바지락과 나방, 석화 등이다. 바지락과 나방은 석애로 캐고, 석화는 조새로 딴다. 석애는 위 도구에서 설명되지 않은 것으로 호미나 조새처럼 작고, 끝부분이 구부러진 것이다. 이 외에도 여자들이 주로 사용하는 도구에는 바웃글캐가 있는데, 이는 '바웃'이라고 불리는 해초를 따기 위한 것으로 식칼의 끝을 구부려 바위를 긁을 수 있도록 만든 도구다. 여기서 공통점을 찾으면 크기가 작고, 작업을 할 때 앉거나 허리를 굽혀서 해야 한다는 점이다.

　남자들이 잡은 어획물은 대합, 꽃게, 뻘떡게, 낙지, 짱뚱어, 낙지 등이다. 여기에서 사용되는 도구는 삽과 가래, 그물, 쪽받이 등이다. 이러한 도구들은 비교적 힘을 요구하고, 허리를 굽혀 사용하는 것이 아니고, 크기가 크거나 길다는 특징이 있다.

농촌에서 밭일과 논일을 대표하는 것으로 호미와 삽을 들 수 있고, 밭일을 여성의 일, 논일을 남성의 일이라고 한다면, 갯벌에서의 일도 이와 비슷한 맥락에서 이해할 수 있을 것 같다. 갯벌에서 엎드리거나 쭈구린 상태로 작업을 하고, 작은 도구를 사용하는 것은 주로 여자들의 일이라고 볼 수 있다. 이에 반해 힘을 쓰거나 비교적 큰 도구를 사용하고 복잡한 설치를 요하는 작업은 남자들의 일이라고 볼 수 있겠다.

Ⅳ. 독살을 이용한 어로활동

1. 중도 독살 개관

독살과 발은 물고기를 유인해서 잡는 함정어구류로서 어살로 통칭된다. 독살과 발은 조석간만의 차가 큰 해역에서 간조시 바닥이 드러나거나 수심이 아주 얕아지는 곳에 설치해 고기가 들어가도록 만든 장치라는 공통점을 가지고 있다. 다만, 독살의 경우 돌로 담을 둘러서 고기를 잡는 방식이고, 발은 지주목을 세우고 나무나 그물을 둘러쳐서 고기를 잡는 방식이다.

여기서 살과 발은 동일한 형태의 어로형태이면서 지역에 따라 명칭이 달라진다. 일례로 동일한 형태의 독살을 '살'이라고 하는 지역과 '발'이라고도 하는 지역이 있다. 주로 서해안에서는 '살'이라는 명칭을 사용하고, 남해안 지역에서는 '발'이라는 명칭을 사

용한다.4)

어살은 일정한 소득을 창출할 수 있는 경제성을 지니고 있어서 소금과 더불어 엄정한 국가관리의 대상이 되었다. 국가적 재원의 확보와 왕족 및 중신에 대한 재원을 충족하기 위해 사용되었기 때문이다.5) 국가적 관리의 대상이면서 어민들의 소유물로서 그 권리가 지속적으로 유지되어 현재까지 이어지기도 한다.

어살을 만들기 위해서는 일정한 노동력이 필요하기 때문에 어민들 중에서도 경제적 여유가 있는 사람들이 주로 소유했다. 일정한 개인의 소유물로 인정되어서 육지의 논밭처럼 거래되기도 했다. 증도에서 확인되는 독살과 발은 모두 소유주가 있었던 것으로 파악된다. 그 중에서 독살은 소규모 단위로 행해졌고, 발은 대규모로 경영하는 수준까지 행해졌다.

증도에는 우전리와 방축리를 중심으로 여러 개의 독살이 있었다. 현재 본래의 형태를 확인할 수 있는 것은 방축리 1곳이다. 우전리에는 50여년 전까지 7곳이 운영되고 있었으나 지금은 그 흔적만 확인할 수 있다. 독살은 갯벌이 있는 서해안 일대에서 행해졌던 전통 어로 방법으로 갯벌에 돌담처럼 돌을 쌓아놓고 바닷물의 조석을 이용해 어획하는 방식이다. 증도 지역의 갯벌어로 중 독살과 관련되어 일제시대 일본인 학자들이 조사한 기록이 있다.

> 가) 발을 둘러쳐서 잡는 어법과 비슷하게 돌담을 쌓은 설치한 것을 '독사'라고 부른다. 다도해안의 얕은 바다의 여러 곳에서 행해지는 어업이라고 한다(櫻田勝德).6)
> 나) 우전도, 후증도 부근에서 어전漁箭을 하는 사람이 있으나 어획물은 많지 않아 자가용自家用이나 마을의 수요에 충당하는데 그친다.7)

가)는 1936년 일본 학자들이 다도해지역을 돌아다니면서 도서지역의 민속을 기록한 『조선다도해여행각서』에 기록된 것으로 어로활동 중 증도 우전리의 발과 독살에 대한 기록 중 일부이다. 나)는 일제 조선총독부에서 간행한 『한국수산지』에 기록된 내용이다. 두 기록에는 지역의 어로활동에 대한 내용이 기술되어 있는데, 당시 증도에서는 우전리를 중심으로 독살과 발 어업이 활발했음을 알 수 있다.

2. 독살의 위치와 축조 시기

증도의 독살은 검산마을 1기, 우전리에 7기가 설치되어 있었다. 검산마을의 독살은 지역의 명칭을 붙여 '만들독살'이라는 명칭으로 불렸고, 우전리의 독살은 '○○씨네 독살' 등의 소유주 이름을 붙인 명칭으로 불렸다. 먼저 각각의 독살 위치를 보면 <그림 3>, <그림 4>와 같다.

독살의 형태는 내륙을 경계로 반원형이 일반적이다. 증도의 독살도 대부분 이와 같지만, 검산마을의 경우 지형에 맞춰 특수한 형태로 제작되었다. 우전리의 독살들 중에는 2중으로 막아진 독살이 있다. 명칭과 위치에서 알 수 있는 것은 지리적으로 협소하고 굴곡진 만을 중심으로 반원 형태로 축조된 점이다. 또한, 바위 근처에 독살이 집중되어 있는 것으로 보아 평평한 해변이나 갯벌보다는 암초나 바위가 있는 근처에 설치했음을 알 수 있다.

〈그림 3〉 검산마을 만들독살 위치

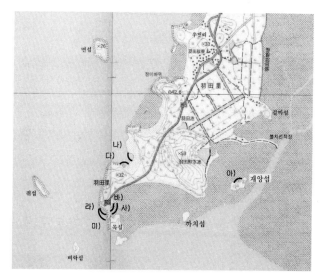

〈그림 4〉 우전리 독살 위치

1) 검산마을 만들독살

검산마을은 예전에는 크게 두 마을로 이루어져 있었다. 현재의 검산마을은 작은검산이었고, 만들독살이 있는 곳이 큰검산이었다. 따라서 큰검산이 작은검산에 비해 가구 수가 더 많고 더 큰 규모의 마을을 형성했었다. 그러나 현재는 큰검산의 경우 한 가구만 남아 있고 작은검산이 본 마을이 되어있다. 큰검산이 사라지게 된 배경에 대해 마을 사람들은 풍수지리적 조건과 관련 있는 것으로 해석한다. 큰검산의 형국이 조리터로서 사람들이 오래 머물 수 없는 곳이라는 것이다. 큰검산이 언제 없어진지는 알 수 없으나 다만, 독살이 있는 지역이 본래 마을이 형성되었던 곳임은 짐작할 수 있다. 그리고 독살과 관련된 유래담은 다음과 같다.

> 이 터를 잡는 것은, 이 백씨들이 여그 와서 산소를 썼어. 묘를 쓰다가 사시에 하관을 했어요. 사시에 하관을 했어요. 뼈를 사시에 넣고, 오시에 손발을 씻어. 그때 가물았던 모양이여. 여기와서 씻치는디 청어가 많이 넘어가거든. 그래서 여그가 만들이라는 거여. 그물을 쳤어요. 고기가 많이 든게 이름을 '만들'이라고 했죠.
> 그때는 무명베로 해갖고, 처음에는 칡을 떠다가 그물을 만들었다고 합디다. 그렇게 해도 잘 걸리니까 그때는 인제 무명베, 무명베로 해서 실을 떠다가 했고 그래서 만들이라고 했고, 이 독살 자체는 글로(그곳으로)해서 고기가 많이 넘어간게, 많이 앙칠것이다(들어올 것이다) 해가지고 여기다 독살을 만들었다고 합디다. 어르신네들이 헌 얘기가 그래요.

유래담을 토대로 살펴보면 독살을 막기 전부터 고기가 많이 들었던 곳이고, 독살과 더불어 그물을 사용했음을 알 수 있다. 보통 독살과 그물은 별개의 어로방법인데, 이곳에서는 같은 공간에서 두 가지 방법이 공유되었음을 말해준다. 구체적인 어로방법과 지리적 구조에 대해서는 뒤에서 다시 언급하도록 한다.

유래담만으로는 구체적인 축조시기를 알 수 없으나, 만들독살의 경우 일제 소화 5년(1930)에 방축리 이윤장이 증동리의 이백일에게 매도한 매도문서가 있어 최소한 1930년 이전부터 축조 및 사유되었음을 알 수 있다.

2) 우전리 까실이바위 독살(수성씨네 독살)

우전리 고故 조수성(남, 100세 가량)씨가 운영하던 것으로 50여 년 전까지 사용했다.

3) 우전리 까실이바위 독살(태형씨네 독살)

우전리 고故 조태형(남, 100세 가량)씨가 운영하던 것으로 50여 년 전까지 사용했다.

4) 우전리 왕바위 독살(종범씨네 독살)

우전리 고故 박종범(남, 100세 가량)씨가 운영하던 것으로 1960년 경에 축조했다. 우전리의 독살 중 가장 마지막에 막았다.

5) 우전리 왕바위 독살(용태씨네 독살)

우전리 고故 박용태(남, 100세 가량)씨가 운영하던 것으로 50여 년 전까지 사용했다.

6) 우전리 왕바위 독살(태형씨네 독살)

우전리 고故 조태형(남, 100세 가량)씨가 운영하던 것으로 50여 년 전까지 사용했다.

7) 우전리 왕바위 독살(문선씨네 독살)

우전리 고故 남문선(남, 100세 가량)씨가 운영하던 것으로 50여 년 전까지 사용했다.

8) 우전리 재앙섬 독살(종범씨네 독살)

우전리 고故 박종범(남, 100세 가량)씨가 운영하던 것으로 그의 부친 때 막은 독살이다.

3. 독살의 구조와 어로방법

독살의 구조는 협소한 만을 등지고 앞 갯벌에 반원 모양으로 돌담을 둘러싸는 것이 일반적인 형태다. 돌담을 둘러 싼 가운데부분 하단에 조그만 구멍을 뚫어놓고 그곳에 임통을 설치한다. 임통은 독살 안에 들어온 고기들이 썰물과 함께 빠져나가면서 걸리게 만든 그물통이다. 증도의 독살도 대부분 이와 비슷한 구조이다. 우전리의 독살은 모두 이러한 구조로 되어있다. 다만, 특이한 것은 독살 뒤에 또다시 독살을 막은 이중 독살이 있는 점이다. 그리고 검산마을의 만들독살은 내륙을 끼고 돌담을 쌓지 않고, 앞에는 독살을 막고 뒤에는 그물망을 설치한 것이 다르다. 구조가 조금씩 다르지만 갯벌에 돌담을 설치하고, 밀물 때 들어온 고기들이 썰물 때 나가면서 잡히게 하는 구조는 같다. 증도의 대표적인 두 사례를 들어 구체적인 구조와 어로방법을 기술하도록 한다.

1) 우전리 왕바위 독살(종범씨네 독살) - 〈그림 4〉의 라)

우전리 왕바위의 종범씨네 독살은 제보자 박국순씨(남, 1941년생)가 18~19세 경 부친 박종범과 함께 막은 독살이다. 독살을 쌓는 시기는 초봄이다. 이 시기는 농사일이 바쁘지 않기 때문에 짬짬이 시간을 낼 수 있다. 독살을 쌓기 위해서는 일단 굵은 돌들이 필요하기 때문에 산에서 돌을 주워다가 썼다. 처음에는 돌을 줍지만, 주워서 쓸 수 있는 돌이 많지 않기 때문에 땅 속에 박혀있는 돌을 파내고, 깨서 지게에 져 날랐다. 독살을 막기 위해서는 돌이 많이 필요하기 때문에 주위의 도움을 많이 받았다. 대부분 가까운 친척들이나 동네사람들이 도와주었고, 일부는 품을 주고 데려다 쓰기도 했다. 돌을 나르고 쌓는데 힘이 많이 들지만, 영세한 데다 개인의 소유이기 때문에 많은 사람을 불러다 쓰지 못하고, "고기 잡아 드릴 거인께 조금썩 도와주소."라고 하면서 도움을 청했다. 이렇게 3년 동안 작업을 해서 독살을 만들었다. 독살의 크기는 길이 150m 정도, 높이 70cm 정도다. 이곳의 독살은 물이 참(밀물) 되면 물속으로 들어가 버린다. 조금 때는 물이 적게 들기 때문에 물속에 묻히지 않는다. 물이 쓰면 못 나가기 때문에 잡히는 것이다.

독살을 만들면서 가장 마지막에 돌을 쌓는 곳이 수쿠루 있는 곳이다. 수쿠루는 고기들이 빠져나가는 구멍 밑에 설치한 통이다. 수쿠루가 있는 곳은 돌담 중에서 갯골과 만나는 곳으로 다른 지역보다 지대가 낮다. 따라서 수쿠루는 물이 마지막으로 빠지는 곳에 묻는다. 또랑(개옹)이 생기기도 하는데, 여하튼 또랑 깊은 부분이나 물이 마지막으로 빠지는 곳에 수쿠루를 묻는다. 스쿠루가 설치되는 부분은 담을 넓게 싸고, 돌도 굵은 것을 사용한다. 수쿠리를 묻을 자리는 미리 구멍을 만들어놓는다. 나중에는 그물로 수쿠루에 불꼬리(원뿔형의 그물)를 달았는데, 예전에는 대로 절어서 문을 만들었다. 수쿠루를 만들고 그 위에 돌을 쌓았다. 문을 열고 고기를 들어내고 다시 닫는다. 지금은 불꼬리를 달아서 그렇지만 예전에는 손으로 주워 담았다.

독살에서의 고기잡이는 주로 사리 때 한다. 조금 때에는 독살 위로 물이 넘지 않기 때문에 고기가 들어오지 않는다. 사리 때에는 물이 많이 들기 때문에 독살 위로 고기가 넘어온다. 들물에 들어온 고기들이 썰물이 되면 수쿠루 안에 들어간다. 가끔 주인 모르게 고기를 잡아가는 경우도 있는데, 이때는 후릿그물을 이용해 잡는다. 주인 모르게 고기를 잡아도 그냥 '서리' 정도로 생각한다. 이는 낮에 잡지 않고, 주인이 이용하지 않는 저녁에 고기를 잡기 때문이다.

독살에 들어오는 고기는 주로 살몬치(작은 숭어새끼)가 많았다. 겨울철에는 살몬치가 많이 들고, 가을철에는 운저리가 조금 든다. 독살에서의 고기잡이는 주로 겨울 한 철만 한다. 여름철에는 고기가 거의 들지 않고, 가을철에도 운저리만 조금 들기 때문에 겨울철을 제외한 다른 계절에는 수쿠루를 떼어낸다.

2) 검산마을 만들독살

만들독살은 소단도와 대단도 사이를 가로막은 형태로 되어있다. (가-1)은 일직선의 돌담으로 둘려져 있고, (가-2)는 자갈길 위에 지주목과 그물이 설치되어 있다. 소단도와 대단도는 주위에 암석이 많아 지형적으로 거의 연결된 것처럼 보이는데, 그 중간의 좁은 통로를 높이 1m 정도의 돌담이 막고 있다. (가-2)의 자갈밭은 폭 2m 정도의 완만한 타원형 띠를 형성하고 있어서 주위의 지형

보다 높고, 썰물 때가 되면 바닷길이 드러난 것처럼 자갈길이 드러난다.

(가-1)의 돌담은 예전부터 있었던 것을 최근에 군에서 보수해 놓은 것이다. 지금은 1m 높이의 돌담으로만 이어져 있는데, 예전에는 돌담 위에 대발이나 그물을 세워놓았었다. 40~50여년 전까지는 돌담과 함께 한 발 정도의 거리마다 지주목을 박고, 돌담 위에 1m정도 높이의 대발을 설치했었다. 그 후 대발 대신 그물을 설치했다가 지금은 돌담만 둘러져 있는 상태다. 밀물이 들 때는 돌담과 돌담 위의 대발보다 훨씬 높게 물이 들기 때문에 대발을 설치해도 고기가 충분히 넘어올 수 있었다. 돌담 한 가운데 밑부분에는 조그만 구멍을 내서 통을 설치했다. 이 통에 대한 명칭은 알 수 없지만, 우전리의 수쿠루와 같은 기능을 했다. 통은 대나무 통발과 같은 형식으로 들어가는 입구는 넓고, 나오는 입구는 좁게 만들었다. 크기는 120㎝ 정도였다. 돌담 위에 그물을 설치하면서부터는 대나무통 대신 그물통을 설치했다. 그물통에는 불꼬리를 길게 달아 그물 중간을 조일 수 있게 만들었다. 독살의 수리 및 보수는 매해 음력 4월경에 한다.

(가-2)의 자갈길은 인위적으로 쌓은 것이 아니고, 예전부터 자연스럽게 도드라져 있던 부분이다. 그 위에 중간중간 지주목이 박아져있고, 그물을 달았던 흔적이 있다. 일제시기 소화 5년에 작성된 어업권 이전 등록신청서에는 이 지역의 어장을 건간망(建干網)이라고 명시하고 있다. 건간망 어업은 타원형으로 지주목을 설치하고 그 사이를 그물로 막은 어로방법을 지칭하는 것으로 <그림 5>의 형태이다. 따라서 만들독살은 건강망과 독살을 동시에 이용해 어로활동을 했음을 알 수 있다. 독살로 앞부분을 막고, 건간망으로

뒷부분을 막아 어장을 만들고 그곳을 전체적으로 '만들독살'이라는 명칭으로 불렀다고 할 수 있다.

만들독살의 어로방법은 우전리의 독살 어로와 비슷하다. 어로활동의 시기는 주로 사리 때를 중

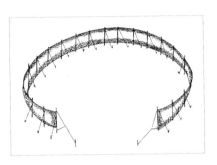

〈그림 5〉 건간망어업

심으로 한 여섯물~열두물이다. 조금 무렵에는 물이 적게 들고 적게 빠지기 때문에 고기가 거의 들지 않는다. 사리 때가 되면 썰물을 기다려 고기를 잡는데, 기본적으로는 독살 가운데에 설치된 통에서 잡는다. 썰물과 함께 빠져나가는 고기들이 독살에 막혀 주위를 돌다가 가운데에 있는 통으로 들어간다. 통은 지금의 통발과 같이 들어가는 입구는 넓고, 나오는 입구는 좁기 때문에 한 번 들어간 고기는 나오지 못한다. 썰물이 되어도 물이 안 빠지는 곳이 있다. 독살 가운데는 움푹 파인 '둠벙'이 있어서 언제나 물이 들어 있다. 따라서 독살에 설치된 통 안으로 들어가지 않은 고기들은 둠벙 안으로 모이게 된다. 그러면 2~3명의 사람이 후릿그물을 들고 후리질을 한다. 예전에는 후리질로 고기를 몰아 잡았는데, 나중에는 투망을 던져 잡았다. 갈을 먹여 투망을 빳빳하게 했고 투망 추는 돌을 사용했으며, 나중에는 시멘트로 만든 것을 사용했다. 투망은 대로 엮은 석작에 넣어놓았다.

독살에서 잡는 고기는 주로 숭어다. 숭어의 경우 독살에서 잡으면 한 번에 200~300마리까지 잡기도 한다. 예전에는 조기와 부세도 많이 들었으나 지금은 들지 않는다. 주로 숭어를 잡지만 독살

에 드는 고기들은 대부분 잡는다. 독살에 드는 고기를 월별로 파악하면 봄철인 5월~6월에는 숭어, 병치, 새우, 조기, 부세, 잡어 등이 들어오고, 여름철인 8~9월에는 꼴뚜기나 잡어가 조금 든다. 가을철인 9~10월에는 숭어, 새우, 잡어 등이 든다.

4. 독살의 소유와 경제성

증도에서의 독살은 모두 개인소유였다. 우전리에서 조사된 7곳의 독살 모두 '○○네 독살'이라는 명칭이 붙어있듯이 모두 개인소유였고, 검산마을의 만들독살은 지금까지 소유권이 인정되고 있다. 독살을 만들기 위해서는 노동력이 필요하고, 때로는 품을 사서 만들어야 하기 때문에 어느 정도의 재산이 있는 사람이 소유할 수 있었다. 독살에서 어느 정도의 어획고를 올릴 수는 있었지만, 그것이 대량 판매할 정도는 아니었다. 따라서 대부분 집에서 반찬이나 하고, 탁주 마실 대 안주감으로 사용되었다. 어획량이 많으면 마을 사람들과 조금씩 나눠 먹었다. 따라서 독살을 막아 고기잡이를 하는 것은 일종의 취미 형태이기도 했다.

우전리의 독살은 경제성이 높지 않아 소유권을 이전하거나 매매하는 등의 적극적인 경제활동이 이루어지지 않았다. 그러나 검산마을의 만들독살은 일제시대 소화 5년(1930)에 작성된 어업권 이전 등록신청서가 있어서 경제성이 있었음을 알 수 있다. 만들독살은 지금까지 여러 차례 소유주가 바뀌어 왔는데, 그에 대한 문서가 모두 남아있다. 이것으로 볼 때 우전리의 독살과 검산마을의 만들독살은 조금 다른 구조고 있음을 짐작할 수 있다. 만들독살의 소유권과 관련된 사항을 파악하면 다음과 같다.

〈표 2〉 방축리 검산마을 만들독살 관련 매매문서

번호	시기	문서명	면허 및 어업명	이전물	매도인	매수인	비용
1	소화5년 (1930년) 4월 10일	어업권 이전 등록신청 /매도계약서	건간망 어업 면허 제555호	방축리 지선	지도면 방축리 이윤장	지도면 증동리 이백일	50원
2	단기 4292년 (1954) 음력 8월 11일	매도 계약증	건간망 어업 전남 제123호	방축리 지선	지도면 방축리 844번지 최재홍	지도면 방축리 장성권	55만원
3	1964년 8월 29일	어업장 매도계약서	〃	방축리 지선 / 가옥, 어망, 얼무, 되나리	지도면 방축리 장성권	지도면 방축리 이부갑	19만원
4	1971년 1월 20일	어업장 매도증서	〃	방축리 지선/ 가옥 2동, 어망, 얼무	지도면 방축리 이부갑	홍봉규	정조 126섬 정조대금 39만 6백원
5	1975년 5월 23일	부동산 매매계약서	정치어업 면허 제 901	방축리 검산 지선 / 가옥2동, 얼무, 상변장, 하변장, 작은만들	지도면 당촌 1구 홍봉규 (조병권 동업 중, 1/2 매도)	지도면 증동리 1367-1 이귀성(1/2 지분 매수)	28만원 (1/2지분)
6	1980년 1월 24일	부동산 매매계약서		가옥1동, 만들어장, 어장 말목 기타	지도면 증동리 1367번지 이귀성	지도면 방축리 506번지 김정석	80만원+α

만들독살은 비교적 비싼 가격에 매매되었다. 우전리와는 달리 면허를 취득하고, 지속적으로 소유주가 바뀌었다. 이는 그만큼의 소득을 낼 수 있었음을 의미하는데, 현재는 예전 소유주들이 모두 사망하여 어떻게 경제성을 획득했는지 알 수 없다. 다만, 어장의 구조가 독살만으로 이루어지지 않고 건간망과 연결된 복합구조였다는 점, 가옥과 어로도구 등이 같이 거래되었다는 점, 어장이 있는 지선 전체가 거래되었다는 점 등으로 그 경제성을 짐작하게 된다.

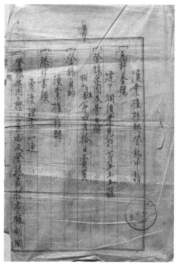

〈사진 7〉 만들독살 어업권 이전등록　　　〈사진 8〉 만들독살 어업권 이전등록
　　　　　신청서(소화 5년)　　　　　　　　　　　신청서(소화 5년)

5. 독살고사

　독살에 대한 의례는 만들독살 조사에서 파악되었다. 만들독살
에 대한 의례는 1980년대 초반까지 진행되었다. 만들독살의 현 소
유주인 김정석(남, 54세)은 1980년 독살을 매수한 후 2~3년 동안
고사를 지냈다. 처음 매수를 했을 때 독살 옆의 소단도 정상에 삼
각형 형태의 제장이 마련돼 있었다. 제장은 사람의 앉은키보다 작
은 크기였고, 짚으로 양 빗면만을 만든 상태였다. 그 안에 몇 개의
그릇이 들어있고, 그릇 안에는 쌀이 담겨 있었다. 전부터 독살에
고사를 지내던 곳으로 사용되었는데, 김정석이 인수하고 나서 철
거해버렸다.

　고사는 서무새날이나 너무새날에 지냈고, 의례는 메밀가루 개
떡을 만들어서 바다에 뿌리는 형태로 진행했다. 그 후부터 지금까
지는 지내지 않고 있다. 다만, 교회를 다니기 때문에 교회에서 기
도를 하고 있다. 고사를 지냈을 당시 고기가 많이 들어와서 신이
분명 있다고 생각했으나 어려서부터 교회를 다니고 하나님을 믿
기 때문에 지금은 지내지 않는다. 고사를 지내는 것과 기도를 하
는 것에 대한 김정석의 의견을 옮기면 다음과 같다.

　　지금은 미신을 안 지키는데, 옛날에는 미신을 지키믄 여기가 유
명해. 막 바다 사이사이에 뭐 해놓고, 신을 섬겼어. 근디 내가 안 해
분거여. 첨에만 했어. 뭣을 허냐고 물어본게, 메밀가리 개떡을 만들
어갖고, 덩어리 덩어리 개떡을 만들어갖고 고놈을 바다에 뿌려분단
말이여. 고기가 엄청나게 온다여. 이것을 누가 요즘 사람들이 미신
을 믿냐 그말이여. 그래서 나는 뭐냐. 처음 사들어왔고, 젊은놈이
내가 돈은 벌어야쓰겄고 그래서, 그때만 해도 총각때란 말이요. 내
가 서른살에 들어왔는디. 아니, 스물 여덟인가 들어왔구나. 거 메밀
가리 개떡 해가지고 내가 뿌려붓어. 우리 엄마가 말해가지고 그렇
게 하믄 고기가 많이 난대. 거짓말 아니라 얼마나 고기가 쳐들어와
분고 말도 못했어. 그러니까 '아! 신이란 건 있구나!' 그것을 알았어
요. 그 다음에 또 뭐냐. 개고기같은 것을 먹어불믄 태풍이 일어나부
러. 사고가 막 계속 나부러. 경험을 해보니까 그건 맞고 요새는 다
하나님 믿어분 세상이라 필요도 없고
　　옛날 다 고사지내는 것이지. 저 건네 섬 우에다가 이렇게 탁 짓
어갖고(원뿔형을 손으로 그리며) 거기다 막 신주 모셔놨드만. 막 여
가 있고(집 근처를 가리키며) 그랬었어. 내가 싹 갈아치워버렸어. 거
그다가 이렇게 집처럼 지어놓고 뭐 오가리같은 것도 있고, 뭐 거그
다가 쌀을 넣는가…. 옛날 방 안에 뭐 허듯이 허는거. 고사를 지내고
거그다 뭣도 해놓고 그랬어. 그래갖고 내가 보기 싫다고 치워부렀어.
(물때마다 고사를 지냈습니까?) 사리마다 했제. 사리면 서무샛날인가
너무샛날인가 지사 지내는 날이 있어. 서너물 되았을거요. 내가 기
억이 잘 안 나. 한 사리에 한 번씩 했을 거요
　　옛날에는 내나 얘기했듯이 우리가 어떤 집에서는 조상신한테 제

사를 많이 지냈고,

어장 헌다는 자기 조상신한테 드린 것이 아니고 다른 신한테 거시기 합디다. 숭배를 많이 합디다. 지금은 하나님께 믿는다고 기도를 많이 해불고 나같은 경우도 한 6년 전에 그물을 넣어놓고 기도를 엄청나게 했어요. 성령을 임해가지고 한달만에 한 5천만원 벌었어요. 그래가지고 인간이 힘으로, 능력으로 할 수 없는 상황에서 기적이 나타나더라구요.

V. 발을 이용한 어로활동

증도에서 발작업의 중심지는 우전리 남동쪽에 위치한 재앙섬 일대다. 이 지역은 모래로 이루어진 취등이 많다. 재앙섬 앞 빗갱이라는 섬이 있고 그 중간에 모래등(취)이 있어서 발을 쳤다. 이것을 일반적으로는 '어장발'이라고 하고, 재앙섬 앞에 설치해 놓았기 때문에 '재앙섬 발'이라고 불렀다. 이 발의 구조는 전체 길이가 100m 정도 되고, 중간에 5m 간격으로 마장을 박았다. 마장을 박은 사이사이에는 왕대를 쪼개서 엮었다. 고기가 들어가는 끝부분에는 수쿠루(임통)를 설치했다.

재앙섬 인근은 '부서바탕'이라고 해서 부세가 많이 났다. 봄부터 준비해서 여름에 작업을 해서 가을에 잡는다. 여름에 옷 벗고 속옷 바람으로 발을 엮고 작업을 했다. 발의 소유권은 여러번 이전되었다. 우전리의 박대순(남, 82세)씨도 소유를 한 적이 있다. 소득이 많은 해도 있고, 그렇지 않은 해도 있어서 여러 사람이 돌아가면서 소유했다. 한 사람이 운영하다가 안 되면 "자네가 한 번 해보소"라고 해서 돌려가면서 운영을 했다.

1. 재앙섬 부세잡이 발

1) 발의 위치와 조건

재앙섬과 우전리 사이에 발을 막았다. 발이 설치된 전체를 '살발지'라고 하며 살을 막았던 곳을 살터라고도 한다. 살발지의 위치는 모래가 많은 취등이며, 해류와 조류의 왕래가 일정하게 이루어지는 곳을 택한다. 옛날에는 웃터 아랫터 두 곳에 살을 막았는데, 웃터는 규모가 작고 어획량도 적어 돈이 덜 들었으며, 돈을 적게 가진 사람이 웃터에 살을 막았다. 웃터는 살터일 뿐만 아니라 살터를 측정하는 기준점이기도 하다. 물이 많이 쓰면 돌무더기가 해수면에 드러나기 때문에 기준점이 되는데, 이를 확보하기 위해 해마다 거래배로 돌을 실어다 보강하여 쌓았다. 그래서 물이 빠지면 웃터에 돌무더기가 둥그렇게 드러난다.

살발지를 통해 부세, 민어, 가오리, 돔, 준치 등을 잡았다. 봄철 회유 어종이 집중되는 것으로 보아 이곳이 봄철 회유어류의 산란장임을 짐작할 수 있다. 부세가 가장 많이 잡히고, 다음으로 준치, 병어, 민어, 갑오징어, 가오리, 간재미 등이 잡혔다. 준치는 부세와 같은 시기에 잡힌다. 병어는 같이 잡히는데 그 이후까지 잡을 수 있다. 부세철이 지나면 철거해버리기 때문에 그 이후로는 잡을 수 없다.

섬을 막아서 발을 설치한다. 발은 바다나리, 원버리, 임통, 원통으로 구성된다. 서해의 바다물이 돌아서 들어오면서 고기가 들어가게 된다. 재앙섬을 바라보는 곳이 서슬끝인데, 이 곳에 전막이 설치되어 있었다. 전막에서 살터까지 2~3km가 된다. 이 발에서는 들물을 이용해서 부세를 잡았다.

들물을 이용해 부세를 잡는 발은 우전리에 2곳이 있었다. 재앙섬과 서슬끝 사이에 2개의 발이 설치되어 '웃살터', '아랫살터'라고 했다. 이 들물발은 해제 사람들이 발견해서 처음에 어장을 했다. 재앙섬에서 화도로 전막을 치러 오고, 두 살터가 번성할 할 때는 막이 몇 개씩 있었다.

재앙섬 바다에 모래가 쌓이는 '취'가 있었는데, 썰물 때면 3~4ha 정도 취가 드러나며 정월에 물 많이 빠질 때는 1만평 정도의 모래땅이 드러난다. 예전에는 배를 타고 가서 맛을 잡으러 다녔지만 재앙섬 4~5km 근처에서 모래를 채취해서 그런지 지금은 모래가 드러나지 않아 맛을 잡으러 가지 못한다.

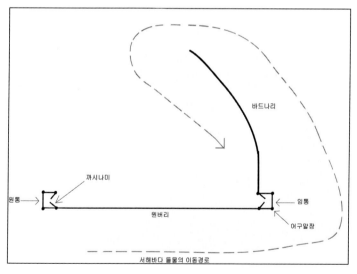

〈그림 6〉 재앙섬 부세잡이 발(살)

2) 발의 제작과 설치

발 작업은 정월부터 시작한다. 발을 설치하기 위해 정월에 대나무를 쪼개기 시작하고 이어서 어장 현장에 마장을 박고 발을 친다. 현장에서의 어장 준비 작업은 정월 말이나 이월 초순 재앙섬을 바라다보는 서슬끝에 초가로 된 토담집 전막을 짓는 것부터 시작한다. 시작할 때 전막과 샘에 새끼를 꼬아 금줄을 띄워 주위에 사람들이 접근하지 못하도록 하는 등 물질적 준비와 함께 의례적 치성도 드린다.

발 제작은 오랜 경험에 바탕을 둔 전문적 작업에 속한다. 대를 능숙하게 다루는 전문가와, 경험에 의해 획득된 제작 기법을 숙지하고 있는 엮음 기술자, 그리고 재료의 운반과 제작 보조를 하는 일반 주민들로 구성된다.

발 제작은 대나무를 구입하고 쪼개는 일부터 시작한다. 대나무는 목포에서 매입해 배로 2~3번 왕래하며 실어온다. 대나무를 발에 맞게 가공하기 위해 많은 인력이 소요된다. 이때 마을 사람들 몇 십 명을 쓰는데, 대나무를 잘 다루는 기술자는 특별히 보수를 받았다. 대를 쪼개는 데는 특별한 기술이 필요한데, 대를 마장에 박아놓고 낫이나 자고로 쭉쭉 밀어서 쪼개며 그 규격이 일정하여야 한다. 발 엮는 일은 어장에서 작업에 종사할 어장 동무들이 맡고, 여기에 동네 사람들이 합세하여 대를 대주거나 재료를 운반하는 보조적 일을 한다. 일반 주민들은 무보수로 작업에 참여하는 대신 대나무 작업에서 버려지거나 잉여로 남은 대를 획득하는데, 이를 이용하여 도리깨와 같이 농사일에 필요한 도구나 일상사에 필요한 도구를 제작하는 재료로 삼았다.

폭 1㎝ 정도의 넓이로 쪼갠 대를 새끼로 꼰 엮음줄로 엮어 가는

데, 세 번 매듭을 짓고 대를 하나씩 엮어 나가지만 위치에 따라 매듭 사이의 공간에 차이가 있다. 엮음줄의 간격은 50㎝ 정도며 6명이 앉아서 두 줄씩 35척(12m)짜리 마장을 걸어놓고 줄을 엮어간다. 원통이나 임통쪽의 발 사이 공간은 2㎝정도이고, 바다나리는 7~8㎝ 정도의 간격, 원버리는 5㎝ 정도의 간격을 두고 발을 엮는다. 통의 발 사이를 짧게 하는 것은 고기가 많이 들어가면 터져버리기 때문이다.

발 설치에서 제일 힘든 것이 마장 작업이다. 마장은 길이 35자, 두께 7치 정도의 곧은 소나무를 용도에 맞게 가공한 것이다. 구입과 운반이 어렵고, 설치하는데 비용과 노동력, 그리고 기술이 가장 많이 투입된다. 한 살을 막는데 500여개 정도의 마장이 필요하다. 마장은 길이 35자 정도 되는 소나무를 쓴다. 증도에는 마장에 쓸 소나무가 없기 때문에 1960년대까지는 사옥도에서 베어다 썼다. 우전리 조성갑은 어렸을 때 작은아버지와 함께 나무를 베러 간 적이 있는데, 당시의 경험을 다음과 같이 구술하고 있다. '작은아버지가 마장으로 쓸 소나무를 찌러 가자고 해서 갔는데 나무가 7발이나 되어서 매우 컸다. 나무가 크고 길어서 못 드는 것을 양쪽 네 명이서 들어서 지게에 짊어지고 왔다. 이때 일이 힘들어서 "아이 나, 작은아부지 나 갈라"라고 했더니 작은아버지가 "니가 가믄 안 된다. 사람들이 다 가버릴텐디"라고 하면서 다독거렸다'고 한다. 발 주인의 조카라서 조성갑이 게으르면 일꾼들이 따라서 게으르기 때문에 힘들어도 열심히 할 수밖에 없었다. '어구말장'은 집 지을 때 기둥으로 쓸 정도의 직경 22~23㎝ 정도 굵은 나무였다.

조류와 파도로부터 마장을 버티게 해주는 버팀목을 박아 마장을 세우는데, 이를 곤주말이라고 한다. 곤주말은 물이 제일 많이 빠질 때 들어가서 박았다. 마장과 곤주말을 연결하는 줄이 곤주줄이다. 곤주줄 두께는 손목 두께다. 곤줄줄을 땅에 박는 것은 곤주말이다.

그래서 비용이 많이 든다. 그렇기 때문에 돈이 있어야 한다. 그래서 잘 하면 노가 나고, 안 그러면 망한다고 한다. 발을 치는 사람은 부자가 한다. 돈 없으면 못한다. 지금으로 하면 몇 천만원 들어야 한다. 돈 있는 사람이 마장값을 주고 인수를 받는다. 지금의 가치로 계산하면 5~6천만원 정도다.

3) 어로방법과 어획, 유통

음력 4월 초 한식이 넘으면 고기가 들어온다. 발에서는 주로 부세를 잡는다. 들물어장으로 들물에 고기가 들어오게 하는 것이다. 들물에 고기가 들면 썰물 때 가서 고기를 잡는다. 물이 써야 가래질을 하기 때문이다. 물이 들면 6~7m 깊이가 되고, 물이 빠지면 1~2m밖에 안 된다. 4월 6일이 한식인데, '한식놀'이 끝나면 고기가 들기 시작한다. 부세는 한식 이전에 들어오지만 그 전에는 들어와도 울지 않는다. 그런데 보리망종 12시를 기점으로 울기 시작한다. '타락'이라는 작은 배를 타면 옆 사람의 말을 못 알아들을 정도. 주낙배 할 때는 섬과 섬을 걸어갈 수 있을 것처럼 보이게 울어댔다. 압해도 송공리부터 증도 안쪽으로 부세가 난다. 언제나 한식을 넘긴 후에 울기 시작하고, 잡을 수 있기 때문에 '하늘이 아는 고기다'라고 하는 사람도 있다. 부세가 들때는 '바닷물이 꾸정거린다'고 할 정도였다. 부세가 임통에 들어가면 그 안에서 빙빙 돌기만 하고, 좁아지면 전부 고개를 들어버린다.

발에서 종사하는 사람은 주인을 포함한 6명으로 구성된다. 종사원 5명은 거래사공, 화장, 사공, 인부 2명이다. 거래사공은 거랫배를 단속하는 사람이고, 화장은 밥하는 사람, 사공은 발 작업을 총괄하는 사람이다.

만조와 간조를 '달뜬 만조', '달진 가세', '달뜬 참' 등으로 표현한다. 옛날 사람들은 달이 지면서 '제일 간조', 달이 뜨면서 '제일 만조' 등으로 표현했다. '몇 물을 달진 가세, 몇 물은 달뜬 가세' 등으로 인식하고 그에 따라 조업을 한다.

밤중에 발에 나가면 두 명은 멍애(배 옆 노달린부분)에서 노를 잡고, 세 명은 뒤에 달린 노를 잡고 간다. 작업은 낮에도 하고 밤에도 하는데, 특히 밤에 발에서 돌아오는 것이 어렵다. 그래서 밤에 작업을 나가면 주인은 뭍에서 기다리고 있다가 시간을 봐서 '댕구'를 불어준다. 댕구는 나발과 비슷한 형태로 대를 잘라서 만든 악기다. '배댕구 부른다'고 한다. 대 마디 사이 30㎝ 정도를 잘라서 만들고 '뒤~'하고 불어준다. 댕구는 누가 불어도 소리가 잘 난다. 특히 밤중에 안개가 끼면 전막 가에서 소리를 듣고 올 수 있도록 불어준다. 아무리 비바람이 불어도 발에서 조금만 나오면 댕구 소리를 들을 수 있다. 밤에 별이 있을 때는 북극성의 위치를 파악해서 물길을 잡는데, 구름이 많이 끼고 어두우면 댕구를 불어줘야 한다.

부세가 들 시기에 주낙배들이 안골에서 주낙질을 한다. 주변에 딸린 섬들과 본섬 사이를 안골이라고 한다. 주낙질 하는 사람들이 "안골에 부세 들었드라. 벌모레 가래소리 난다." 그러면 틀림없이 부세가 들어온다. 부세가 들지 않을 경우 발 주인은 낙심을 하게 되는데, 이때 마을 어른들이 '안골에 고기 들었은게 안심해라'고

달랜다.

발에 고기가 들면 양받이를 가지고 가서 고기를 떠낸다. 끝에 고기가 몰리는 곳에서 고기의 머리가 뜨면 '어야디야~'라는 가래소리가 난다. 부세가 많이 들면 발에서 고기를 빼면서 소리를 지른다. 그러면 기술이 있는 노인들이 손바닥보다 조금 큰 칼을 들고 고기의 배를 따러 간다. 고기를 퍼내면 바위 등이 노랗게 물들 정도였다. '어야디야 가래로다~'라는 가래소리가 나지 않으면 많이 못 잡은 것이다. 1년에 한 번이나 두 번 정도 가래소리가 난다. 그렇기 때문에 항상 물을 보러 다녔다.

노인들이 칼로 부세의 배를 따면 창자가 나온다. 그 안에 소금은 가득 넣어 '간독'에 넣는다. 간독은 간장이라고도 하는데, 사방 2m 크기의 직사각형 통이다. 이러한 사각형 형태의 간독이 여러 개 있었다. 간독은 지금의 시멘트 같은 것으로 만드는데, 시멘트는 아니다. 쩍회로 만든 것이었다. 굴 껍질을 갈아서 만든 것으로 지금의 시멘트와 비슷하다. 간독에 저장해놓은 부세를 7~8월에 경남 마산같은 곳으로 싣고 나간다. 그리고 일하러 온 사람들은 자신의 몫으로 10~20묶음을 챙긴다.

부서는 크면 무게는 3kg, 길이는 60cm까지 큰다. 크기가 작은 것이 30cm정도 된다. 작은 것을 곰부세라고 한다. 적어도 40cm는 되어야 일본말로 '쓰꼬미', 우리말로 '꼬리 잡는다'라고 한다. 40cm 정도의 크기도 곰부세에 들어간다고 할 수 있다. 20cm 되는 것은 민둥이라고 한다. 부세는 60cm 정도가 큰 것에 속하고, 클수록 등이 붉다.

이렇게 잡은 부세를 상선에 실어 목포로 가져간다. 주낙배로 잡는 것은 입이 벌어져버리는데, 발에서 잡는 것은 입이 벌어지지 않아 목포에서 좋은 값을 받을 수 있었다. 나중에는 상선들이 받아가서 간독이 필요 없어졌다.

발이 설치된 곳에서 농어낚시 하는 사람들이 많았다. 농어 낚는 사람들이 살밭지에 배를 대놓고 농어를 낚았다. 농어는 물살이 셀 때 온다. 물살에 밀려오는 것을 낚시에 걸리게 해서 잡기 때문이다. 그러면 댕구를 불면서 쫓아낸다. 이 배들이 마장에 배를 대고 낚시를 해서 마장이 부러지는 사고가 나기 때문이다.

4) 어장의 쇠퇴와 변화

어장은 1963년도까지 했다. 마지막은 조성갑의 작은아버지가 했다. 당시에는 고기도 적게 들기 시작한 때다. 그러던 어느 날 발 안으로 송장이 들어가버렸다. 그것을 보고 사람들이 망했다고 했다. 그래서 송장이 든 이후로는 발을 하지 않았다.

70년대 중후반에 조성갑의 작은아버지가 연구를 해서 웃살터에 병어그물보다 조금 적은 부세그물을 놓았다. 전막을 짓고 그물을 사서 그대로 쳤다. '통으로 해서 들어가는데, 그물로 해서 안 들어가겠냐'라고 하면서 그물을 쳤다. 그때만 해도 바다에 장포 등의 바닷풀이 많이 떠다녔다. 그물에 장포가 많이 엉켜서 어장동무들이 심하게 고생을 했다. 어장에 나갈 때마다 그것을 뜯어내야했기 때문에 나중에는 못하고 말아버렸다.

2. 송어잡이 발

송어는 재앙섬 앞에서 발을 쳐서 잡았다. 이것을 '송어살터'라고 한다. 재앙섬 앞에도 모래등이 있다. 7~8m짜리 소나무를 잘라

서 마장을 세운다. 소나무 옆에 사람이 밟고 올라갈 수 있도록 중
간중간 나무를 댄다. 그리고 그 마장 사이에 새끼줄로 그물을 엮
는다. 그물코를 매우 크게 만들어 윗부분에 설치한다. 그러면 송
어가 그 그물을 보고 밑으로 가라앉는다. 이 마장을 3~4m 간격으
로 세우는데, 수가 많으면 3m, 수가 적으면 4m 간격으로 친다. 마
장을 설치하면 마을 사람들이 각각 자기 구역을 만들어서 그물을
설치한다. 그 기본구조 안에 각각 칸을 만들어서 그물을 친다. 취
가 있는 곳에 고기가 많이 들기 때문에 취을 기준으로 칸을 나눠
서 준다. 한 사람이 취가 있는 곳을 독식할 수 없게 한 것이다.

예전에는 무명 그물이라서 썩어버리기 때문에 뜯어서 말려야
했다. 그물이 많은 사람은 낭궁둥이(그물 뒤)에 그물을 더 치기도 한
다. 10m 길이의 그물로 직사각형 형태로 한 칸을 만든다. 기준이
되는 마장에서부터 2.5m 간격으로 그물을 설치한다. 그물의 형태
는 'ㄷ'자 모양으로 설치한다. 그물을 많이 설치하면 낭궁둥이에
서부터 10폭 정도의 길이고, 그렇지 않으면 6폭 정도다. 보통 한
사람이 3칸 정도씩 설치한다.

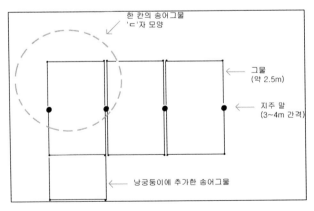

〈그림 7〉 증도면 우전리 송어살터

송어는 여섯물에서 열물 사이의 저녁에 많이 걸리는데, 그 중에서도 마파람이 불고 날이 궂을 때 많이 든다. 송어가 걸리면 그물을 뭍으로 가지고 나온다. 고기가 걸리면 마장은 그대로 박아놓고 그물만 걷어온다. 3~4명씩 가서 작업을 한다.

3. 목그물과 버커리

재앙섬 앞에 취가 있는 곳에 마장을 박고 그물을 쳤다. 목그물을 쳐서 송어를 잡았다. 그물코는 7절정도이고, 길이는 열 댓발 정도다. 7절은 그물코 한 칸의 길이가 약 2~2.5㎝ 정도다. 가장 잔그물은 20절까지 있다.

버커리는 취에 설치하지 않고 갯벌에 설치한다. 형태는 독살과 비슷하게 만을 둘러싸는 것이다. 물살이 유동적인 곳과 개옹이 있는 곳에 설치한다. 주로 밀물이 들어오는 곳에 많이 설치한다. 지금은 그물로 하는데, 예전에는 목그물을 절어서 그물을 만들었다. 독살을 하지 않으면서 목그물 버커리를 하고, 지금에 와서는 나일론 버커리를 한다. 독살을 하지 않으면서 버커리를 하고 있지만, 설치하는 장소는 독살과 다르다.

버커리의 마장은 3m 간격으로 박는다. 바대리는 한 쪽이 100m 정도 된다. 마장은 대나무에 플라스틱 코팅을 해서 사용하는데, 예전에는 아카시아 나무나 소나무를 사용했다. 그물 높이는 5자 정도다. 버커리에서 주로 잡는 것은 운저리와 새우다. 스쿠루에 들어가게 해서 잡는데, 특정 어종을 가리지 않고 들어가는 것마다 잡는다. 우전리에서도 예전에는 버커리를 많이 했으나 현재는 2명이 하고 있다.

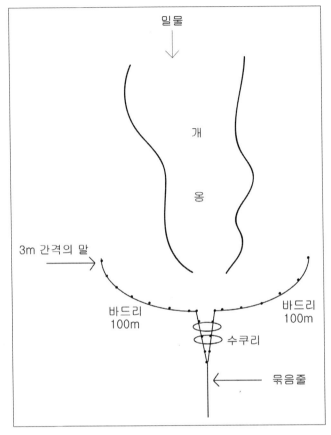

〈그림 8〉 재앙섬 운저리와 새우잡이 버커리

VI. 증도 갯벌어로의 고찰 정리

1. 증도 갯벌어로의 특성 요약

증도 갯벌어로에서 주목했던 것은 갯벌어로의 손 도구들과 독살, 그리고 발이었다. 이 세 가지 도구들을 통해 증도 갯벌어로의 양상과 사회상을 고찰할 수 있다고 판단했기 때문이다. 고찰 결과 손 도구는 갯가에 사는 증도 주민들이 일상적으로 어로활동을 하는 도구며, 이 활동을 통해 증도 주민들은 일상사에 필요한 해양 자원을 취득하였다. 손도구를 활용한 어로에서는 조간대에 서식하는 다양한 어패류와 해조류를 채취하였다. 어족 자원이 풍부한 전통시대에는 일상생활에 필요한 자원을 취득하는 수준이었지만 어족자원이 고갈된 현재는 어패류의 경제적 가치가 상승하여 점차 주민들의 경제력을 신장시키는 방식으로 발전하여 왔는데, 낙지의 경우가 대표적이라고 할 수 있다.

독살은 일정한 수준의 경제력을 바탕으로 해야만 가능한 어로 도구다. 특히 축조 과정에서 주민들의 참여가 비교적 활하게 이루어지는데, 이는 분배와 관계되는 듯하다. 표적 대상이 어류이며 독살에 든 다양한 잡어들을 포획한다. 독살 소유주는 일정한 수준의 경제력을 취득하지만 손도구나 발을 활용하는 것에 비해 분배에서 보다 폭넓은 주민들의 참여가 가능하며, 현재는 소멸된 어로 방식이다.

발은 지역 유지급의 경제력을 배경으로 해야만 가능한 어로도구다. 많은 자본이 집약적으로 투입되기 때문에 지역의 유력한 경제력을 가진 부자가 주도하며 표적어종이 부세로서 당대 최고의 경제력을 지닌 어종을 표적으로 하고 있다. 그리고 현재는 소멸된 어로방식이다. 증도 재앙섬 발은 이곳이 전통시대 부세의 산란장이었음을 입증하는 자료이기도 하다. 취와 해초의 서식, 그리고 포획 시기가 부세가 산란하기 위해 회유해 오는 시기와 같다는 점에서 이를 확인할 수 있다. 그런 점에서 본다면 증도 재앙섬은 부세의 서해 남단 산란장에 해당된다고 하겠다. 그리고 부세와 참조

기 산란장이 대개 일치되는데, 여기서는 부세만 산란장으로 이용
되었다는 점으로 보아 부세와 참조기 산란장을 구분하는 연구작
업의 표적지도 될 수 있다.

2. 증도 갯벌어로의 변화와 쇠퇴

　증도 갯벌은 2004년 해양수산부가 조사한 갯벌 중 저서동물을
기준으로 볼 때 가장 우수한 갯벌이다.[8] 당시 여자만과 압해도 갯
벌과 함께 가장 좋은 갯벌로 평가되었다. 이것은 증도 갯벌어로
환경이 여타 어느 지역보다 좋다는 것을 의미한다. 그러나 생태적
평가와는 달리 현지 갯벌어로활동은 대부분 중단된 상태다. 채취
어업의 경우 조개류에 해당하는 바지락, 대합, 개접(키조개), 나방
등은 5년 전부터 어로활동이 중단됐다. 독살 어로는 1950~60년대
에 대부분 중단되었고, 대규모 형태로 행해졌던 재앙섬 부세잡이
발은 1963년을 끝으로 막을 내렸다. 정리하면 채취어업은 5년 전
부터 중단되었고, 어살은 50여년 전에 중단된 것이다.
　먼저 채취어업의 경우 갯벌 생태계의 변화로 인해 어종이 소멸
하면서 어로활동이 중단된 것이 가장 큰 이유다. 중단된 이유는
해태양식과 관련이 깊다. 증도에서 해태양식을 시작한 것은 지금
으로부터 50여년 전이다. 그동안은 해태양식을 하면서 바다에 위
해를 가하는 행위를 하지 않았는데, 5년여 전부터 양식 김의 병을
막기 위해 바다에 염산을 뿌리고 있다. 해태양식을 하는 사람들이
염산을 뿌리면서부터 갯벌의 조개류들이 자취를 감추기 시작해
지금은 거의 찾아볼 수 없는 상태에 이르렀다.
　갯벌의 생태계가 변화되고 있음을 주민들 스스로 인지하고 있

다. 그러나 이에 대해 적극적으로 대응하지 않고 있다. 인근 압해
도에서 마을 앞 바다를 '금바닥'이라고 부르고 썰물에 갯벌이 드
러나면 "은행 문이 열린다."라고 표현하는 것과 대조된다.[9] 이것
은 간척공사 후 농사와 염전일을 생업으로 삼으면서 갯벌어로활
동이 약화되었기 때문으로 짐작된다. 1953년 전증도와 후증도로
나뉘어져있던 섬을 연결시키면서 증도는 대량의 간척지가 형성된
다. 간척지는 대부분 염전과 농토로 개척되었고, 현재 2300여 주
민들 대부분이 간척지에서 농사와 염전일 주 생업으로 하고 있다.
갯벌어로활동이 일정한 소득원이 되지 않는 것이 갯벌 생태계의
변화에 적극적 대응을 하지 않는 이유로 짐작된다.

그런데 위에서 언급한 것처럼 증도의 갯벌이 다른 지역에 못지
않음이 입증되고 있어서 혼란스럽게 한다. 최근에 해태양식 자체
가 줄어들면서 갯벌 생태계가 복원된 것인지, 아니면 평가지역이
양식에 영향을 받지 않는 곳이었는지는 정확히 알 수 없지만 현재
어로활동은 미약한 상태다.

다음으로 어살을 이용한 어업은 중단된 이유가 명확하지 않다.
독살이 대부분 사라졌던 우전리와 달리 검산마을의 만들독살은
지금도 형태를 유지하고 있고 소유권도 유지되고 있지만, 현재 어
로활동은 중단된 상태다. 그리고 재앙섬 밭의 경우 표면적으로는
시체가 그물에 들어서 중단되었다고 하지만, 그것만으로는 설명
하기 힘들다. 따라서 좀 더 거시적인 차원에서 실마리를 풀 필요
가 있다.

첫째는 어구의 근대화와 어족자원의 축소다. 한국에서의 어구
변화는 일제강점기를 거치면서 급속히 진행되고,[10] 1960년대에
접어들면서는 나일론 그물이 등장한다.[11] 어살을 이용한 어업의

경우 설치와 유지 보수에 있어서 많은 노동력이 들어가고, 신형 어구들에 비해 어획량에서 차이를 보일 수밖에 없다. 같은 노동력 과 시간을 들였을 때 적은 어획량은 기록하게 된 상황에서 어살의 지속은 불가능 했을 것이다. 즉, 신형 어구들과의 경쟁에서 도태 된 것이다.

둘째는 유통구조의 취약성이다. 증도와 바다를 경계로 마주보 고 있는 무안군과 신안군 지도읍 일대에서는 현재 발을 이용한 어 업이 지속되고 있다. 특히 무안군 청계면과 운남면, 망운면 일대 는 갯벌에 빈 공간이 없을 정도로 발이 설치되어 있다. 무안과 지 도읍 증도면이 서로 근접해 있지만, 증도면의 경우 발을 이용한 어로활동이 현저히 줄어든 상태다. 비슷한 어로조건을 갖추고 있 으면서도 어로활동이 차이를 보이는 것은 유통구조가 취약하기 때문이다. 보통 발을 이용해 고기를 잡을 경우 어획량이 많지 않 기 때문에 수협을 통해 위판을 하지 못한다. 대부분 인근 음식점 이나 횟집, 재래시장 등을 통해 유통된다. 그런데 증도는 체도 내 에 시장이 형성되지 않아 지도읍장이나 무안장을 이용해야 하고, 이동하는 것도 배를 타고 나가야 한다. 즉, 대규모의 어로활동이 아니기 때문에 신선도를 유지할 수 있는 장비 등도 갖출 수 없고, 운송하는 번거로움을 피할 수 없는 것이다.

Jungdo Mud Flats Folk research

Seung-Man Na

They gave attention to hand tools, poisoning and Bal at Jungdo Mud Flats.

With these three tools, they judged that they could research an aspect of society and a condition of Jungdo Mat Flats. As a result of this research, hand tools were usually used for fishing by Jungdo inhabitants who lived at the shore of an estuary. By undertaking this activity, Jungdo inhabitants acquired the ocean resources which they needed for daily incidental. With the practical use of hand tools, they fished for various seaweeds and pipis which inhabited the intertidal region. At the time of traditional periods when fish resources were abundant, the level of resource supplies were normal, which was about just as much as they needed. However, these days fish resources are exhausted and the value of fish has risen, so gradually it developed as a way of extending the economic power of its citizens. Octopus Vulgaris is the most representative example.

Poisoning is a tackle which needs a certain level of economic power to be possible.

Especially from the process of building, comparatively the

residents participated more actively, and this seems it is related with division. The target was fish, and catching small fish of various kinds. An owner of poisoning acquired certain level of economic power, however, compared to using hand tool or Bal, it is possible to encourage more participation of citizens at each division. Currently poisoning has disappeared.

Bal is a fishing tool which is possible with only influential economic power. Due to the fact that a lot of resources are invested intensively, an affluent person who has influential economic power in the region operated Bal. Targeted fish such as Busae, had the highest economic power of the days. At the present time, this way of fishing has become extinct. The usage of Bal at Jaeang island, Jungdo, substantiates that this place was the spawning ground for Buseae in the traditional era. It can be confirmed that the habitat of esters and seaweed and the timing for fishing was the same as when Busae come back to this area to spawn. From this viewpoint, it can be said that Jungdo Jaeang Island's spawning ground comes under the taxation administration of the most southern point of the west coast. Usually, taxation and spawning ground of yellow corvina almost correspond each other, but in here only corcea is used for spawning ground. From this, it might be used for differentiating corcea and yellow corvina spawning ground.

1) 해양수산부,『한국의 해양문화 - 서해해역 上』, 2002, 732~733쪽.
2) 나승만 외,『도서 문화유적 지표조사 및 자원화 연구1』(압해면 편), 목포 대 도서문화연구소, 2003, 148쪽 참조.
3) 고광민,『제주도의 생산기술과 민속』, 대원사, 2004, 132~133쪽.
4) 이윤선은 서남해 지역을 어살권과 대발권으로 구분하면서 지역적 기점을 전남 영광으로 파악하고 있다. 이는 주강현이 제시한 태안반도의 '독살' 과 남해군의 '돌발'에서도 확인된다.(이윤선,「서남해 전래 어구어법의 문화원형성 - 어살과 어장어업을 중심으로」,『도서·해양민속과 문화콘텐츠 』, 민속원, 2006, 173~174쪽 ; 주강현,『돌살』, 들녘, 2006, 216~217쪽).
5) 주강현, 위의 책, 217~221쪽 참조.
6) 에틱 박물관 편, 최길성 역,『일본 민속학자가 본 1930년대 서해도서 민 속』, 민속원, 2004, 126쪽.
7) 김정섭 역,『신안수산지』, 신안문화원, 2004, 34쪽.
8) 김준,「사회문화자원 - 갯벌과 염전」,『도서 문화유적 지표조사 및 자원 화 연구7 - 증도편』, 목포대 도서문화연구소, 2006, 24쪽.
9) 나승만,「어로문화자원」,『도서 문화유적 지표조사 및 자원화 연구1 - 압 해면 편』, 목포대 도서문화연구소, 2003, 146쪽.
10) 서종원,「어구漁具에 관한 연구」,『생활문물연구』16, 국립민속박물관, 2005, 75쪽 참조.
11) 최춘일,『경기만의 갯벌』, 경기문화재단, 2000, 210쪽.

제2장
낙지의 漁法과 漁具

고 광 민

I. 머리말

이 글의 목적은 조선산하朝鮮山河의 남해안南海岸과 서해안西海岸
에서 이루어지는 낙지잡이의 견학見學을 통하여 낙지의 어법漁法과
어구漁具의 차이를 규명糾明하는 데 있다. 조선산하의 남해안에서
는 주로 여성들이 맨손이나 호미, 그리고 조선산하의 서해안에서
는 주로 남성들이 가래나 호미로 잡는다. 왜 그랬을까. 여러 사례
를 통하여 이를 들여다보면, 그 까닭이 드러날지도 모른다.

II. 낙지 漁法과 漁具

[事例1] 全南 高興郡 東日面 德興里

이 마을은 내라로도內羅老島에 있다. 나는 『어구漁具』(제주대학교박물관, 2002년)의 집필을 위하여 조선산하를 주유하는 동안에 이 마을을 찾아갔었다. 그 당시 이 마을에서는 공동소유共同所有 갯벌의 낙지 채취권을 경매하고 있었다. 낙지 채취권을 획득하기 위한 금액을 두고 '뻘값'이라고 하였는데, 낙지잡기를 희망하는 아낙네들이 돈을 모아 경매에 참여하고 있었다. 2000년도에 이 마을의 '뻘값'은 180만원이었다. 그 해에 이 마을 25명의[1] 아낙네가 돈을 모아 마을에 '뻘값'을 지불하고, 마을로부터 낙지 채취권을 획득하였다. 낙지 채취량은 기량技倆에 따라 달랐는데, 기량이 상급인 아낙네는 한 사람당 15만원, 중급인 아낙네는 한 사람당 10만원, 하급인 아낙네는 한 사람당 8만원을 내었다고 하였다. 낙지의 채취권을 획득한 아낙네들은 스스로 낙지 잡는 날을 정하여 낙지를 잡으며 생계를 도모하고 있었다. 아낙네들은 낙지 잡는 날을 두고 '낙지 개튼 날', 그리고 아낙네들이 낙지를 잡는 어구를 두고 '낙지호미'라고 하였다. '낙지호미'는 일반적인 호미의 구조와 크게 다르지 않았다. 다만 '낙지호미'는 바지락을 채취하는 호미보다 크고 조금 무거웠을 뿐이었다. '낙지호미'의 길이는 36.0cm, 그리고 그 무게는 270g이었다.

[事例2] 全南 高興郡 錦山面 新坪里 月浦마을

이 마을은 거금도巨金島에 있다. 이 마을 바다밭의 구역은 월포 선창月浦船艙에서부터 갯자리 선창船艙까지이다. 이 마을은 98가호家戶로 이루어졌는데, 이 마을에서는 다섯 사람의 아낙네만이 낙지를 잡는다. 이 마을 유柳○ ○씨(1945년생, 여)는 오랫동안 이 마을에서 낙지를 잡으며 생계를 꾸려왔다. 유씨는 전남 고흥군 도양읍

용정리 안평마을에서 태어났다. 이 마을은 바다를 끼고 있지 않은 마을이었다. 유씨는 1963년에 이웃마을인 풍양면 풍양리 죽시마을 김○○씨(1936년생)와 결혼하였다. 1973년에는 품팔이로나마 생계를 꾸리려고 이 마을로 이주移住하였다. 유씨는 남편의 품팔이의 수입만으로는 2남 3녀의 자식을 키워낼 수 없었다. 유씨는 생계를 위하여 1976년부터 이웃집 아주머니로부터 낙지 어법漁法을 1년 동안 익히고 나서부터 오늘날까지 낙지잡이로 생계를 꾸려나가고 있다.

유씨는 나에게 거금도巨金島 낙지의 생태生態와 어법을 다음과 같이 가르쳐주었다.

음력3월에서부터 음력6월까지의 낙지를 두고 '봄낙지'라고 이른다. 다만 음력5~6월 동안에는 하나의 낙지구멍에 두 마리의 낙지가 들어 있는 수가 많다. 이때의 낙지를 두고 '쌍둥이낙지' 또는 '쌍낙지'라고 이른다. 낙지의 산란기産卵期는 음력7월이다. 낙지가 산란하는 일을 두고 '알 씬다2)'라고 한다. 낙지의 산란기에는 낙지잡이가 이루어지지 않는다. 음력7월 하순부터 음력8월 중순까지의 낙지를 두고 '한실낙지'라고 이른다. '한실낙지'는 낙지의 발[足]이 실[絲]처럼 가느다란 낙지라는 말에서 비롯하였던 모양이다. 음력8월 하순부터3) 음력11월까지의 낙지를 두고 '가을낙지'라고 이른다. 음력7월과 음력8월 사이에 산란한 낙지가 커서 '가을낙지'가 된 것이다.

2007년 7월 17일, 나는 유씨의 낙지잡이를 견학할 수 있었다. 이날은 음력6월 4일, 그리고 조수潮水는 열두 물 날이었다. 낙지는 사리와 조금을 가리지 않고 썰물 때 잡는데, 아홉물, 열물, 열한물, 열두물 날에는 오전과 오후, 그러니 하루 두 차례 출어出漁할 수 있다. 2007년 7월 17일은 열두물 날이니, 유씨의 낙지잡이는 오전과 오후에 각각 한 차례씩 이루어졌는데, 오후의 낙지잡이는 오후 4시 15분부터 오후7시 30분까지 이루어졌다. 유씨는 이날 모두 11마리의 낙지를 잡았는데, 그중 4마리는 '쌍둥이낙지'이었다. 유씨의 낙지잡이는 여러 차례에 걸쳐 이루어졌는데, 1∼3회 동안에 이루어진 상황狀況만을 구체적으로 들여다보고자 한다.

①1회의 낙지잡이 : 낙지가 들어간 구멍을 두고 '젓구멍', 낙지의 호흡공呼吸孔을 두고 '부릇'이라고 이르는데, '젓구멍'과 '부릇'의 간격은 1m 안팎이었다. 낙지의 '젓구멍'이 하나의 구멍이라면, 낙지의 호흡공인 '부릇'은 두 개의 구멍인 수가 많았다. 유씨는 맨손으로 20분 동안 '젓구멍'을 파고 들어갔다. 유씨는 가끔 자갈이나 갯벌의 덩어리 따위를 호미를 긁어내기도 하였다. 결국 낙지잡이는 실패로 끝나고 말았는데, '젓구멍'을 파고 들어가는 동안 유씨의 숨소리는 매우 거칠었다.

②2회의 낙지잡이 : 유씨의 눈에 낙지의 '젓구멍'은 보이지 않았고 오직 낙지의 '부릇'만 보였을 뿐이었다. 유씨는 낙지의 '부릇'에서부터 직경 2m의 동심원同心圓을 눈가늠으로 그리며 발로 갯벌바닥 때려나가는 것이었다. 그러다가 낙지의 '젓구멍'이나 그 가까운 지점이 유씨의 발에 밟히면, 낙지의 '부릇'에서 물이 뿜어져 나올 수 있을지도 모르기 때문이었다. 이것은 낙지의 '젓구멍'을 찾아내려고 수단의 하나이었다. 그래도 낙지의 '젓구멍'은 찾을 수 없었던지, 유씨는 하는 수 없이 거의 맨손으로 낙지의 '부릇'을 파들어 갔건만 결국 낙지잡이는 실패로 끝이 나고 말았다(사진1, 2, 3).

③3회의 낙지잡이 : 낙지의 '젓구멍'과 낙지의 '부릇'의 간격은

50cm 안팎에 있었다. 유씨는 낙지의 '젓구멍'을 맨손으로 파고들어갔다. 먼저 알이 차지 않은 낙지를 잡고 나서 잠시 뒤에 낙지의 알이 가득하게 찬 낙지를 잡아냈다. 이렇게 하나의 낙지구멍에 두 마리의 낙지가 들어있는 낙지를 두고 '쌍둥이낙지'라고 일렀다.

[事例3] 전남 해남군 북평면 오산리

이 마을은 150가호로 이루어졌는데, 이 마을에서는 낙지를 잡으며 생계를 돕는 아낙네를 두고 '낙지꾼'이라고 이른다. 이 마을에는 5명의 '낙지꾼'이 있다고 하였다. 이 마을의 낙지 어장은 '밤섬'과 '남섬' 사이 '신다물'이라는 곳이었다. 이곳은 개인소유의 굴 양식장이기도 하였다. 굴 양식을 위하여 띄엄띄엄 돌멩이가 놓여 있었다.

이 마을에서의 낙지잡이 견학은 2007년 10월 27일(토) 오후에 이루어졌다. 음력으로는 8월 17일, 그리고 조수潮水의 이름으로는 여드렛물 날이었다. 이날 오후 2시 30분 무렵 이 마을 3명의 '낙지꾼'은 이 마을의 낙지어장 '신다물'에서 물때를 기다리고 있었다. 낙지의 어구漁具라고는 세 사람 모두 손에 낀 장갑이 고작이었다. 다만 손가락이 나온 왼손장갑이 눈길을 끌었는데, 한 여인은 세 손가락, 그리고 두 여인은 두 손가락이 나온 왼손장갑을 끼고 있었을 뿐이었다(사진4, 5). 세 여인의 '낙지꾼'은 나에게 이 마을의 낙지의 생태生態와 어법漁法을 다음과 같이 가르쳐주었다(사진6).

음력4월과 음력5월의 낙지를 두고 '봄낙지'라고 일렀다. 다만 음력5월에는 하나의 낙지 구멍에 두 마리의 낙지가 들어 있는 수도 없지 않았는데, 이런 낙지를 두고 '쌍둥이낙지'라고 일렀다. 음력6월과 음력7월은 낙지의 산란기産卵期이다. 음력8월에서부터 음력9월까지의 낙지를 두고 '가을낙지'라고 일렀다. 낙지는 음력10월부터 이듬해 음력3월 사이에 월동을 위하여 갯벌 깊숙한 곳으로 들어가 버렸다. 그러니 이 마을의 낙지 어기漁期는 음력4월에서부터 음력5월까지의 '봄낙지'와 음력8월부터 음력9월까지의 '가을낙지'이었다. '봄낙지'는 낙지의 발로 낙지를 유인誘引하여 잡고, '가을낙지'는 맨손으로 낙지를 유인하여 잡는 수가 많았다. 이렇게 낙지의 발로 낙지를 유인하며 잡는 일을 두고 "낙지로 낙지를 낚는다", 그리고 맨손으로 낙지를 유인하여 잡는 일을 두고 "손으로 낙지 낚는다"라고 하였다.

나는 왼손에 세 손가락을 내민 장갑을 낀 장씨(1947년생) 여인의 낙지잡이를 집중적으로 견학하였다. 장씨는 낙지의 '젓구멍'에 세 손가락을 내민 장갑을 낀 왼손을 밀어 넣고 기다리는 것이었다. 그러면 '젓구멍' 속에 들어 있는 낙지는 장씨의 왼손가락으로 슬금슬금 기어오는 것이었다. 낙지는 자기의 '젓구멍'에 들어온 장씨의 왼손가락은 먹이(?)이거나 침입자(?)로 착각하고 있는 지도 모를 일이다. 장씨의 왼손가락에 낙지가 다가오면, 장씨는 오른손으로 낙지를 덮쳐 잡아나가는 것이었다(사진7, 8). 장씨 여인의 낙지잡이는 모두 40회에 걸쳐 이루어졌는데, 그 동안 모두 18마리의 낙지를 잡을 수 있었다. 그 과정을 하나의 도표로 만들어보았다.

여기에서 소요시간은 장씨가 낙지를 잡으려고 왼손가락을 낙지의 구멍에 밀어 넣었다가 빼내기까지의 시간을 '소요시간', 장씨의 낙지 포획捕獲의 성패를 '결과', 그리고 비고에는 낙지를 잡는 동안의 특이한 상황을 기록하여 두고자 한다.

〈표 1〉 장씨 여인의 낙지잡이

回數	所要時間	結果	備考
1	15시 13분~16분(3분)	失敗	
2	15시 17분~18분(1분)	失敗	
3	15시 19분~22분(3분)	成功	
4	15시 25분~28분(3분)	失敗	
5	15시 30분~34분(4분)	成功	
6	15시 35분~40분(5분)	成功	
7	15시 41분~48분(7분)	失敗	낙지가 손에 왔다가 가버림
8	15시 50분~51분(1분)	失敗	
9	15시 53분~55분(2분)	失敗	낙지로 낙지 誘引 試圖
10	15시 56분~57분(1분)	失敗	
11	15시 58분~16시 01분(3분)	失敗	낙지로 낙지 誘引試圖
12	16시 02분~05분(3분)	失敗	
13	16시 06분~11분(5분)	成功	
14	16시 13분~14분(1분)	失敗	
15	16시 17분~20분(3분)	失敗	
16	16시 22분~25분(3분)	成功	
17	16시 28분~30분(2분)	成功	
18	16시 31분~35분(4분)	失敗	
19	16시 36분~40분(4분)	失敗	
20	16시 42분~45분(3분)	成功	
21	16시 47분~51분(4분)	成功	
22	16시 53분~56분(3분)	成功	낙지구멍의 물을 손으로 퍼내기
23	16시 57분~58분(1분)	成功	
24	17시 01분~03분(2분)	失敗	
25	17시 05분~06분(1분)	成功	
26	17시 07분~09분(2분)	成功	
27	17시 17분~21분(4분)	成功	낙지구멍의 물을 손으로 퍼내기
28	17시 23분~27분(4분)	失敗	
29	17시 29분~30분(1분)	失敗	
30	17시 31분~32분(1분)	失敗	
31	17시 32분~33분(1분)	失敗	
32	17시 34분~36분(2분)	成功	낙지로 낙지 誘引 試圖
33	17시 37분~38분(1분)	成功	낙지로 낙지 誘引 試圖
34	17시 40분~43분(3분)	失敗	낙지의 하나의 발만 捕獲
35	17시 43분~46분(3분)	成功	
36	17시 47분~50분(3분)	失敗	
37	17시 51분~53분(2분)	失敗	

38	17시55분~57분(2분)	成功
39	18시00분~02분(2분)	失敗
40	18시04분~05분(1분)	成功

[事例4] 巖泰島(전남 신안군 암태면 신기리)

이 마을에서는 일곱 명의 남정네만이 낙지를 잡는다. 이 마을의 낙지를 잡는 남정네들은 나에게 낙지의 생태와 어법을 다음과 같이 가르쳐주었다.

음력4월부터 음력5월까지의 낙지를 두고 '봄낙지'라고 이른다. 낙지가 파고들어간 갯벌의 구멍을 두고 '젖구멍', 그리고 낙지의 호흡공呼吸孔을 두고 '부룻'이라고 이른다. 하지夏至 전후, 그러니 음력5월 초순에는 하나의 '젖구멍'에 두 마리의 낙지가 들어 있는 수도 있다. 이런 낙지를 두고 '쌍둥이낙지'라고 이른다. 그런데 암컷의 낙지는 '젖구멍'에서 비교적 깊은 곳에, 그리고 수컷의 낙지는 '젖구멍'에서 비교적 얕은 곳에 들어 있는 수가 많다. 그리고 낙지는 음력5월 중순과 하순에 산란한다. 낙지의 알을 두고 '쌀밥'이라고 이른다. 음력7월의 어린 낙지를 두고 '세발낙지', 음력8월에서부터 음력10월까지의 낙지를 두고 '가을낙지', 그리고 음력11월부터 이듬해 음력1월 중순까지의 낙지를 두고 '겨울낙지'라고 이른다.'겨울낙지'는 낙지의 호흡공인 '부룻'은 잘 보이나 낙지가 들어간 구멍인 '젖구멍'은 잘 보이지 않는다. 이때의 낙지는 갯벌 깊숙하게 들어가 월동하고 있기 때문이다.

'봄낙지', '가을낙지', '겨울낙지'는 가래로 갯벌을 파서 잡아낸다. 다만 음력8~9월에는 낙지구멍에 게[蟹]를 집어넣어 낙지를 유인하고 잽싸게 손으로 덮쳐잡는 수도 더러 있는데, 이런 어법을 두고 "낙지 낚는다"라고 한다. '세발낙지'는 가래로 살짝 구멍만 내고 뚜껑을 덮어두었다가 손으로 잡아낸다. 이렇게 '세발낙지'를 잡아내는 어법을 두고 '묻음낙지'라고 이른다.

2007년 7월 20일, 음력6월 7일 오전10시부터 오후2시 50분까지 나는, 이 마을에서 최주안씨崔周安氏(1947년생, 남)의 '묻음낙지'라는 낙지잡이를 견학할 수 있었다. 이 마을의 낙지잡이는 사리와 조금 가림 없이 썰물에만 잡을 수 있다고 하였다. 이날 최씨의 낙지잡이는 이 마을 '산넘뻘'이라는 갯벌에서 이루어졌다. 이날 최씨는 모두 24마리의 낙지를 포획할 수 있었다.

'묻음낙지'의 낙지잡이는 두 단계로 이루어진다. 낙지의 '젖구멍'을 찾아내어 '고간庫間'을 설치하고 '따까리'를 덮어두는 일과 어느 정도 시간이 지난 후에 잽싸게 따까리를 열고 손을 집어넣고 낙지를 끄집어내는 것이다. 앞의 일을 두고 "낙지 묻는다", 그리고 뒤의 일을 두고 "낙지 본다"라고 이른다. 낙지를 묻는 일은 썰물 때, 그리고 낙지를 보는 일은 밀물 때 이루어진다.

낙지의 '묻기'는 다음과 같이 순차적으로 이루어진다.

①'젖구멍' 찾아내어야 한다. 호흡공인 '부룻'은 보이나 낙지가 들어간 구멍인 '젖구멍'은 안 보이는 수도 없지 않다. 특히 비가 오는 날에 '젖구멍'이 쉽게 빗방울로 메워져버리는 수도 없지 않다. 그럴 때는 호흡공인 '부룻'을 중심으로 하여 약1m의 거리를 눈짐작으로 원을 그리듯 '젖구멍'을 찾아내기도 한다.

②'고간庫間'을 설치하는 것이다. '고간'은 낙지의 '젖구멍'에 만들어두는 물웅덩이의 이름이다. 직경으로 약10㎝ 안팎으로 만든다. 깊이는 일정하지 않지만, 10~20㎝ 안팎이다. 낙지 구멍과 그 주변의 갯벌 속의 바닷물이 이 물웅덩이로 모여들게 되어 있다.

그러면 무더운 여름에 낙지 구멍에 숨어 있는 낙지는 바닷물이 고여 있는 이곳으로 나오기 마련이다. 이와 같은 물웅덩이를 두고 '고간庫間'이라고 한다.

③고간에 뚜껑을 덮는다. 뚜껑을 두고 '따까리'라고 이른다. '따까리'는 갯벌로 직경 약15㎝의 크기로 만든다. 낙지 '고간'의 '따까리'가 내려앉아버리지 않게 잘 만들어야 한다. 혹 '따까리'가 내려앉아 버리면 낙지구멍에 숨어 있는 낙지는 낙지의 '고간'으로 나오지 않는다.

④'젓구멍'의 방향을 표시하여 둔다. 낙지가 들어간 '젓구멍'의 방향을 표시하여 두는 것이다. 손가락으로 갯벌에 금을 그어 간단하게 표시한다. 낙지가 들어간 '젓구멍'의 반대방향에서 낙지를 잡아내어야 낙지 포획의 성공 확률이 그만큼 높기 때문이다.

⑤'촛대'를 세운다. '촛대'는 낙지의 '고간'을 쉽게 식별하려고 낙지의 '고간' 주변에 세워놓은 탑塔이나 다름없다. 이를 두고 '촛대'라고 한다. '촛대'는 약 15㎝ 높이로 갯벌로 세워놓는다(사진9, 10).

낙지의 '보기' 또한 다음과 같이 순차적으로 이루어진다.

①'따까리'를 연다.

②손을 집어넣어 펌프질하듯 낙지를 재빨리 잡아내는 것이다(사진11).

③낙지 잡아내기가 실패하면 다시 '따까리'를 덮어두기도 한다. 잠시 후에 다시 낙지 '보기'를 도전하기 위함에서다.

[事例5] 충남 서산시 지곡면 중왕리

이 마을에는 낙지를 잡으며 생계를 꾸리는 남정네는 약 30명 안

팎이다. 낙지를 잡으며 생계를 꾸려가고 있은 여러분들은 나에게
이 마을의 낙지의 생태와 어법을 다음과 같이 가르쳐주었다.

음력2월부터 음력4월까지의 낙지를 두고 '봄낙지'라고 이른다.
낙지는 음력5월에 산란한다. 음력6월의 낙지를 두고 '밀국낙지'리
고 이른다.[4] 그리고 음력7월부터 음력8월까지의 낙지를 두고 '중
낙지' 또는 '여름낙지'라고 이른다. 이때의 낙지는 어지간한 사람
의 발자국이나 말소리만 들어도 쉬 내빼버린다. 그래서 "중낙지는
비호飛虎와 같다"는 속담도 전승하였다. 또 한여름이라 날이 매우
뜨거우니 낙지는 서늘한 곳을 찾아 갯벌 깊숙하게 파고 들어가 버
린다고 한다. 그리고 음력9월과 10월의 낙지를 두고 '대낙지'라고
이른다. 다시 '중낙지'와 '대낙지'를 두고 '박속낙지'라고 이른다.
이 마을의 낙지는 어느 때이건 가래로만 갯벌을 일구며 낙지를 잡
아내었을 뿐이다.

2007년 10월 22일, 나는 봉재룡奉在龍씨(1939년생, 남)의 낙지잡이
를 견학하였다. 이 날은 음력으로 9월 12일이니 '대낙지' 잡이가
이루어진 것이다. 봉씨의 부친은 한평생 낙지잡이로 생계를 꾸려
온 사람이었다. 낙지잡이로 4남 2녀의 자녀를 키워낼 수 있었다.
그런데 봉씨의 부친은 봉씨에게, "너는 낙지잡지 말아라"라고 입
버릇처럼 강조하였다고 한다. 봉씨의 나이 27세 때 봉씨의 부친은
세상을 등지고 말았다. 봉씨는 30세 때부터 낙지잡이에 도전하였
다. "글공부는 죽을 때까지 다 배울 수 있어도 낙지구멍을 찾는 일
은 죽을 때까지 다 배우지 못한다"라는 말이 전승하였을 정도로
낙지잡이에서는 낙지구멍을 찾아내는 일이 무엇보다도 어려웠다.

낙지잡이는 사리와 조금을 가리지 않고 썰물 때 이루어진다. 이
날 봉씨의 낙지잡이는 모두 26회에 걸쳐 이루어졌는데, 4마리의

낙지를 잡을 수 있었다(사진12, 13). 그 과정을 하나의 도표로 만들어 보았다.

여기에서 '시간'은 봉씨가 낙지를 잡으려고 가래질을 시작한 시간이고, 봉씨의 낙지 포획의 성패를 '결과', 그리고 비고에는 낙지를 잡는 동안의 특이한 상황을 기록하여 두고자 한다.

〈표 2〉 봉씨 남정네의 낙지잡이

回數	時間	結果	備考
1回	07시00분	失敗	
2回	07시10분	失敗	
3回	07시25분	失敗	갯고랑에서 물길을 내어 어느 정도 물을 빼어두고 挑戰
4回	07시31분	失敗	
5回	07시40분	失敗	
6回	07시41분	失敗	'부룻'이 없는 낙지구멍
7回	07시51분	失敗	낙지구멍에서 湧水
8回	07시53분	失敗	물이 고여 있는 낙지구멍
9回	07시56분	成功	'부룻'이 없는 낙지구멍
10回	08시00분	失敗	
11回	08시05분	失敗	
12回	08시11분	失敗	발로 물막이를 하고 挑戰
13回	08시15분	失敗	발로 물막이를 하고 挑戰
14回	08시20분	失敗	
15回	08시31분	失敗	
16回	08시32분	成功	가래질 세 번에 捕獲
17回	08시33분	失敗	
18回	08시36분	失敗	
19回	08시41분	失敗	
20回	08시50분	成功	
21回	08시56분	失敗	
22回	09시00분	成功	
23回	09시02분	失敗	
24回	09시20분	失敗	
25回	09시40분	失敗	
26回	09시44분	失敗	

[事例6] 경기도 화성시 고온면 매향리

2007년 10월 23일(화), 이 마을 사람들은 아침 일찍 바다로 나가 갯벌에서 어개류魚介類를 채취하고 있었다. 그 중 이상훈李相勳씨 (1925년생, 남)와 김점동金岾東씨(1931년생, 남)는 가래로 낙지를 잡고 있 었다(사진14, 15). 두 사람의 낙지잡이는 비교적 돌멩이가 많이 깔린 '우대끼'라는 갯벌에서 이루어지고 있었다. 두 사람이 낙지를 잡 는 동안 이씨와 김씨는 나에게 이 마을의 낙지 생태와 어법을 다 음과 들려주었다.

음력4월의 낙지를 두고 '봄낙지'라고 이른다. '봄낙지'는 음력5 월과 6월 사이에 산란한다. 낙지는 낙지구멍에서 알을 싼다. 산란 을 끝낸 암컷의 낙지와 외적外賊을 방어하던 수컷의 낙지는 낙지 구멍에서 생을 마감한다. 음력7월에서부터 음력10월까지의 낙지 를 두고 '가을낙지'라고 이른다. 이 마을의 낙지잡이는 어느 때건 가래로만 잡았을 뿐이다.

[事例7] 大阜島(안산시 대부동 남사리)

2007년 10월 24일(수), 이 마을의 남정네들은 아침 일찍 이 마을 의 '메추리섬'과 '애미독살' 사이에 있는 갯벌에서 낙지를 잡고 있 었다. 이곳의 갯벌은 자갈밭으로 이루어져 있었다. 자갈밭으로 이 루어진 갯벌이기 때문일까, 이 마을의 낙지잡이는 호미로만 이루 어지고 있었다(사진16).

Ⅲ. 事例의 分析

①쌍둥이낙지는 생식기生殖期 또는 산란기産卵期 직전에 나타난다.

②낙지의 민속생태民俗生態는 사례事例마다 미묘微妙한 차이가 있다.

③남해안의 [사례2]에서는 여자들이 손가늠으로 낙지구멍을 호미 또는 맨손으로 파들어 가며 낙지를 잡는다. 그리고 [사례3] 서는 여자들이 낙지 또는 맨손으로 낙지를 유인하여 낙지를 잡는다.

④서해안의 [사례4], [사례5], [사례6]에서는 남자들이 가래로 낙지구멍을 파 들어가며 낙지를 잡는다. 그리고 [사례7]에서는 남자들이 호미로 낙지구멍을 파 들어가며 낙지를 잡는다.

⑤남해안의 무른 갯벌에서는 여성들이 낙지구멍을 손가늠하며 호미로 갯벌을 일구며 낙지를 잡거나, 또는 손 또는 낙지로 낙지를 유인하여 잡는다. 서해안의 탄탄한 갯벌에서는 남성들이 낙지구멍을 눈가늠하며 가래 또는 호미로 갯벌을 일구며 낙지를 잡는다. 단 [사례4]에서는 여름에는 낙지구멍에 '곡간'을 설치하여 낙지를 유인하여 잡기도 한다.

⑥한반도의 낙지의 어법과 어구는 보다 많은 사례들이 축적될 때 보다 명확한 결론이 드러날 것이다.

〈사진 1〉 팥金島의 낙지잡이①(2007년 7월 17일)

〈사진 2〉 팥金島의 낙지잡이②(2007년 7월 17일)

〈사진 3〉 토金島의 낙지잡이③(2007년 7월 17일)

〈사진 4〉 오산리의 낙지잡이①(2007년 10월 27일)

〈사진 5〉 오산리의 낙지잡이②(2007년 10월 27일)

〈사진 6〉 오산리의 낙지잡이③(2007년 10월 27일)

〈사진 7〉 오산리의 낙지잡이④(2007년 10월 27일)

〈사진 8〉 오산리의 낙지잡이⑤(2007년 10월 27일)

사진9 巖泰島의 낙지잡이①(2007년 7월 20일)

〈사진 10〉 巖泰島의 낙지잡이②(2007년 7월 20일)

〈사진 11〉 巖泰島의 낙지잡이③(2007년 7월 20일)

〈사진 12〉 중왕리의 낙지잡이①(2007년 10월 22일)

〈사진 13〉 중왕리의 낙지잡이②(2007년 10월 22일)

〈사진 14〉 매양리의 낙지잡이①(2007년 10월 23일)

〈사진 15〉 매양리의 낙지잡이②(2007년 10월 23일)

〈사진 16〉 大埠島의 낙지잡이(2007년 10월 24일)

Fishing Methods and Tools of Octopus: Westcoast and Mud Flats

Gwang-Min Go

The purpose of this study is to explore octopus fishing in southcoast and westcoast in terms of folk production through on-the-spot learning. In addition, this study investigates the difference of fishing methods and fishing tools in both areas with the focus on their reasons. In particular, fishing methods and tools are characterized based on each area. The results showed that folk ecology of octopus was slight different in two areas based on each case: In generla, women catch octopus with empty hands or weeding hoes on southcoast area, where the mud is soft including Goheung and Hanam in Junnam. To the contrary, men catch them with shovels or weeding hoes on westcoast area, where the mud is solid including Sinan in Junnam, Seosan in Chungnam, and Hwasung and Ansan in Gyeonggi. Interestingly, 'storageroom' is installed in octopus with hole to allure octopus in Antae island, Sinan Gun, Junnam. Further study should be performed to draw clear conclusion in octopus fishing methods and tools of Korean peninsula after a number of case studies are accumulated.

1) 東日面事務所의 가르침에 따르면, 2008년 8월 4일 현재 이 마을은 712家戶로 짜여있고, 남자는 368인, 그리고 여자는 344인이라고 하였다.
2) '썰다'는 '슬다'의 지역어인 듯하다.
3) 이 무렵부터 바다에서는 아지랑이가 피어오르는 일이 사라지고 만다고 한다.
4) 泰安半島 一帶에서는 이 마을보다 1개월쯤 늦게 '밀국낙지'가 나온다고 하였다.

제3장
갯벌어장 이용방식의 변화와
어촌공동체의 적응

김 준

Ⅰ. 서론

지난 수십 년 동안 국토개발, 농지조성, 산업단지 등 다양한 개발논리로 갯벌을 매립하고 간척해 왔다. 이에 대해 환경단체들은 갯벌은 해양생물의 서식지, 도요 물떼새 등 철새 휴식처, 희귀생물 서식지 등 환경논리로 대응해왔다. 최근 시화호, 화성호, 새만금 등 대규모 간척사업의 반대논리도 크게 이를 벗어나지 않는다. 이러한 문제의식에는 유럽 등 외국 갯벌과 달리 우리나라 갯벌이 갖는 지역주민들의 생산과 생활 기능을 간과하고 있다. 갯벌은 공익적 기능[1] 외에 어민들의 생산과 생활공간이다. 특히 여성어민들에게 갯벌은 삶 그 자체라 할 수 있다(윤박경, 2004; 김준, 2006). 람사협약에서 제시한 연안습지 기준에 해당하는 공간은 대부분 김·바

지락·굴 등 양식업과 낙지·숭어·새우 등을 잡는 연승어업과 정치
망어업 공간이다. 소금을 생산하는 염전도 과거 갯벌이었으며, 논
과 같이 준습지 기능을 하고 있다.

어촌마을 인근 갯벌들은 마을어장으로 마을공동체의 경제적 기
반이다. 이러한 마을어장은 갯벌(펄갯벌, 모래갯벌, 혼합갯벌로 구분), 갯바
위나 여(자연산 돌미역과 돌김의 서식지), 양식이 가능한 바다 등을 말한
다. 이중 갯벌은 어촌의 고령자의 생계를 책임지는 사회안전판 역
할을 하기도 한다. 갯벌은 이렇게 공익적 기능부터 사회 약자들의
생활기반과 마을공동체 유지의 근간이 되고 있다. 이것이 우리 갯
벌과 유럽 등 외국의 갯벌과 다른 점이며, 우리의 독특한 '갯벌문
화'라 할 수 있다. 갯벌이 보전되어야 하는 것은 해양생태계의 유지
나 공익적 측면만 아니라 어촌마을 존립차원에서도 매우 중요하다.
갯벌과 어촌사회와 관련된 연구로는 박광순(1981), 권삼문(1992; 2001),
김준(2000; 2004b) 등이 있다. 박광순의 연구는 서남해 지역 어촌마을
을 사례로 어업공동체의 존립 – 분해 – 변질 등 변화상을 분석했다.
권삼문은 동해안지역의 미역채취관행을 통해 어촌공동체를 분석했
다. 김준(2004b)의 연구는 완도의 김양식 지역을 중심으로 어촌공동
체의 운영과 변화형태를 살펴보고 있다. 우리나라 어촌공동체의 초
기 연구자인 박광순은 어촌공동체를 경제사적 측면에서 접근해 봉
건유제나 해체의 대상으로 접근하고 있다(김준, 2000).

이 연구는 갯벌어장에 기대어 살았던 혹은 살고 있는 어촌마을
을 중심으로 마을어장 이용방식의 변화와 어촌공동체의 적응과정
을 살펴보는 것이다. 이를 위해 2장에서는 갯벌의 파괴와 이용실
태, 3장에서는 갯벌 이용형태와 어촌공동체, 4장은 갯벌환경의 변
화와 어촌공동체의 적응과정을 살펴보았다.

Ⅱ. 갯벌 파괴와 이용실태

갯벌파괴의 대표적인 사례는 간척사업이다. 전근대시기 간척은 개인이나 마을, 혹은 문중에서 추진하였다. 그 목적은 대부분 농경지 확보였다. 일제강점기에는 식민지 농업정책의 일환으로 간척이 추진되기도 했다. 해방 이후 간척사업은 농지조성을 넘어 국토확장의 명분아래 대규모 국가프로젝트로 추진되었다. 그 결과 갯벌생태계의 변화, 방조제 내부 담수호의 수질문제 등이 발생하기도 했다. 권위주의시기 국가주도 간척사업은 폭력적으로 진행되었다. 보상은 말할 것도 없고 주민들 의견수렴과정도 없이 추진되었다.

1. 간척의 역사

공유수면매립법이 제정된 후 최초로 추진된 대규모 간척사업은 일제강점기 조선총독부가 일본인 농업이민을 목적으로 개발한 김제평야였다. 요즘 지평선축제를 하고 있는 김제평야도 과거 수평선이 있던 바다와 갯벌이었다. 이처럼 일제는 공유수면매립법을 제정하여 1930년대까지 약 4만여 ha의 갯벌을 논으로 바꾸었다. 해방 후 우리 정부가 추진한 최초의 대규모 간척사업은 동진강간척사업('계화도 간척사업'이라고 부르기도 함)을 시작으로 영산강 유역, 영암지역, 해남지역, 천수만 A·B지구, 아산만의 대호지구, 시화호, 화성호, 그리고 새만금사업 등이 대표적이다.

〈표 1〉 서해안 간척사업 추진현황

방조제	착공년도	완공년도	방조제총연장(m)	매립면적(ha)	시공회사
동진방조제	1963	1967	12,810	3,968	동아건설
남양방조제	1971	1973	2,060	3,650	극동건설
아산방조제	1970	1973	2,564	3,197	극동건설
삽교천방조제	1976	1979	3,360	2,594	롯데건설
영산강2지구	1978	1982	8,630	10,820	현대건설
서산지구	1980	1995	7,686	15,409	현대건설
김포지구	1980	1989	9,203	3,800	동아건설
대호지구	1981	1985	7,800	7,648	동아건설
금강지구	1983	1990	1,841	3,650	정우개발
남포지구	1985	1997	3,694	666	대산건설
해남지구	1985	1988	1,874	3,021	임광토건
부사지구	1986	1997	3,474	1,244	대산건설
시화지구	1987	1996	12,676	17,300	현대건설
석문지구	1987	1998	10,600	3,740	대산건설
영암방조제	1988	1993	2,219	12,816	(주)대우
고흥지구	1991	1996	2,853	3,100	금광기업
화옹지구	1991	2002	9,800	3,212	한신공영
새만금사업	1991		33,000	40,100	현대건설 외

　　1990년대 이후 쌀시장 개방, 시민 환경인식의 제고, 환경단체들
의 활동 등 여러 요인에 의해 간척은 지지를 얻지 못하고 있다. 대
표적인 국가프로젝트 시화호간척도 수질오염을 해결하지 못하고
4년 만에 담수화를 포기했다. 수질전문연구자들은 물막이사업이
완료된 새만금간척도 시화호의 전철을 그대로 밟을 것이라고 예
측하고 있다. 대규모 간척사업 중 가장 주목을 해야 할 곳은 영산
강 4단계 간척사업이다. 영산강유역 간척사업은 나주, 영암, 무안,
함평 등 많은 지역 주민들에게 농지를 제공했다. 10여 년 간 지속
된 영산강 간척사업은 3단계까지 마무리되었지만 4단계 사업을

포기했다. 간척사업을 포기한 영산강 4단계 지역은 무안과 함평 사이 함해만(무안과 함평) 갯벌지역이다. 이 갯벌은 2001년 해양수산부에 의해 우리나라 최초의 습지보호구역으로 지정되었다. 그리고 2008년 람사르 습지로 지정되었다. 이외에도 완도의 고금지구·화흥지구, 진도의 소포지구, 강진만 사초리 등 크고 작은 간척들이 이루어졌다. 이들 간척사업은 비민주적인 절차와 '강요된 동의'에 의해 이루어졌다. 어민들의 생업보상은 물론 생계대책도 마련되지 않았다. 겨우 김 양식 등 면허어업 보상만 부분적으로 이루어졌을 뿐이다.

2. 갯벌이용방식의 변화

갯벌에 대한 인식이 변한 후에도 종다양성과 생태적 가치에는 주목을 하지만 갯벌에 기대어 살아야만 하는 어민들의 삶에는 관심이 적다. 그 결과 갯벌을 찾는 도요새와 갯벌생물의 개체수의 변화에는 민감하지만 삶의 터전을 잃은 어민들의 삶은 외면당하고 있다. 간만의 차이가 크고 갯벌이 발달한 서남해안 어촌은 일찍부터 해조류와 패류 등 양식어업이 발달했다. 특히 전라남도 완도, 해남, 진도, 전라북도의 부안, 충남의 서천은 김양식의 중심지였다. 조수간만의 차이가 심한 펄갯벌에는 김 양식, 모래갯벌이 발달한 강하구 지역에는 백합, 혼합갯벌에는 바지락이나 굴 양식이 활발했다. 썰물에도 바닥이 들어나지 않는 곳에서는 내만에는 가두리양식이 발달했다. <표 2>처럼 우리 갯벌은 해방 후 해조류 양식과 패류 양식이 활발하게 진행되었다. 특히 1980년대는 종묘 생산과 기술개발을 기반으로 대량생산체제가 가능해졌다. 최근에는 전복양식이나 진주양식처럼 고부가가치의 양식업으로 전환되고 있다.

〈표 2〉 갯벌이용방식의 변화와 양식어업의 발달

시 기	단계	종 류
광복 이전 1946-1960년	초기개발 단계	**김, 굴, 백합, 바지락**
1960년대	확대개발 단계	**김, 미역**, 다시마 등 해조류의 인공종묘 생산
1970년대	기술보급 단계	**굴**, 전복, **피조개 등 패류의 종묘생산 기술의 개발로 패류양식이 급격히 발달**
1980년대	기술혁신 및 확대보급단계	어류양식 등 집약적 양식이 증가
1990년대	경영합리화 단계	방어, 넙치, 우럭, **굴, 피조개**, 홍합, 김, 새우 등 40여 종을 생산
2000년대	고부가가치 및 대량화	전복, 김, 굴, 넙치, 우럭, 방어

주 : 굵은 글씨가 갯벌(조간대)에서 양식되는 품목들임.

갯벌은 해조류, 패류, 어류 양식과 정치망 어업이 이루어지는 공동어장이다. 이들 어장은 국가로부터 수협, 어촌계, 개인이 이용 권리를 얻어 일정기간 동안 사용한다. 1980년대 무렵까지 대부분 공동어장은 마을주민들이 공동으로 이용하였다. 최근에는 개인이나 협업으로 면허를 취득해 이용하고 있다. 양식기술이 발전하고 규모화가 이루어지면서 어장의 공동이용보다는 '사적점유'와 '개별소유'가 많아지고 있다.[2) 뿐만 아니라 과거에 마을주민들이 공동으로 이용하는 어장도 평등한 분배보다는 자본력과 노동력에 의해 집중화되고 있다. 즉 어촌의 공동체적 관행이 약화되고 급속하게 상품화 과정에 편입되고 있다.

Ⅲ. 갯벌 이용형태와 어촌공동체

우리나라의 갯벌은 유럽과 달리 어민들의 생업공간이며 생활의 장이다. 갯벌은 공유수면으로 개인이 배타적으로 소유할 수 없는 물권으로 어촌계가 공동으로 점유하여 운영하는 '총유'체계다. 이러한 체계는 1990년대에 접어들면서 공동점유, 사적점유, 개별소유[3]로 분화되었다. 양식어업이 발달하면서 갯벌은 어민들에게 육지의 논과 밭처럼 인식되기 시작했다. 특히 김, 굴, 바지락 양식이 발달하면서 바다와 갯벌은 '재산'의 의미를 갖기 시작했다. 배타적인 소유가 허락되지 않았기 때문에 갯벌의 분배와 이용방식은 훨씬 체계화되었다.

마을어장 이용형태를 어장분배, 의사결정과정, 노동방식, 생산량 분배 등을 고려해 <표 3>과 같이 분류했다. 어장분배는 공동이용, 집단이용, 개별이용으로, 노동방식은 공동노동, 집단노동, 개별노동으로 나눌 수 있다. 공동이용이나 공동노동은 마을성원[4]이 모두 참여하는 반면에 집단이용과 집단노동은 마을어장을 이용할 권리를 갖는 사람들이 몇 개의 집단으로 나누어 참여한다. 어장운영 관련 의사결정은 마을총회, 집단(그룹), 개인 차원으로 구분할 수 있다. 마을총회는 어촌마을 최고의사결정기구로 품목변경 및 어장확대, 생산시기, 생산방법, 분배방식 등 모든 과정을 논의한다. 집단의 경우 해당지역 특성을 고려해 생산시기와 분배방식, 관리방안 등을 논의한다. 집단의 경우도 품목변경, 구성원 수 변경 등은 마을총회에서 결정되는 것이 일반적이다. 개인이 결정하는 경우, 어장은 '재산' 성격이 강한 배타적 소유에 준하는 형태로 생산시기와 생산량, 판매방식 등을 개인이 결정한다. 마을어장에서 생산한 수산물은 마을구성원(참여자)이 균등하게 나누는 공동분배, 능력에 따라 분배하는 '능력분배', 생산량을 정해 놓고 이를 초과할 경우 마을공동기금으로 회수하는 '제한분배', 마을결정이나 노동시간에 관계없이 필요할 때 능력껏 채취하는 '개별분배' 등으로 나눌 수 있다. 판매방식의 경우는 생산량 분배와 달리 자원을 개별 혹은 사적 점유하는 경우를 제외하고 공동판매한다.

〈표 3〉 어촌 마을어장 점유형태

유형	의사결정과정	어장분배	노동방식	채취량 분배	판매방식
공동점유a	마을총회(어촌	공동	공동노동	공동분배	공동
공동점유b	마을총회	공동	공동노동	능력채취	공동
공동점유c	마을총회	공동	공동노동	제한채취	공동
순환점유a	마을총회 / 그룹	순환 추첨	그룹노동	그룹공동분배	공동
순환점유b	개인	추첨	개별노동	개별분배	공동
사적점유	개인	고정	개별노동	개별분배	개별
개별점유	개인	고정	개별노동	개별소유	개별

1. 공동점유의 형태들

공동점유형은 공동점유 공동분배형(공동점유a), 공동점유 제한분배형(공동점유b), 공동점유 능력분배형(공동점유c) 등 세 가지의 유형으로 나눈다. 공동점유a형은 이용방식을 마을총회에서 결정하고 마을주민이 노동과정에 공동참여하며 생산량을 똑같이 나눈다. 자연산 돌미역이나 돌김 등 해조류가 많이 나는 전남 진도 조도(관매도, 가사도, 만재도), 신안(우이도, 흑산도), 여수(소리도, 안도), 완도(생일도), 경상도는 매물도, 충청도는 외연열도의 미역채취 어업관행이 이

유형에 해당된다. 이들 지역 중에는 소리도처럼 고령화가 심각해 채취관행이 사라지거나 가사도처럼 개인(외지인 포함)에게 채취권을 판매하는 형태도 나타나고 있다. 신안군 흑산면 우이도 돈목마을처럼 마을주민들이 여름철에 해조류를 공동채취 하여 공동분배하는 '뜸(돔)'이나 여수시 화양면 소리도 갱변어업이 이 경우에 해당된다. 순환점유형a의 마을이 인구감소, 어장가치(해조류 가격 하락), 고령화 등으로 공동점유a형으로 전환되기도 한다. 이러한 사례를 완도 생일도, 신안 우이도 등에서 확인되고 있다.

공동점유형b으로 충남 오천면 원산도의 바지락 채취관행을 들수 있다.[5] 이곳 바지락어장은 부녀회가 중심이 되어 개발한 김양식 대체어장이었다. 한때 주요 소득원이었던 김양식 어장이 인근 화력발전소 개발로 사라졌기 때문이다. 바지락 양식이 마을 소득원으로 자리 잡은 후 어장관리를 어촌계에서 '부녀회'로 바꾸었다.[6] 수산업법의 어장관리 권한은 어촌계에 있지만 원산도의 경우 마을 내에서 부녀회 권한으로 승인된 것이다. 제주도처럼 잠수회에서 가졌던 어장채취 등 관리 권한을 어촌계가 가져가는 경우는 있지만(조혜정, 1992), 원산도처럼 마을어장 관리가 부녀회로 이관하는 경우는 드물다. 마을별 부녀회는 '공동기금'을 만들어 연간 2~3차례 갯벌에 종패를 산포散布하고 어장을 관리하고 있다. 마을별로 월별 작업횟수, 일일 채취한도는 다르지만 가구별 1인 참여, 개인별 일일 채취한도량을 정하여 가구별로 균등한 소득분배를 지향하고 있다. 개인별 채취한도를 초과할 시 초과량은 부녀회 기금으로 제한다. 바지락 어장 경제적 가치가 높아짐에 따라 주민들은 어장운영을 둘러싼 공동규정을 만들고, 나아가 어장경계를 수립하는 등 어장을 둘러싼 공동체적 운영을 강화시켰다. 공동기금이 마련되자 마을별 부녀회는 주민총회를 통해 바지락 채취와 관련한 "마을규정"을 만들기도 했다. 이는 1990년대 중반 이후 바지락 공동어장의 경제적 가치가 높아지고, 부분적으로는 보령화력 측의 피해보상금 분배와 관련하여 주민(성원)의 범위를 명확하게 할 필요성 때문이었다. 마을에 이주한 외지인이 바지락 채취권을 얻기 위해서는 '5년 이상의 거주'와 '자가소유'의 조건을 충족해야 하며, 이 밖에도 따로 입회비를 내야한다.

> "… 진고지 마을의 갯벌은 처음에는 바지락이 많이 서식하지 않았다, 펄갯벌로 패류를 채취하기에 좋은 조건이 아니었다. 주민들은 동네회의를 통해 안면도 근처의 '상플'에 가서 바지선을 이용해 6-8회에 걸쳐 모래와 종패를 가져와 작업(객토)을 반복했다. 이렇게 조개 서식지를 만들었다. 처음에는 1가구 1인이 참여하여 지정한 날짜에 공동작업을 하여, 개인 능력껏 바지락을 캐고 전량全糧을 팔아 개인별로 똑같이 몫을 나누었다. 점차 개인당 채취량量을 제한했다. 채취량이 능력에 따라 다르기도 하고, 양도 자꾸 줄어들었기 때문이었다. 처음에는 1인당 40kg로 채취량을 제한하다가 2002년부터는 1인당 60kg로 채취량을 확대하였다. 진고지 마을갯벌은 지형이 높아 '사리', '조금' 때를 불문하고 바지락을 캘 수 있다. 2005년에는 한달에 7-10일 정도 작업을 했고, 그 전에는 15-16일 정도 채취를 했다. 진고지는 원산도의 다른 마을에 비해 바지락을 채취하는 연중 일수가 가장 많으며 가구당 채취량도 가장 많고 바지락으로 버는 돈도 가장 많다. 바지락 채취로 2004년 벌어들인 가구수입은 연간 2천만 원, 2005년에는 1천 6백만 원 정도다(희곤엄마, 54세)."[7]

공동점유형c 사례로 전남 함평군 함평읍 돌머리(석두리)의 석화 채취어업관행을 들 수 있다. 돌머리는 마을을 둘러싸고 마을 앞은 '앞개', 뒤는 '뒷개'라 부르는 마을어장이 있다. 돌머리 석화가 상품화된 것은 20여 년이 채 되지 않았다. 마을 앞까지 도로가 포장되어 접근성이 좋아지면서 본격화되었다. 1980년대 중반부터 작

은 마을어장에 돌을 집어넣어 석화양식장을 넓히고 관리를 시작
했다. 1990년대에는 호안도로가 개통이 되면서 접근성이 좋아지
면서 수요가 늘어나 김장철 등은 10여 일 전에 미리 예약을 해야
할 정도다. 이러한 마을어장을 관리하기 위해 돌머리는 '어장관리
인'을 두고 있다. 어촌계장 활동비를 지급하지 않아도 어장관리인
에게는 일 년에 200여만 원의 관리비를 준다. 어장관리인은 365일
갯벌을 살펴보고 외지인은 물론 주민들도 허락되지 않는 시기에
어장에 들어가는 것을 금하고 있다. 채취작업도 앞개와 뒷개로 나
누어서 보름(한 사리)씩 순회한다. 보통 물때에 따라 조금을 지나 5
일 정도는 석화작업을 중단하지만 가격이 좋아 공급이 부족하여
물때와 관계없이 작업을 하기도 한다.

이런 모든 일은 어촌계에서 결정한다. 주민들도 마음대로 갯벌
에 들어가 석화를 채취하거나 갯지렁이를 잡을 수 없다. 잡는 날
짜도 중단하는 날짜도 마을어촌계회의에서 결정한다. 어촌계에
가입하려면 10여년 정도는 마을에 살아야 하고 가입비를 마을에
내야 한다. 특히 갯벌과 어장은 소득과 관계가 있기 때문에 외지
인들에게 '마을사람'의 기회를 주는 일은 매우 드물다. 다만 마을
사람 중 결혼을 하여 분가하는 경우 가입비만 낸다면 갯벌을 이용
할 기회가 주어진다. 마을주민들 중 어촌계원들만이 갯벌을 이용
할 수 있다. 특히 석화 까는 일이나 갯지렁이 잡는 일은 호戶에 한
명만 할 수 있다. 갯지렁이의 주문물량이 많을 경우를 제외하고는
한 집에서 두 명이 나오는 일은 거의 없다. 석화작업은 작업능력
만큼 개인소득을 올리며, 갯지렁이는 주문량에 따라 작업을 원하
는 사람의 숫자로 동등하게 나누어 잡고 있다. 마을에서는 작업날
짜와 시간만 결정하고 작업량의 일정비율만 공동기금으로 제할

뿐이다. 작업 참여여부는 물론 작업시간도 개인이 결정한다. 판매
는 개별로 할 수 없으며 공동으로 해야 한다. 작업이 끝나면 어촌
계에서 채취량을 기록하고 1kg에 1-2천원의 어촌계기금을 거두고
있다. 마을공동기금은 적십자회비 등 마을 경비와 마을주차장 마
련 등 마을운영 비용으로 이용된다. 마을기금으로 제하는 돈은
2002년에 1kg에 5백 원이었지만 2003년 1천 원으로, 이후 2천 원
으로 인상하였다.

2. 순환점유형

순환점유형은 마을어장을 몇 개의 단위로 나누어 순환하며 이
용하는 형태다. 각 단위마다 생산량과 노동강도 등을 고려해 참여
자 수를 정한다. 순환형태가 집단인 경우와 개인인 경우에 따라
순환점유a와 순환점유b로 구분하였다. 순환점유a의 경우도 단위
별 참여자가 동등하고 어장비옥도가 비슷해 매년 추첨(주비, 제비, 뽑
기)을 통해 장소를 결정하는 경우와 순차적으로 순환하는 경우 등
이 있다. 순환점유형a는 자연산 미역이나 톳의 채취 어로관행에서
볼 수 있다. 경상남도 통영의 매물도, 전남 진도의 관매도, 신안
흑산도와 홍도, 충남의 외연도에 남아 있는 어로관행이다. 지역에
따라 '반', '뜸', '갱변'[8], '똠'의 명칭으로 부른다. 갱변이라 부르는
관매도의 미역채취관행을 살펴보자. 이곳 갱변에서 김, 세모, 가시
리, 미역, 톳, 듬북이, 파래 등을 채취할 수 있다. 관매리의 갱변은
'샛기너머', '어나기미', '목섬', '각흘도', '계림' 등으로 구분된다.
각 갱변의 생산성에 따라 성원의 수가 다르다. 갱변에 참여하는
것을 '짓을 든다'라고 한다. 갱변을 이렇게 다양하게 구분하는 것

은 그만큼 생산성이 높기 때문이다. 관매도 갱변은 접근성이 좋은 샛기너머와 각흘도 짓은 접근성이 좋아 나이가 있는 노인들이 작업을 하고, 목섬 등 멀리 나가야 하는 짓은 젊은 사람들이 작업을 한다. 갱변작업이 많은 벌이가 되지는 않지만 노인들의 생활비에 큰 몫을 하고 있다. 가끔씩 해초가 잘 붙도록 바위도 닦아주고, 마르지 않도록 물을 뿌려 몇 백만 원의 '생활비'를 얻고 있다. 어떤 측면에서는 사회안전망 역할을 하는 것이다. 관매도의 경우 갱변 성원이 고정되어 있지만 다른 짓으로 옮겨가고자 할 때는 마을규칙에 따라 일정한 금액(5만원)을 내야한다. 물론 옮기지 않고 같은 갱변을 이용할 경우는 가입금액을 내지 않아도 된다. 이는 일하기 편하고 생산량이 좋은 곳으로 사람들이 집중되는 것을 막기 위한 마을공동체의 규칙이다. 자연산 미역과 톳은 공동채취 공동분배 한다. 채취는 8월 여름에 많이 하는데 파도가 없고, 날이 좋은 날을 정해 작업을 한다.

순환점유형b로 전남 완도 일대의 초기 김 양식어장에서 볼 수 있다. 완도 신지면 동고리, 노화면 넙도리, 금당면 가학리, 고금면 척찬리와 항동리 등 김 양식을 많이 하는 마을에서 볼 수 있는 어장운영방식이다. 마을 성원만큼 어장지를 나누고 매년 추석 무렵 추첨을 하여 양식장을 결정한다. 이를 '주비뽑기'라고 한다. 주비뽑기를 하기 위해서 전년도 양식장의 시설들을 모두 정리해야 한다. 가을철에 양식시설을 하고 이듬해 봄철에 시설을 철거하기를 반복한다. 양식시설은 대부분 공동으로 하지만 양식장 관리와 채취는 개별적으로 이루어진다. 주비뽑기를 하는 날은 돼지를 잡기도 하고 음식을 장만해 마을잔치를 하기도 한다. 전남 완도군 약산면 어두리의 경우 이 무렵에 '갯제'라는 수산의례를 지내고 있다. 이 경우 어장의 순환주기는 일 년 단위였지만, 이후 3년, 5년, 10년 등으로 길어지고 있다. 일부지역에서는 순환주기를 없애고 사적점유형태로 전환되고 있다. 이러한 변화는 양식기술 발달, 양식규모 대형화, 어촌인구의 감소 및 양질노동력의 이촌, 수산물시장의 개방 등 다양한 요인에 의해 어장의 경제적 가치가 하락했기 때문이다.

3. 사적점유형

사적점유형은 김 양식지역에서 많이 나타나는 이용형태다. 김 양식 기술은 죽홍, 지주식망홍, 부류식 망홍 등으로 발전했다(김준, 2000). 죽홍은 1970년대 바닷물이 빠지면 갯벌이 드러나는 마을공동어장에 지주를 세우고 대나무를 쪼개 엮은 발을 매달아 양식을 했던 기술이다. 이후 그물망 기술과 인공포자가 가능해지면 더 깊은 바다로 양식공간이 확장되었다. 1980년대 채취와 가공방식이 기계화되면서 양식면적은 대규모화되었다. 죽홍시절 양식규모가 10-20여 척(한 척 40×2m)이었지만 최근 수백 척으로 확대되었다. 양식규모가 확대된 것은 기술발달 외에 어촌인구도 중요한 원인이다. 양식규모가 대형화되면서 투자자본이 많아져 매년 양식시설에 투자하기 어려운 조건도 생기면서 마을어장 이용형태가 공동점유와 순환점유에서 사적점유화 되고 있다. 전남 신안군 압해면 송공리 마을어장의 운영형태가 대표적인 사례다. 이 마을은 1980년대 중반까지 매년 양식 어장지를 추첨하여 분배하였다. 1990년 8월 어촌계 총회에서 매년 추첨하던 마을 어장지를 개인들이 같은 곳을 계속 이용할 수 있도록 사적점유화 시켰다. 이 과

정에서 일정한 금액을 마을공동체에 납부해야 한다. 이러한 현상
은 1990년대 후반 이후 해조류 양식지의 일반적인 현상이다. 어
장의 사적점유화는 그 동안 균등한 생산기회 제공이라는 공동체
적 성격보다는 생산성과 효율성이 강조된다.

4. 개별점유형

개별점유형은 마을어장이 사유화 되어가는 대표적인 사례다.
공공연하게 어장이 거래되고, 집과 함께 판매되는 것이 특징이다.
물론 마을에 거주하지 않는 외부인에게는 팔수 없으며, 좋은 어장
이 있는 마을은 그렇지 못한 마을보다 집값이 비싸다. 여수시 율
촌면 조화마을의 바지락 및 굴 양식장, 장흥 회천면 수문리(여다지),
고흥 남성리 굴양식과 바지락양식, 충남 태안군 안면읍 의항리 굴
양식 등을 들 수 있다. 장흥의 수문리는 200여 호가 넘는 수문리
와 70여 호의 율산 마을로 이루어져 있다. 마을 주민들은 가구별
로 같은 크기의 바지락 양식장을 가지고 있다. 목돈은 어렵지만
크고 작은 가계비용은 물론 손님맞이 반찬거리도 어장에 의존하
고 있다. 1970년대 초반 몇 명이 개별적으로 운영한 양식장을 '동
네 앞으로 되어 있는 갯벌을 개인 땅으로 하면 안 된다'며 마을
호ㅁ 수만큼 나누어 배분하였던 것이 계기가 되었다. 이 무렵은 우
리나라 양식어업이 본격적으로 시작되는 시점이며 면허체제가 본
격화되었던 시기다. 여수 율촌 사례는 수문리와 다르다. 수문리는
혼합갯벌로 바지락 서식에 좋은 환경이지만 율촌과 남성리 등 깊
은 곳은 허리까지 빠지는 펄갯벌이다. 이런 환경을 석화나 바지락
양식장으로 개선하기 위해서는 많은 돌과 모래를 집어넣어야 한

다. 이렇게 개인의 노력과 비용이 투입되는 경우 마을어장이지만 개별점유를 승인한다. 즉 개인 능력에 따라 어장면적의 크기가 다르며 모양도 다양하다.

어촌에서 호ᄆ는 매우 중요하다. 호가 있느냐, 없느냐는 갯벌이나 양식어장을 이용할 수 있느냐 없느냐를 결정하는 기준이 되기 때문이다. 호를 얻기 위해서는 먼저 결혼을 한 후, 분가를 해야 한다. 그 후 마을에서 정한 일정한 기간이 지나면 자격이 주어진다. 그 후 마을 주민들 전체가 모인 총회('대동계', '동계' 회의라고도 함)에서 호를 줄 것인지 결정한다. 이를 호를 든다하여 '입호ᄉᄆ'라고 했다. 입호가 결정되면 외지인인가 마을 주민인가, 장남인가 차남인가에 따라 차등적으로 정해진 입호금을 마을에 낸다. 공동어장이 발달한 어촌에서는 '호ᄆ'는 단순하게 집만을 의미하는 것이 아니라 갯벌이나 양식어장의 이용 권리까지 포함되는 경우가 많다. 이럴 경우에는 집의 가격은 어장의 가치에 따라 다르다.

Ⅳ. 갯벌생태의 변화와 적응

간척과 매립으로 갯벌이 사라지면서 어촌의 공동체적 기반이 무너지고 있지만 드물게 갯벌어장이 형성되는 경우도 있다. 외부적 요인이지만 국가에 의해 마을어장의 경계를 넘어 '자율관리어업'이 도입되어 운영하기도 한다. 이러한 변화된 형태에서 갯벌어장과 어촌공동체의 운영방식을 살펴보자.

1. 갯벌생태의 변화와 어민 적응

갯벌이나 바다에 기대어 사는 어민들은 해양생태의 변화에 매우 민감하며 기존의 삶의 방식을 변형해 적응한다. 그 사례를 충청남도 태안군 안면도 황도에서 찾을 수 있다. 이 마을은 1977년 '붕기풍어제' 전국민속예술경연대회에서 대통령상을 받아 알려진 마을이다. 행정리로는 한 마을이지만 이곳은 큰마을, 은거지, 집너머, 살마꿈, 진살미 등 다섯 개의 자연마을로 나뉘어 있다. 최근 이 섬은 주민들은 물론 외부자본이 유입 되어 많은 펜션이 지어지고 있다. 마을주민들은 섬을 떠나 도회지로 이동하고 도시의 자본이 들어와 숙박시설을 지어 관광객들을 유치하고 있다. 현재 황도에는 22개의 펜션이 있다. 이 중 주민이 운영하는 펜션이 6개, 나머지 16개는 외지인이 들어와 집을 짓고 운영하고 있다.

마을 앞은 작은 옥섬이 있고 동북쪽에 서산지구 방조제와 간월도가 위치해 있다. 황도는 천수만 복판에 위치해 있으며, 40여 년전까지 주민 대부분이 어업에 종사하는 '순수어촌'이었다. 특히 1960년대 중반에는 30여 척의 중선을 이용해 안강망어업으로 흥청댔던 마을이다. 그러나 점차 수입이 줄고 선원 구하기도 어려워 1995년을 끝으로 고기잡이 어업은 중단되었다. 1970년 천수만이 막히면서 황도사람들에게는 큰 변화가 찾아왔다. 서산 A지구와 B지구 간척사업으로 조류가 바뀌어 산란을 위해 천수만으로 들어오던 고기들이 오지 않았다. 대신 황도 주변의 바다 속 해초들은 펄 흙에 덮였다. 낚시꾼들도 발길을 끊었다. 조류소통이 막히자 김양식도 어려워졌다. 이 무렵 어민들은 새로운 생업방식으로 바지락 양식에 주목했다. 하나 둘씩 보이기 시작한 바지락은 1990년

초반부터 주요 생업으로 등장했다. 마지막 남은 황도 안강망 선주
들도 고기잡이를 포기하고 바지락 양식에 매달렸다. 당시 마을어
장에서 연간 20억 수입으로 호당 2-3천만 원의 소득을 올렸기 때
문이다. 선원난과 자금난에 허덕이며 잡히지 않는 고기를 찾아다
니는 안강망과 비교가 되지 않았다. 갯벌어장이 경제성이 있다는
것을 확인하자 그 동안 몇 명이 점유한 개별어장도 마을공동어장
으로 활용하기 위해 되찾았다. 당시 마을어장 찾기에는 법적분쟁
까지 다투며 주민 115명이 참여했다. 마을 주민들은 이를 '원표(주
식)'라고 인식하고 있으며 어장 '행사권'으로 행사하고 있다. 수협
조합원으로 가입한 가구는 모두 120명이지만 황도 마을어장에서
행사권을 갖는 사람은 원표를 갖고 있는 사람만 가능하다.[9] 외지
인들 중 마을에 들어와 원표를 구입한 사람은 6명이다. 이들은 기
존의 마을성원들로부터 원표를 구입했기 때문에 권리를 행사하고
있다. 이 경우는 마을어장 점유유형으로 본다면 공동점유형c에 해
당된다. 바지락 채취는 유통과정에 쉽게 부패할 우려가 있는 7월
과 추위에 노출되어 폐사 우려가 있는 겨울철을 피해 음력 2월부
터 11월 중순까지 작업을 한다. 채취시기와 양은 마을어촌계에서
결정한다. 총 120호 중 115호의 어촌계원이 참여하는데 가족 중
몇 명이 참여해도 되지만 가구당 생산량은 엄격하게 제한되어 있
다. 채취량은 상인의 요구량을 어촌계원의 수로 나누어 정하며,
초과한 경우에는 어촌계에서 공동관리한다. 황도의 경우 바지락
양식이 본격화되면서 어촌계를 조직하였다. 비법인어촌계가 조직
되면서 어장관리와 공동판매 등을 엄격하게 통제하고 있다.

2. 자율어업공동체

그 동안 마을어장은 국가나 지방자치단체가 관리해왔다. 이러한 타율적인 관리시스템이 어업자원의 남획, 과잉투자, 경쟁조업을 심화시켜 어업질서 문란을 초래했다. 이러한 문제점을 해소하기 위해 국가는 2000년 초반부터 일정범위 내 어장을 어민들 스스로 결정하여 사업을 추진하는 자율관리제도를 시행하고 있다. 이를 어장 및 자원을 자율적으로 관리하고 결과에 책임지는 자율관리어업 혹은 '자율어업공동체'라 한다. 자율관리어업은 어업인(어촌계, 수협, 자율어업주체)의 자율적인 합의로 결정한 자율관리규약 및 사업계획에 따라 실시하고 있다. 국가는 자율관리어업에 선정되면 공동체에 각종 자금을 우선 지원하고 있다. 2001년부터 시작된 자율어업은 2001년 63개소에서 2006년에는 445개소로 증가하였다. 정부는 2007년에는 550개소로 확대하고, 2011년에는 1,000개소, 2012년에는 전 어촌에 적용할 계획이다.

〈표 4〉 연도별 자율어업 참여현황

구 분	'01	'02	'03	'04	'05	'06	'07.6
공동체(개소)	63	79	122	174	308	445	544
(전년대비, %)	-	(25.4%)	(54.4%)	(42.6%)	(77.0%)	(44.5%)	(22.2%)
마을어업	32	35	61	92	159	233	283
양식어업	11	12	15	22	46	70	90
어선어업	8	19	29	34	52	71	90
복합어업	12	13	17	26	43	62	66
내수면어업	-	-	-	-	8	9	15
참여어업인(명)	5,107	6,575	10,765	15,469	24,805	33,921	40,671
공동체 평균(명)	81.1	83.2	88.2	88.9	80.5	76.2	74.8

출처: 해양수산부(2007)

자율어업으로 갯벌어업의 관리체계가 바뀐 대표적인 사례로 탄도만 낙지연승공동체를 들 수 있다. 전남 무안군은 함해만, 탄도만, 청계만으로 둘러싸여 있으며, 탄도만은 무안군의 해제면, 망운면, 운남면, 신안군의 압해면, 지도읍 섬과 반도가 둘러싸인 갯벌 지역이다. 특히 이 지역은 영산강 4단계 사업이 백지화 되어 간척과 매립의 위험에서 벗어난 곳이다.

<그림 1>처럼 무안반도를 사이에 두고 왼쪽 아래 탄도만과 위쪽 함해만이 위치해 있으며, 탄도는 탄도만 가운데 작은 섬이다. 이곳은 낙지는 물론 게, 파래, 굴, 고막, 감태 등이 많이 서식하고 있다. 이 지역의 대다수의 어민들은 봄과 가을 철 낙지연승(주낙)으로 높은 어업소득을 올리고 있다.

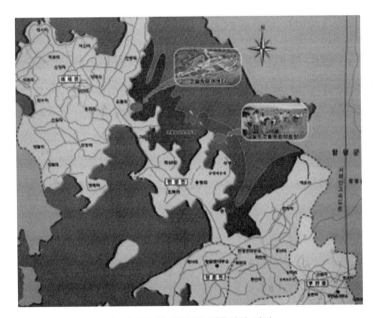

〈그림 1〉 무안탄도만 자율어업 지역

2003년 1월 결성한 무안군 탄도만 낙지연승공동체는 무안군내 13개 어촌계 180척의 어선이 참여해 1,470ha 어장에서 낙지연승(주낙)을 한다. 이곳의 갯벌은 여러 마을의 접경지역으로 이웃마을은 물론 지자체간에도 어업분쟁이 자주 발생하고 어업자원 남획으로 꼽히던 곳이다. 자율어업으로 마을어업간 분쟁을 극복하고 해안청소, 공동판매장 마련, 낙지영어조합 설립, 직판장을 설치하였다. 그리고 자원남획을 방지하기위해 금어기간을 정하고 저인망의 불법어업을 근절시켰다. 전라남도에서도 낙지의 지속적인 자원관리 및 회복을 위해 탄도만권 200ha(조금나루 남측 30ha, 범바위 북서측 30ha, 탄도북측 100ha, 홀통 남서측 40ha 등)를 '전라남도 보호수면 제1호'로 지정하였다. 자율어업공동체의 결성으로 불법어선 31척이 사라지고 어촌계별 어장관리선 13척을 건조해 관리하고 있다. 그리고 매년 '갯벌낙지큰잔치'를 추진하고 있다. 어가소득은 2002년 2,500만원에서 3,500만원으로 증가했으며, 낙지 생산량이 42톤에서 56톤으로 33% 증가했다. 그렇다고 자율어업에 문제점이 없는 것은 아니다. 자율어업공동체 내에 적극적인 지도자가 없는 경우 내부갈등으로 추진의 한계가 드러나고 있다. 그리고 자율관리활동보다는 정부의 지원에만 관심이 있는 경우가 많다. 갯벌은 육지의 논과 밭처럼 경계를 지어 관리할 수 없다. 지금까지 어장은 구획된 공간자체의 관리에만 관심을 가졌다. 자율어업은 어장 경계를 갯벌 생태와 생업권을 고려해 광역화하고 어민들 스스로 규약을 만들어 운영하고 있다. 그러나 여전히 공간적으로 구획될 수 없는 바다와 어장의 특징은 살리지 못하고 있다. 탄도자율어업의 경우 운남, 해제, 망운지역의 13개 어촌계로 제한되었다. 바로 인근에서 낙지연승어업을 하는 무안군의 청계, 신안군의 지도, 압해도의 어민들도 인근 지역에서 같은 어업활동을 하고 있다. 정부는 낙지 외에도 동해의 도루묵, 서해의 꽃게, 제주의 오분자기 등도 어업을 제한하는 보호수역으로 지정할 계획이다. 효율적인 어장관리를 위해서는 어장의 마을간 경계는 물론 지자체간 경계를 넘어 수역과 생활권을 고려해야 한다.

V. 결론

마을어장은 공유수면으로 국가로부터 점유권을 얻어 마을 내부의 규약에 따라 운영한다. 하지만 어장 점유형태와 운영방식은 지역의 어장환경과 사회경제적 차이에 따라 다양하게 변하고 있다. 본 연구에서는 마을어장을 의사결정과정, 생산과 분배, 판매방식을 고려하여 공동점유, 사적점유, 순환점유 등으로 구분하였다. 공동점유는 어장운영방식을 마을총회에서 결정해 공동노동, 공동분배, 공동판매 하는 방식이다. 이러한 유형은 대부분 서남해 먼 바다의 도서지역 조간대어업에서 나타난다. 즉 자연산 돌미역, 돌김, 톳 채취가 그 전형이며, 부분적으로 바지락 양식장에서도 나타나고 있다. 공동점유형은 노동과 분배방식에서 능력껏 일하고 똑같이 분배하는 유형(공동점유a), 능력껏 채취하는 유형(공동점유b), 똑같이 일하고 똑같이 분배하는 유형(공동점유c) 등이 있다. 이 경우는 어느 유형이든 마을공동체의 강력한 규제를 받으며, 외부인이 공동체에 진입하는 장벽이 매우 높다. 순환점유는 어장(자원)을 효율적이며 균등하게 생산 및 관리하기 위한 장치로 고안된 것이다. 마을어장을 생산성과 위치 등을 고려해 몇 개의 구역으로 나누고, 마을성원들도 이에 맞춰 나눈다. 추첨을 통해 집단별로 배정을 한 후 공동채취 공동분배 하는 유형이다. 이때 가장 고려해야 할 점은 생산성이다. 특정한 구역의 생산성이 높으면 어촌공동체는 분란에 휩싸이거나 자주 분쟁이 발생하기 때문이다. 어장은 규모가 비슷하더라도 조류나 수온 등이 달라 옆 구역인데도 생산성이 차이가 나는 경우가 많다. 이를 방지하는 장치가 '순환체제'다. 순환점유형 어촌마을의 인구감소, 노령화 등 사회적 요인에 의해 공동점유형으로 전환되고 있다. 순환점유형의 경우도 마을공동체에서 생산시기, 어장관리, 성원의 변화 등을 강하게 규제한다.

사적점유와 개별점유는 공동점유나 순환점유와 달리 어장관리 및 생산과정을 개인이 결정한다. 사적점유는 어장을 마을성원(혹은 어촌계원)의 숫자로 똑같이 나누어 추첨(주비뽑기, 제비뽑기라고 함)을 통해 분배한 후 개인소유처럼 이용하는 방식이다. 어장이 사적점유화되는 것은 인구 및 노동인력의 감소와 시설물 설치를 위해 투자한 자본의 규모가 커지면서 나타나고 있다. 개별점유는 어장 조성과정에서 개인의 노력과 자본이 투자되어 점유한 경우다. 마을어장이지만 개인의 투자비용을 마을공동체가 승인한다. 조간대 석화양식장, 바지락 양식장, 독살어업 등에서 볼 수 있다. 독살어업의 경우 돌을 이용해 물길을 막는 담을 쌓아야 하며, 석화양식장도 석산에서 돌을 깨서 바다에 집어넣어야 하기 때문에 많은 비용이 투입된다. 어장분쟁이나 조성과정에 참여한 사람들을 중심으로 어장을 균등분배한 후 개별점유하는 경우도 있다. 특히 장흥, 고흥, 여수 등 서남해역의 진흙 펄이 발달한 어장과 충남 지역의 독살어업에서 많이 나타난다. 마을공동체에서는 개인재산으로 인식하며 매매가 이루어지며 경우에 따라 비공식적인 문서가 작성되기도 한다. 개별점유는 마을공동체가 생산과정은 물론 비공식적인 거래에 전혀 개입을 할 수 없지만 사적점유는 제한된 범위에서 개입을 하고 있다.

<표 5> 마을어장 점유형태와 공동체성

유형	공동체 규제	생산품목
공동점유	규정 강력, 위반자 강력제재	자연산 미역·톳, 바지락, 전복 등
순환점유	집단간 이동 불가능, 성원규정 강력	자연산 미역·톳
사적점유	생산과정에 규제 않지만 자격양도 불가능, 자격박탈시 마을공동체 회수	바지락, 김
개별점유	양도 판매가 가능	바지락, 김

일제강점기 본격적으로 시작된 양식어업은 1970-80년대 크게 확산되었다. 이후 수출시장이 좁아지고, 반복된 양식과 생산성만 높이려는 어장 운영으로 생태환경이 노후화되고 있다. 여기에 어촌의 노동력감소와 노령화로 기존의 갯벌어장의 어업관행이 크게 변하고 있다. 이미 앞에서 살펴본 것처럼 어장의 운영은 공동체적 이용방식에서 사적이용을 넘어 개별소유 수준에 이르고 있다. 마을공동체에서 어장운영을 강력하게 규제하는 방식에서 마을 내에서 매매가 공공연히 이루어지기도 한다. 심지어 어촌을 떠난 후 지분을 갖고 어장시기에 마을에 들어와 몫을 배당 받기도 한다. 마을공동체의 경제적 기반이었던 조간대의 갯벌어장이 물권처럼 재산으로 변모하기도 한다. 반면에 새로 형성된 어장에서 마을공동체의 어장관리가 강화되거나 조직되는 곳도 있다. 이와 함께 최근 갯벌자원을 효율적이고 체계적으로 관리하려는 측면과 어촌체험이나 축제 등 관광자원으로 이용하려는 측면도 나타나고 있다.

갯벌어장이 여전히 행정적 경계에 묶여 효율적인 관리가 이루어지지 않고 있다. 그리고 어민들이 오랫동안 지속해온 생태지식을 간과한 채 관광자원만으로 접근하려는 측면도 있다.

갯벌과 바다 등 마을어장은 이제 생산과 생활의 공간을 넘어 새로운 문화적 가치로 재조명해야 할 시점에 이르렀다. 이미 습지보호구역으로 지정된 곳이 늘어나고 있고, 순천만과 무안 갯벌이 람사르습지로 지정되어 관리되고 있다. 많은 지자체들은 갯벌과 습지를 활용한 다양한 축제와 문화기획을 하고 있다. 마을어장의 현명하고 지속가능한 이용은 어민들의 생태지식과 생업방식에서 비롯되어야 한다.

Changes in Mudflat Use and Their Application to Fishing Village Communities

Joon Kim

Tidal flats have been filled in or reclaimed over the past few decades in connection with projects for development of national land and formation of farming areas or industrial complexes. Environmentalists have voiced their opposition to such projects, saying that tidal flats are precious habitats for marine wildlife and migratory birds.

They appear to pay no attention to the fact that tidal flats are sources of income for fishing households. Under the Ramsar Convention on Wetlands, coastal wetlands are areas with water including areas of marine water the depth of which at low tide does not exceed six meters. These areas are very important for fishing households. Most of them are engaged in the work of catching common octopuses, mullets and shrimps using long-line fishing or fixed shore net fishing methods or of growing green lavers, short-necked clams and oysters. Tidal flats are also places where people make sun-dried salt.

Fishing villages depend on their nearby tidal flats as their common income resource. Elderly people and women not able to work on fishing boats add to their household income by working on tidal flats. Thus, tidal flats should be preserved as important income sources for fishing villages, in addition to their significance for conservation of marine ecological systems.

Concerning how tidal flat fishing grounds are owned, they are jointly, alternately or privately owned. Under joint ownership, which is typical for a fishing community, villages take part in joint production and allocation of profit. Alternate ownership refers to a method of allocating resources equally by which groups of villagers take turns to use specific areas on an annual basis. Under private ownership, individual households are allowed to hold certain areas for an extended period of time in accordance with agreements made among villagers. This ownership is granted to those who have invested private capital and efforts for formation of a specific fishing ground. Private or individualized ownership is the current trend amid a decrease in the number of those engaged in fishing and the need for capital investment. In some cases in which a village attempts to regain its joint ownership of a fishing ground from an individual, consideration is given to such an individual's equity stake in the joint ownership based on the effort and capital poured in by him/her. There may be many other forms of owning fishing grounds near villages. Villagers agree to new rules concerning the use of resources when there is a new tidal flat formed near their villages.

1) 습지는 연안습지와 내륙습지로 구분한다. 내륙습지는 육지 또는 섬 안에 있는 호수 또는 늪과 하구 등을 말한다. 연안습지는 만조시 수위선과 땅이 만나는 선으로부터 간조시 물이 땅과 만나는 곳까지의 지역이다. 갯벌은 연안습지에 속한다. 람사협약은 '자연적이거나 인공적이거나, 계속해서 물이 고여 있는 곳이나 일시적으로 물이 고이거나, 또는 고여 있는 물과 흐르는 물, 민물이나 바다와 민물이 만나는 곳의 물, 바닷물을 구분하지 않고 늪 및 물이 있는 곳을 습지라고 하며 간조시에 수심이 6m가 넘지 않는 해역'도 포함된다. 습지의 공익적 기능은 다음과 같다. 첫째, 자연적으로 혹은 인간에 의해서 발생하는 오염물질을 걸러주는 정화작용을 한다. 우리 몸에 노폐물을 걸러주는 콩팥에 비유해서 습지를 '자연의 콩팥'이라고 한다. 둘째, 다양한 수생식물 및 조류, 어류, 포유류, 양서류, 파충류 등 각종 야생 동물들에게 살아가는 서식처를 제공한다. 습지를 효과적으로 보존하면 다양한 생물들을 동시에 보호할 수 있다. 셋째, 지하수는 강으로 흐르는 물이나 호수의 물을 공급하는 기능을 한다. 습지가 없어지면 강과 호수에 물이 부족하게 되고 결국 우리가 마실 물이 그 만큼 부족하게 된다. 넷째, 습지는 장마나 태풍 때 내리는 많은 비로 인해서 발생하는 홍수를 조절하는 역할을 한다. 홍수가 나더라도 강가의 습지나 마을 근처의 습지는 홍수로 불어난 물을 잠시 머물게 하여 홍수인한 피해를 줄이는데 큰 도움을 준다. 다섯째, 습지는 자연을 연구, 교육할 수 있는 장소로 또 놀이 오락공간으로 사용되고 있다. 이러한 습지의 가치 외에도 습지가 우리 인간에게 제공하는 경치는 사람들의 마음을 편안하게 하며 자연을 느끼는 공간이다.

2) 어장은 국가소유이며 마을에서 면허권을 얻어 마을주민들에게 이용권을 균등하게 분배해왔다. 최근 어촌인구가 감소하고 양식규모와 투자자본이 커지면서 양식시설에 대한 시설투자들이 늘어나고 있다. 이런 환경변화로 매년 혹은 정해진 기간(5년)마다 양식시설을 철거하고 재분배하던 방식에서 특정인이 동일한 공간에서 양식을 계속하는 형태로 이용방식이 바뀌고 있다. 이를 '사적점유화'라고 한다.

3) 개별소유는 배타적 소유권을 갖는다는 의미가 아니라 마을 내에서 재산권처럼 '판매'된다는 의미다.

4) 성원이란 마을어장의 생산과 분배 권리가 있는 주민을 말한다. 어촌계에 가입되어 있으며, 수협조합원인 경우가 '성원' 자격을 얻는다. 하지만 조합원에 가입되어 있지 않지만 관행적으로 마을어장(갯벌) 채취활동을 인

정하는 마을도 있다.

5) 원산도는 8개의 자연마을로 구성된 충청도에서 가장 큰 섬이다. 김 양식을 하며 일부 부지런한 여성들이 부업으로 바지락을 캐 '광천장'에 조개 젓으로 만들어 팔았다. 서산지구 간척과 보령화력발전소 건설로 김 양식이 어렵게 되자 대체 어업으로 앞 다투어 바지락 양식을 시작했다. 이 과정에서 한 때 갯벌환경이 변해 바지락이 사라지기도 했다. 부녀회를 중심으로 주민들이 안면도 일대에서 바지락 치패를 구입해 갯벌에 살포해 바지락 양식을 재개시키기도 했다. 원산도 8개의 자연마을은 다른 마을에 비해 부녀회가 매우 활발하다. 마을기금의 재원이 모두 부녀회의 바지락 작업에서 조성되며, 선주(남성) 중심의 용왕제도 부녀회 중심의 용왕제(조개부르기제)로 대체되었다. 뿐만 아니라 이장에 선출되기 위해서는 부녀회의 지원을 받지 않으면 어렵다. 바지락 양식은 관리가 다른 양식어업에 비해 쉽고 자금회전이 빨라 부담 없이 주민 모두가 참여하고 있다.

6) 저두, 구치, 점촌으로 구성된 원산 2리는 2004년 현재 바지락 소득은 10 억에 이르고 있다. 마을별 소득액은 '저두' 3억, '구치' 2억 5천, '점촌' 4억 5천만 원 수준에 달했다.

7) 충남대마을연구단(2006) 참조.

8) 관매도, 가사도 등 전남지역 어민들은 '갱본', '갱번'이라고도 부른다. 이는 강변, 해변처럼 갯가를 한자화한 이름으로 추측되며, '갱변'이라는 이름이 타당할 것으로 생각되어 본 논문에 인용했다.

9) 1996년 6월 마을에서는 개인양식장을 갖고 있는 어민들의 강력한 반발을 딛고 모두 공동양식장으로 흡수한 다음 어촌계에 가입한 115호의 계원들에게 120평씩 양식장을 분배해 주었다. 분배 방식도 폭 4m, 길이 100m로 나누어 추첨을 통해 분배하였다. 원표는 2004년 3,500만 원에 거래되기도 했다.

제4장
갯벌지역의 어로활동과 어로신앙

이 경 엽

I. 머리말

　근래 들어 갯벌이 지닌 가치를 새롭게 평가하는 경향이 일반화
되었다. 개발주의적 사고가 여전하지만 갯벌의 생태적 중요성을
주목하는 시각이 확대되고 있다. 하지만 갯벌에 대한 적극적인 인
식은 개발의 이면을 성찰하는 과정에서 뒤늦게서야 시작되었다.
간척과 매립 등으로 인해 갯벌이 사라지고 생태계의 시스템이 해
체되고 공동체가 붕괴되었다. 갯벌의 훼손과 더불어 수많은 자연
자원과 문화자원을 상실했고, 우리는 값비싼 대가를 지불하면서
갯벌의 중요성을 깨닫게 되었다.

　갯벌은 어업 생산 활동의 현장이다. 우리나라 서해안과 남해안
의 갯벌은 세계적인 갯벌로 꼽힐 만큼 특별하다. 해저의 경사도,
조수간만의 차이, 육상으로부터의 퇴적물 유입 등 갯벌 형성의 최
적의 조건을 갖추고 있다고 평가된다.[1] 이처럼 서해안의 남북과

남해안의 동서로 드넓게 발달한 갯벌은, 수많은 생물의 서식지이 자 다양한 어업문화를 낳고 전승해온 배경이 되었다.

갯벌은 바다이면서 땅이다. 갯벌은 육지와 해양이라는 거대한 두 생태계가 접하는 곳으로서 두 생태계의 완충작용뿐만 아니라 무수한 생물을 낳고 키우는 연안 생태계의 모태 역할을 하고 있 다. 또한 어민들이 오랜 동안 깃들어 살면서 삶을 영위해온 생활 터전이기도 하다. 갯벌에서 일구어온 어민들의 문화는 갯벌의 생 태와 떼어놓고 볼 수 없다. 갯벌이 조류의 변화에 따라 드러나고 감춰지는 공간적 특성을 지니고 있듯이, 그곳에서 생성된 갯벌문 화 역시 자연의 순환체계와 밀접한 관련을 맺고 있다. 어로도구와 기술은 갯벌 생태에 대한 경험적 적응과정을 담고 있다. 어민들은 갯벌을 생업의 터전으로 삼아 생활을 영위해왔으며, 어로활동을 통해 다양한 민속지식을 창출해왔고 그 과정에서 초자연적인 존 재와 소통하는 의례와 신앙을 만들어서 전승해왔다.

갯벌의 어로활동과 어로신앙은 갯벌문화의 특징적인 점들을 포 괄하고 있다. 어로활동과 어로신앙 속에는 갯벌을 이용하고 또 그 곳에 적응해온 어민들의 생활 방식이 고스란히 담겨 있다. 또한 갯벌 속에서 풍요를 일구고 꿈꾸어온 문화적 대응 방식이 어우러 져 있다. 어로활동은 경험적이고 생태적인 인식체계와 연관되고, 어로신앙은 종교적인 관념에 토대를 두고 있어서 서로 구분되지 만, 풍요를 기대하고 실천하는 행위라는 점에서 동질성이 있다. 이 글에서 어로신앙을 어로활동과 연관 지어 살펴보고자 하는 것 은 이런 이유에서다.

어로신앙漁撈信仰은 그 이름에서 보듯이 고기잡이와 떼어놓고 볼 수 없다. 갯제나 어장고사, 뱃고사 등은 별도의 종교 행위가 아니므로 전승 맥락을 염두에 두고 접근할 필요가 있다. 다른 분야도 마찬가지지만, 어로민속의 경우 특히 체계적인 연관성을 더욱 주목해야 한다. 예를 들어 어업노동요를 다룰 때에 노래 그 자체를 채록하고 자료화할 수 있지만, 그것에 그치면 한계에 봉착하게 된다. 조기잡이노래라면 조기잡이 방식과 관련지어 설명해야 지역별 차이나 연행내용의 차이, 영향 관계를 해명할 수 있게 된다.[2] 또 멸치잡이노래의 경우 지역에 따라 조금씩 차이를 보이는데 어로방식과 무관하게 채록된 자료로는 그 이유를 알 수 없다. 가거도, 거문도, 추자도의 뱃노래가 멸치잡이노래인데도 연행내용이 다른 것을 해명하기 위해서는 어로작업과의 연관성을 파악해야 한다. 이 글에서 갯벌어로와의 상관성 속에서 어로신앙의 특징을 다루고자 하는 이유가 여기에 있다.

기존 연구에서도 어로신앙을 다룬 성과가 있다. 최덕원·하효길[3] 등의 연구와 몇몇 보고서[4]들에서 도서해안지역에서 전승되는 민속신앙의 다양한 면모를 주목해왔다. 하지만 지금까지는 어로신앙 그 자체를 다루는 데 그쳤다. 어로활동과 어로신앙을 연결해서 접근한 연구는 거의 없었다. 어로신앙에 대해 개별 사례를 분석하는데 그치지 않고, 이론화하고 맥락화 하는 작업이 과제라고 할 수 있다. 여기서는 서남해지역을 중심으로 갯벌 어로의 생태와 어로력·의례력의 상관성을 살펴보고, 그 배경 속에서 어로신앙의 특징을 고찰하려고 한다.

Ⅱ. 갯벌 어로의 생태와 어로력·의례력의 상관성

전통적으로 서남해지역에서는 조수간만의 차이를 이용한 어업이 발달했다. 서남해의 전래 어구인 중선망中船網·해선망醢船網·주목망柱木網·죽방렴竹防簾·석방렴石防簾 등과 굴·바지락·고막·백합·낙지 등을 채취하기 위한 어구와 어법5)도 모두 이 지역 특유의 생태환경과 밀접한 관련이 있다.

어민들에게 가장 기본적이고 중요한 정보는 '물때'와 연관돼 있다. 일반인들에게 바다는 늘 비슷해 보이지만 어민들은 하루하루 시각마다 각각 다르게 인지하며, 바닷물의 변화에 따른 지식을 토대로 생업활동의 주기나 일정을 조절해간다. 어민들은 이것을 물때라고 부르며, 그것에 기초해 항해와 어로활동의 적절성을 가늠하고 있다.

〈표 1〉 서남해 어민들의 물때6)

날자(음력)	1 16	2 17	3 18	4 19	5 20	6 21	7 22	8 23	9 24	10 25	11 26	12 27	13 28	14 29	15 30
홍도	일곱물	야달물	아홉물	열물	첫객기	마지막객기	첫조금	마지막조금	무수	한물	두물	서물	너물	다섯물	여섯물
벌교	야달물	아홉물	열물	열한물	열두물	열서물	아침조금	한조금	한물	두물	서물	너물	다섯물	여섯물	일곱물

물때는 어민들의 생태적 시간에 해당한다.7) 물때는 어로의 적절성을 가늠하게 하는 어업력漁業曆의 기능을 한다. 어민들은 어로의

생태에 적응된 적절한 어로 기술과 도구를 개발하여 전승해왔으며, 거기에 맞춰 어로의 적절성을 부여하였다. 이런 점에서 물때라는 생태적 시간 개념은 해양 환경에 적응해온 도서문화의 본질적 차원이라고 할 수 있다.[8] 물때에 따라 적용되는 어로 활동의 성격과 그와 관련된 어로력·의례력의 상관성을 주목할 필요가 있다.

바닷물의 변화는 한 달에 두 번 15일 주기로 이루어지며, 보름과 그믐이 들어가는 주기를 구별해 각각 '보름시'와 '그믐시'로 구분한다. 또한 물의 이동과 변화의 정도를 세분화해서 '산짐'(다섯물 전후), '사리'(여덟물 전후), '걱기'(열한물 전후), '조금'(아침조금 전후)으로 나누기도 한다. 이 중에서 특히 사리와 조금은 각각 '물의 이동이 많고 물살이 센 기간', '물의 이동이 적고 물살이 약한 기간'으로 대별해서 설명되며, 물때를 가르는 중요한 표지로 해석된다.

먼저 물때와 어로 형태의 관계를 보면, 서남해에서 전승되고 있는 어로 형태를 물때 구간에 따라 대별해 보면 크게 두 가지로 설명할 수 있다. 먼저 사리를 중심으로 이뤄지는 어로는, 덤장·개막이·안강망·낭장망·주목망·어패류 채취 등이며, 조금을 중심으로 이뤄지는 어로는 주낙·유자망·해녀물질[잠수] 등이다. 조류의 흐름과 간만의 차를 이용한 어법은 전자에 해당되고, 그렇지 않은 것은 후자에 해당된다.

물때 주기와 어로방식의 관계는, 먼 바다 갯바위지역과 연근해 갯벌지역에서 약간의 차이를 보인다. 먼 바다에 위치한 흑산도·가거도·홍도 등지에서는 전통적으로 주낙 어로를 많이 해왔다. 최근 들어 유자망이나 낭장망이 퍼졌을 뿐 전통적인 망網 어업으로는 멸치를 잡는 '들망'이 있으며, 주력 어로 활동은 주낙이라고 할 수 있다. 흑산 일대에서는 주어종이라고 할 수 있는 등태·홍어·조

기·상어 등을 대부분 주낙으로 잡았다. 또한 해녀들이 물질을 해
서 전복·해삼·멍게 등을 채취하는 어로가 성했으며, 간조 시에 자
연산 미역을 채취하는 일도 주요 어로 활동에 속한다. 그런데 이
와 같은 어로 작업이 해조류 채취를 제외하고는 대부분 조금 때
이루어진다는 점이 특징이다. 주낙, 들망, 물질 등은 모두 조금 때
가 적기로 간주된다. 작업 시기의 적절성과 관련해 "사리 때는 물
이 세니까, (물이) 뜹뜹해서 안 뵈니까 (고기가) 깔 앉는다.", "조금에
물이 맑아야 고기가 뜬다."와 같은 표현들을 쓰는데, 사리보다 조
금 기간이 어로 작업의 적기라는 뜻으로 사용된다. 또한 조금 기
간을 세분화해서 '진조금'과 '씬조금'으로 구분하는데,9) 조금에
주낙, 물질과 같은 주력 어로활동이 이뤄지는 것과 관련 있는 것
으로 풀이된다. 이런 까닭에 연근해지역과 달리 조금에 대한 구체
적인 인지가 발달한 것으로 보인다.

　갯바위지역에서 조금이 강조되는 현상과 달리, 연근해지역에서
는 사리 기간에 어로 활동이 활발하게 이루어진다. 먼 바다 흑산
군도 일대에는 갯벌이 없고 조간대가 넓지 않다. 대신 수심이 깊
고 물이 맑기 때문에 물질이나 주낙 어로를 주로 해왔고, 이에 따
라 그 일을 하는 데 적합한 조금 무렵에 어로 활동을 집중해왔다.
그러나 연안의 갯벌지역에서는 조수간만의 차나 조류의 흐름을
이용해 덤장이나 독살, 중선망, 낭장, 어패류 채취, 해조류 양식 등
을 주로 해왔다. 그러므로 갯벌지역에서는 조금보다는 사리 무렵
에 활발한 어로 활동이 이루어졌다.

　갯벌지역에서는 갯벌의 생태에 적응된 갯벌 어로가 발달했다.
갯벌 어로란, 갯벌과 갯벌 지형에서 이루어지는 각종 어패류 채취
와 정치定置 어로활동(덤장·개막이·독살·죽방렴·주목망·해조류 양식 등)을

말한다. 이것은 모두 조수간만의 차를 이용한 어로활동이라고 할 수 있다. 이런 까닭에 연근해 갯벌지역의 어로활동은 조류 변화가 가장 심한 사리 기간에 집중되는 경향이 있다. 조금 무렵에 하는 유자망이나 주낙 등이 없는 것은 아니지만, 전체적으로 보아 사리 때의 어로가 차지하는 비중이 크다.

이런 이유에서인지, 연근해지역에서는 다른 날보다 서물[서무샛날]을 특별한 시기로 간주한다. 그것은 이날부터 물의 이동이 뚜렷하여 어로 활동이 본격화되기 때문이다. 조금 무렵의 작업이 있음에도 서물을 전후하여 고기잡이가 본격화된다고 여길 만큼 대부분의 어로 작업이 이 무렵에 시작된다.

또한 서물은 각종 뱃고사, 덤장고사, 낭장고사 등을 지내는 신성일神聖日이기도 하다. 어민들은 물이 '살아나기' 시작하는 서물을 어로의 시점으로 보고 이날 각종 고사를 지낸다. 이런 점에서 볼 때 서물은 어로력의 기점이자 각종 고사를 지내는 신성일인 셈이다.10) 물의 이동이 시작되어 어로가 본격화되는 시점에 풍어를 비는 의례도 베풀어지는 것이다. 물때라는 생태적 시간에 맞춰 어로와 의례가 긴밀한 상관관계를 맺고 있음을 볼 수 있다.

이상에서 살펴 본대로 사리 기간에 집중되는 어로 활동, 서물에 이루어지는 관행과 의례, 관념 등은 연근해 갯벌지역 어로민속의 특징적인 면모라고 할 수 있다. 그리고 이것은 드넓은 갯벌과 조수간만의 차를 이용한 어로 방식이란 점에서 갯벌 어로가 지닌 생태문화적 특징이라고 할 수 있다.

Ⅲ. 갯벌지역 어로신앙의 특징

갯벌지역의 어로신앙은 공동체 차원에서 전승되는 것도 있고, 개인 단위로 수행되는 것도 있다. 공동체 단위의 대표적인 의례로는 갯제가 있다. 갯제는 바다 제사라는 이름에서 보듯이 일반적인 동제보다 어로활동과의 관계가 더 긴밀하게 나타난다. 그리고 개인 단위의 의례는 각종 뱃고사와 어장고사를 들 수 있다. 어장고사는 어장의 형태와 종류에 따라 더 세분화 된다.

갯벌지역 어로신앙의 독특한 면모는 갯바위지역과 비교해보면 더 구체적으로 드러난다. 앞에서 본 대로 갯벌 어로는 갯바위지역의 그것과 구별되는 특징이 있다. 그러므로 그 논의의 연장선상에서 갯벌지역 어로신앙의 특징을 살펴보기로 한다.

1. 어로 종류별 의례의 대응

갯벌지역 어로신앙을 보면, 어로 종류마다 개별 의례들이 대응되고 있음을 볼 수 있다. 어로 종류별 의례의 대응 현상은 생산의례적인 특성과 관련 있다. 구체적인 사례는 정치定置 어로에서 찾을 수 있다. 갯벌지역에는 조수간만의 차를 이용해 고기를 잡는 정치 어로가 많이 있다. 독살, 덤장, 낭장, 이강망, 주목망 등이 그것인데, 각 어로마다 의례가 동반된다는 점이 특징이다. 정월에 거행되는 공동체의례는 생산 활동의 직접적인 상황을 반영하지 않는다. 또한 어패류 채취도 개별적인 의례를 동반하지는 않는다. 그리고 뱃고사나 뱃서낭도 어망漁網의 종류에 따라 의례가 달라지지는 않는다. 그런데 정치 어로의 경우 각기 종류에 따라 의례가 세분화되어 있다.

정치 어로에 동반되는 의례를 일괄해서 어장고사라고 부를 수 있다. 특정 구역에 어구를 설치하고, 그 어장에서 고사를 지내므로 어장고사라고 할 수 있다. 이 어장고사는 개별 어장과 관련된 의례라는 점에서 배에서 지내는 뱃고사와 구별된다. 그 사례로, 독살고사, 덤장고사, 이강망고사, 낭장고사, 김발고사 등이 있다.

완도 금당도의 사례를 몇 가지 살펴보기로 한다.[11] 금당도에서 덤장과 낭장은 멸치, 조기 등을 잡기 위한 정치망이며 수심이 얕은 해안가에 설치되었다. 지금은 사용하지 않는 어법이지만 과거에는 가장 보편적인 어로방식이었다. 주낙이나 문어단지처럼 어선을 이용한 고기잡이는 배에서 뱃고사를 지내지만, 덤장이나 어장고사는 어장이 설치된 해안가에서 지냈다. 어장 근처 언덕에서 서무샛날마다 그곳에 제물을 차려놓고 고사를 지냈다. 특히 낭장의 경우 물때에 맞춰 낭장망 그물을 투입하고 고사를 지냈다. 제물은 돼지머리와 나물, 보리범벅 등이다. 어장고사에서 빠지지 않고 준비하는 제물은 보리범벅인데, 그것을 바다에 뿌리는 이유는 '꼬순네 맡고 고기가 그물로 많이 들어오라고 하는 것'이라고 설명한다.

어로 종류별로 관련 의례가 수행되는 또 다른 사례로 주목망고사를 들 수 있다. 주목망[주벅]은 전라도에서도 일반적인 어로였으나[12] 이른 시기에 전승이 약화된 관계로 관련 보고가 없다. 충남 녹도의 사례를 보면,[13] 주목망고사는 시기에 따라 섣달 그믐고사, 정월의 범벅고사, 2월의 뱃고사, 주벅 설치 후의 그물고사, 풍어를 비는 유황제 등이 있다. 다른 정치망 어로와 마찬가지로, 주벅 어로도 고기가 그물 안에 저절로 들어오는 방식이므로 초자연적인 힘의 작용을 연상하기 마련인데 그 때문에 여러 종류의 고사가 있는 것으로 보인다. 주벅 고사는 조별 단위로 매년 바뀌는 배 임자에 의해 수행된다는 점이 특징이다. 이와 같은 고사의 수행 방식은 어로 방식과 통한다. 같은 어장에서 조별로 어로활동을 하고, '돌림 차례'로 배임자 역할을 바꿔가는 체계가 의례 수행에도 그대로 적용되고 있는 것이다. 어로 방식에 적응된 형태로 의례가 전승되고 있음을 잘 보여준다.

물론 이와 같은 현상이 갯벌지역에만 있는 것은 아니다. 갯바위 지역에서 수행되는 자연산 미역 채취어로에서도 유사한 생산의례를 볼 수 있다. 관매도에서는 자연산 미역 채취와 관련해 공동 어장인 '뜸'을 운영하는데, 뜸이라고 부르는 조별 공동체 단위로 정월 초에 갯바위를 닦아주고 미역 풍작을 비는 '갱번고사'를 지낸다.14) 갱번고사는 자연산 미역 생산과 관련해 특정된 의례다. 그렇지만 이런 사례가 갯벌지역에 비해 많지는 않다. 그러므로 갯바위지역의 특징적인 현상이라고 보기는 어렵다.

어로 종류별로 생산의례가 대응되는 현상은 갯벌지역에서 특징적으로 관찰된다. 갯벌지역의 어장고사는 다양하게 전승되고 있다. 이것은 조류의 이동과 물살의 세기를 이용해 고기를 잡는 어로작업의 원리와 의례의 수요가 상관있음을 보여준다. 어장고사에는 자연적 질서를 조절하는 초자연적인 존재와 원만한 관계를 유지하고, 그것을 토대로 풍어를 기원하고자 하는 심리가 반영돼 있다. 그리고 갯벌지역의 정치 어로작업이 대부분 개인 또는 집안 단위로 수행되는 것과도 상관이 있다. 그래서 각 상황마다 개별적으로 대응해온 것이라고 할 수 있다.

2. 갯제의 지속과 변화

앞에서 어로 종류별로 의례가 대응되고 있음을 살펴보았다. 그것이 공시적인 측면의 현상이라면, 통시적으로 본다면 지속과 변화의 문제로 정리해 볼 수 있다. 어로 방식의 변화에 따라 의례 전승도 영향을 받기 마련이다. 어로 종류별로 단순하게 대응되는 것만이 아닌, 지속과 변화를 보여준다. 갯제에서 그것을 잘 볼 수 있다.

갯제는 말 그대로 바다와의 특정한 관계를 보여주는 의례다. 갯제는 여러 가지 모습을 띠고 있다. 수사자와 무주고혼을 위로하는 의미도 있고, 액을 내치고 복을 불러들이는 의미도 있으며, 해산물의 풍작을 비는 의미도 있다. 그리고 그것이 서로 복합돼 있는 경우가 많다. 또한 명칭도 약간 차이가 있는데, 흑산군도(대둔도·가거도·홍도 등)에서는 둑제, 득제, 갯제라고 부르며, 완도·강진·장흥 등지에서는 갯제, 수제, 유황제 등으로 부른다. 갯제의 이런 다양성은 각 지역의 생태환경과 문화적 전통에 따른 것이므로 서로의 관계를 일일이 간추려 정리하기는 어렵다. 전승형태와 지역유형을 대별해보면서 전승맥락을 살펴보는 방법을 택하는 것이 적절하다.

갯제는 지역에 따라 당제 결합형과 별도 전승형으로 나눌 수 있다. 흑산 일대에서는 당제 결합형과 별도 전승형이 공존하고, 완도를 비롯한 연안지역에서는 정월과 음력 8월에 별도의 갯제가 각기 전승되고 있다.[15] 이런 현상은 갯제의 중요성을 말해준다. 정월의 포괄적인 의미로도 갯제를 지내고, 어로 활동 시기에 생산의례로도 등장하므로 그 비중이 남다르다고 할 수 있다.

갯제의 전승현황을 보면, 연안 갯벌지역에서 잘 전승되고 있음을 볼 수 있다. 완도·강진·장흥 등지에는 지금도 정월이나 8월 추분 무렵에 갯제를 지내는 마을이 많이 있다.16) 이들 지역은 갯벌어로가 활발한 지역이다. 그런데 단순히 갯벌지역이어서 갯제가 잘 전승된다고 보기는 어렵다. 연안지역 갯제 전승력의 배경이 무엇인지 살펴볼 필요가 있다.

특징적인 요소를 중심으로 논의를 풀어간다면, 현행 갯제의 전승력은 20세기 중반에 확산된 김 양식과 밀접한 관련이 있는 것으로 판단된다. 김발을 박는 추분 무렵에 갯제를 지내는 사례를 통해 김생산 주기와의 연관성을 볼 수 있다.17) 갯제와 김 양식과의 관련성은 축원의 내용에서도 알 수 있지만 연행 시기를 통해 그 맥락을 유추할 수 있다. 먼저 정월 갯제를 보기로 한다. 새로운 해가 시작되는 정월에 풍년과 풍어를 비는 당제 및 갯제가 연행되는 것은 특별한 사실이 아니다. 그런데 완도의 경우 그것이 각각 따로 존재하므로 특이하다. 완도에서는 당제가 섣달 그믐이나 정초에 집중해 있음에 비해 갯제는 보름에 주로 이루어진다. 이처럼 비슷한 시기에 두 개의 굵직한 공동체 의례가 별도로 존재한다는 사실은, 새로운 의례가 일정 시기에 새롭게 수용되었을 가능성을 말해준다.

완도·강진 등지의 갯제는 해조류 양식이 등장함에 따라 새로운 전승력을 얻게 된 것으로 추정된다. 완도에서의 상업적 양식의 전개는 김을 통해 설명할 수 있는데, 일제강점기로부터 시작되어 1950년대에 확산기를 지나 1960~1970년대에 이르러 최고의 호황을 누렸다.18) 이것은 약간의 시차가 있지만, 완도만이 아닌 인접지역에도 비슷하게 적용된다. 이처럼 해조류 양식이 지역 전반의 특징적인 어업 형태로 자리잡는 과정은, 갯제가 새로운 전승력을 확보하여 폭넓게 수용되는 배경이 되었을 것으로 본다.[19] 본격적인 산업화·도시화 이전 시기이므로 전통적인 방식으로 갯제의 수용과 변용이 가능했던 것으로 짐작된다. 이런 배경에 의해 다른 지역에 비해 완도·강진 등지에서 갯제가 비교적 활기차게 전승되는 것이라고 할 수 있다.

한편 과거의 갯제가 그대로 지속된 것이 현재의 양상은 아니다. 이전 시기 갯벌지역의 정치 어로와 관련해 전승되던 도깨비고사와 같은 의례가 새로운 어업 형태의 등장에 따라 새롭게 수용되었다고 볼 수 있다. 그리고 해조류 양식이 퍼지면서 갯제의 수요가 급속히 확산되는 과정에서 당제와 별도로, 또는 음력 8월의 갯제로 확립되어 전승된 것이 현행의 갯제라고 할 수 있다.

현행 갯제를 보면, '물아래 김서방' 또는 '진서방'을 불러 문답을 하고 해산물 풍작을 축원하며, 메밀범벅 또는 보리범벅을 바다에 뿌리는데, 이것은 이전 시기에 전승되던 도깨비고사의 흔적이라고 볼 수 있다. 서남해 일대에서 폭넓게 사용되던 독살·개막이·덤장 어로에서는 도깨비에게 풍어를 비는 고사를 지냈다. 도깨비는 갯벌에 설치된 독살이나 덤장에 고기를 몰아다주는 존재라고 설명된다.[20] '고기가 안 잡히자 도깨비가 좋아하는 메밀죽을 갯벌에 뿌려 고기를 잘 잡게 되었고, 그로부터 서무샛날이면 고사를 지내게 되었다'는 도깨비고사 유래담[21]에서 그것을 볼 수 있다. 또한 '독살에 고기 물 보러 갔다가 도깨비 만난 이야기', '그물에 걸린 고기를 도깨비가 먹어 버렸다는 이야기', '도깨비가 좋아하는 메일범벅을 뿌려주면 어장 그물 안으로 고기를 몰아준다는 이야기' 등[22]에서도 도깨비고사의 배경을 찾을 수 있다.

현행 갯제에 남아 있는 도깨비고사의 흔적은, 어로 방식의 변화와 관련된 의례적 대응 과정을 말해준다. 현행 갯제는 새롭게 등장한 어로 환경의 변화 속에서 새로운 전승력을 확보해서 전승되고 있지만, 재래의 내용을 일정 부분 담고 있다. 이것을 통해 갯제의 지속성과 변화를 볼 수 있다.

한편 김 양식이 현행 갯제의 지속적 전승에 중요한 영향을 미친 것은 분명하지만 그것에 국한되지는 않는다. 김 양식을 하지 않는 마을이나 어패류 채취를 많이 하는 마을에서도 갯제는 전승된다. 앞서 얘기한 김 양식이 어로활동 전반에 미친 지대한 영향에 의해 갯제가 새롭게 수용되었지만, 갯제가 지닌 포괄적 의미에 힘입어 외연을 확대하고 있고, 전승환경의 개별적 수요에 맞춰 전승되고 있음을 말해준다. 이런 현상은, 다른 지역 사례와 달리 얼마 전에 새로운 전승력을 확보해서 전승되고 있는 연안 갯벌지역 갯제의 특징적인 양상이라고 할 수 있다.

3. 여성의 주도적 참여

갯벌지역 어로신앙을 보면 여성들의 주도적 참여가 눈길을 모은다. 일반적으로 볼 때, 마을 공동체신앙은 남성들의 주관 하에 치러지는 경우가 많은 편이다. 물론 육지 쪽의 동제에서도 마지막 거릿제 부분에서는 여성들의 참여가 있긴 하지만, 그 정도가 도서·해안지역만큼은 못하다. 도서지역 마을신앙은, 남성 제관들이 주도하는 유교식 상당제와 남녀가 어우러지는 축제식 하당제로 구성돼 있는데 여성들의 역할이 내륙보다 확대된 양상을 보여준다.23) 그리고 단순한 참여만이 아니라 주도적으로 제의를 수행하는 경우도 있다. 특히 연안지역 갯제에서 그것을 볼 수 있다.

완도나 강진 둥지에서는 여성들이 갯제를 주도해서 지내는 마을들이 많이 있다. 대표적으로 다음 두 사례를 보기로 한다.

㈎ 30여년 전까지 정월 보름에 해제海祭를 지낼 때는 마을의 처녀들이 주관하여 제를 지냈다. 마을의 유복한 집에 들어가 오곡밥이나 김을 몰래 훔쳐 바가지에 넣어 가지고 바닷가로 나가 바닷물에 바가지를 띄우며, '곡식 잘 되라', '해우 잘 되라', '우리 동네 잘 되라' 등을 기원했다. 김 양식이 크게 성하게 된 이후부터 마을 어르신들의 주장으로 갯제를 추분 경에 지내게 되었다고 한다.(완도군 고금면 회룡리 회룡마을)[24]

㈏ 매년 정월 14일 저녁 7~8시경에 갯제를 거행한다. 예전에는 마을 처녀 20여명이 선창에서 지냈다고 하며, 지금은 30~50대의 부녀자들이 주관하고 있다. 마을 청년회관, 마을중앙, 선착장 등 세 곳에서 제의를 거행한다. 제의 절차를 보면, 짚 위에 진설하고 술을 올리고 재배하는 식으로 간단하게 진행된다. 제사 후에 제를 주관하는 사람이 바닷가에서 "물아래 김서방"하고 부르면 다른 사람이 "어이"라고 대답하고, 이어 마을 주민의 건강과 해난 사고 방지, 미역·김·톳 등의 해조류 풍작을 기원한다. 그리고는 제물 일부를 바다에 던져 헌식하고 풍물[농악]을 치고 놀면서 바다에 액을 띄워 보내는 '거렁지 띄우기'를 한다. '거렁지'란 짚을 갖고 배 모양으로 만든 것이며, 그 안에 참기름 불을 피운 작은 그릇과 약간의 제물을 담아 바다에 띄워 보내게 된다.[25](완도군 약산면 득암리 하득암)

두 마을에서는 여성들이 주관해서 정월 보름에 해산물의 풍작과 공동체의 안녕을 빌기 위해 갯제를 지낸다. 과거에는 처녀들이 도맡았으나 젊은 사람들이 도시로 빠져나가고 고령화되면서 지금은 부녀회에서 주관하고 있다. 약간 바뀌기는 했지만 여성들이 갯제를 지내는 전통이 지속되고 있음을 보여준다. 이와 비슷한 사례로, 완도군 고금면 봉명리 봉성마을, 완도군 약산면 해동리 당목마을, 강진군 저두리 하저마을, 강진군 신전면 사초리 등이 더 있다. 이것으로 보아 여성들의 참여가 특징적인 현상이라는 것을 확인할 수 있다.

　물론 모든 지역에서 갯제를 여성이 전담하는 것은 아니다. 남성이 주도하는 마을도 있고, 남녀 구분하지 않고 주민 모두가 참여하는 마을도 있다. 전승 주체를 여성으로 특정할 수는 없는 것이다. 하지만 동제의 경우 여성이 처음부터 끝가지 주도하는 사례가 없는데 비해 갯제는 여성이 주도하거나 남녀가 구분되지 않는 사례가 많다. 그러므로 일반 동제와 달리 여성 참여가 부각되는 것은 분명하다. 따라서 그 배경이 무엇인지 해명될 필요가 있다.

　갯제에 여성들의 참여가 부각되는 첫 번째 이유로, 어로활동 주체와 의례 주체의 동일성을 들 수 있다. 갯벌의 주요 어로활동인 어패류 채취를 여성들이 전담하고 있으므로 그런 활동의 연장선상에서 의례를 주도하는 것이라고 할 수 있다. 갯제가 일반 의례와 달리 생산의례적인 특성이 있으므로 그 연관성을 생각해볼 수 있다.

　두 번째는 여성의 생식력과 연관된 활동이라고 해석할 수 있다. 과거에는 처녀들이 갯제를 주도했다고 한다. 지금은 젊은 사람들이 대도시로 유출되어 그렇게 할 수 없지만 본래는 처녀들이 갯제에서 풍작을 빌고 주술적인 놀이들을 했다. 생식력이 왕성한 처녀의 여성성과 종교적 축원의 상관성을 유추해볼 수 있다.

　세 번째는 도깨비신앙과 여성의 관련성이다. 앞에서 본 대로 갯벌지역 어로신앙의 지속적 전통 중에 도깨비신앙이 있다. 도서해안지역에서는 도깨비가 해산물의 풍작을 가져다주는 존재라고 여기고 그에게 고사를 지내왔다. 그런데 흥미로운 점은 도깨비가 여자를 좋아하는 속성이 있다는 것이다. 도깨비는 노래도 잘하고 춤도 잘 추며 또한 여자를 좋아하는데, 특히 강한 호색성이 그 특징으로 꼽힌다.[26] 도깨비가 여자를 좋아한다고 여기는 의식과 여성

주체의 의례가 어떤 관련성이 있는지 분명하게 밝힐 수는 없지만, 도깨비를 달래 풍어를 비는 맥락에서 본다면 둘의 상관성을 배제할 수 없다. 더욱이 두 번째 이유로 제시한 여성의 생식력과도 무관하지 않으므로 일정한 관련성이 있는 것으로 해석할 수 있다.

갯제의 여성 주도와 남성 주도가 배타적인 관계에 있다고 보기는 어렵다. 각각의 경우가 공존하고, 남녀가 함께 어우러지는 사례 역시 많기 때문이다. 하지만 공동체신앙의 일반적인 양상에 비추어볼 때, 갯제에서 여성들의 주도적 참여가 부각되는 것은 특징적인 현상임에 분명하다. 여성들이 도맡아서 갯제를 지내는 사례가 적지 않다는 점을 주목해 볼 때, 그와 연관된 종교 전통의 배경을 간과할 수 없다. 어로활동 주체와 의례 주체의 동일성, 여성 생식력과의 관련성, 도깨비신앙과 여성의 관련성이 그 배경일 것이라고 해석된다.

4. 기풍의례적인 주술종교성

어로신앙은 다른 민속신앙과 다른 점이 몇 가지 있다. 일반 당제나 산신제는 엄격한 기준에 의해 선정된 제관들만이 참여하는 엄숙한 제의로 진행되는데 비해, 갯제는 남녀노소가 함께 참여하는 축제 형식으로 진행된다. 그리고 액을 내치고, 풍어를 비는 과정을 연극적인 방식으로 펼쳐간다. 이와 같은 주술종교적 연희성은 갯제 특유의 연행방식이라고 할 수 있다.

앞에서 갯제는 갯바위지역에도 있고 갯벌지역에도 있다고 했지만 약간 차이가 있다. 연행 시기뿐만 아니라 굿놀이의 내용과 방식이 다르다. 그것을 비교하기 위해 흑산면 수리의 사례와 장흥·

강진의 사례를 비교하기로 한다. 먼저 갯바위지역인 흑산도의 사례를 보기로 한다.

⑦ 수리 마을에서는 음력 정월 3일 자시에 상당제(당할머니·당할아버지), 산신제를 지내고 4일날 둑제[용왕제]를 지낸다. (중략) 4일 아침이 되면 집집마다 부녀자들이 제상을 이고 나와 해변에 내 놓는다. 제단 앞에는 용왕의 신체에 해당하는 허재비를 모셔 놓는다. 허재비는 짚으로 만들며, 크기는 1m, 가슴둘레는 0.5m 정도이다. 그리고 음식을 담을 수 있도록 입을 만들며 남근이 노출되도록 만든다. 또한 허재비를 먼 바다로 띄워 보낼 수 있는 작은 배를 만든다. 이렇게 만들어진 허재비는 용왕신의 신체를 의미하며, 마을의 모든 액을 가지고 바다 멀리 떠나는 존재이며 더불어 마을 사람들에게 건강과 풍요를 가져다 주는 존재로 여겨진다.

　갯제를 진행하는 제주는 입담 좋은 사람이 맡는다. 제주는 허재비와 자문 자답하는 형식으로 덕담을 하며 풍어와 복을 비는데, 그 문답의 사설이 익살스럽고 풍자적이어서 놀이판의 흥을 고조시킨다. 제주는 이 날만큼은 용왕님의 위력에 의탁하여 선주나 유지를 마음대로 부리고 골려주며, 용왕 앞에 나와 인사를 하게 하고 노자돈을 내게 한 뒤, 흑산 일대의 도장원이 되게 해달라고 빌어준다. 이처럼 허재비를 상대로 술을 권하고 음식을 주면서 대화를 하는 형식은 일종의 연극이기도 한데, 그것이 마을 사람들의 기대와 염원을 담아서 이루어지는 만큼 흥겨운 굿놀이로 펼쳐지게 된다.

　허재비를 상대로 한 놀이가 끝난 뒤에는 허재비를 배송하기 위해 이동한다. 이때 흥겨운 농악을 울리면서 술배소리를 부른다. 마을 사람들은 이 술배소리를 다 같이 부르면서 흥겹게 춤을 추며 이동한다. 허재비를 메고 동네를 돌다가 바닷가에 도착하면 작은 배를 바다에 띄우고 허재비를 싣는다. 그리고 액을 담아 먼 바다로 나아가도록 방주에다 술과 음식을 채우고 농악을 치며 수살막이 노래를 부른다. 이 때 제주는 "할아버지 이제 떠나셔야 하겠습니다. 모든 부정한 것, 액과 화를 가지고 멀리 가십시오 그리고 많은 복과 고기떼를 몰고 오십시오."라고 구축을 한다. 그리고 큰 배에 허재비를 실은 작은 배를 매달아 마을 앞 대섬 부근까지 끌고 나가 바다 멀리 띄워 보낸다.

(2003년 7월 21일 현지조사. 제보자:채길상(남, 82), 황정순(남,75))

수리 갯제에서는 허수아비(허재비)를 만들어 재담을 하고 술배소리를 부르며 놀다가 판자배에 실어 바다로 떠나보내는 '허수아비 배송' 의례를 거행한다. 허수아비를 매개로 바다 멀리 액을 보내고 풍어를 비는 과정이 핵심이라는 것을 알 수 있다.

한편 연안 갯벌지역 갯제는 ㈎와 비슷하면서도 다른 점이 있다. 연안지역 갯제의 특징적인 점은 '진서방'(도깨비)을 상대로 한 재담이 있고 해산물의 풍작을 축원하는 주술종교적인 놀이를 펼친다는 것이다. 장흥과 강진의 사례를 보기로 한다.

㈏ '웅달'에 도착하면 바위 앞에다 간단히 상을 차리고 술을 따른다. 이때 진서방을 두 명 정도 뽑아 진서방 역할을 하는 사람은 조금 떨어져 있는 바위 뒤에 가서 숨는다. 진서방은 바다의 신을 뜻하는데, 마을 사람 중에서 뽑아 진서방과 문답을 한다. 진서방을 향해 금년 풍어들게 해 달라는 하면, 진서방이 대답을 한다.

주민 : "진서방~"
진서방 : "어이~ "
주민 : "오늘은 대 보름날이오 날도 청명하고 좋은 이날 우리 마을에 연례적으로 내려오는 행사겠으나 부락에서 해나온 김발은 대풍년이 들 것이며 바다에 고기나 낙지도 다른 마을보다 더 많은 풍어를 해 주시고 바람은 불어때는 불어주시고, 바다에 나갈 때 아무사고 없이 한해를 무사하게 넘겨주시기를 용왕님께 빕니다. 알아들었소?"
진서방 : "어이~ "
주민 : "알아들었소?"
진서방 : "어이~"
주민 : "금년에는 낙지도 통발마다 이빠이 들고, 김도 파래하고 잘 되길 바랍니다. 용왕님"

진서방 부르기를 하고 사람들이 돌아오면, 음식을 옆 모래에 묻고 바다에는 뿌린다. 헌식을 한 후 음복을 한다. 예전에는 김 농사가 잘 되는 다른 마을의 갯벌을 떠와서 진서방을 부를 때 바다에 빠뜨리는 의식도 했다고 한다.

(2007년 3월 3일, 장흥군 회진면 새터골, 이윤선·조화영 조사)

(다)
주민 : "물아래 진서방~"
진서방 : "예~"
주민 : "굴이고 석화고 반지락이고 전애고 다 올르니라~ 고기고
전어고 낙지고 석화고 반지락이고 다 우리 동네로 올로세요~"
진서방 : "예~"
주민들 : 긁어라 긁어라/ 긁어라 긁어라 / 이쪽으로/ 꼬막도 긁으
고/ 반지락도 긁으고/ 굴도 긁으고/ 으 으   긁어라/
주민 : "어이 물아래 진서방~"
진서방 : "예~"
주민 : "석화고 반지락이고 꼬막이고 반지락이고 굴이고 석화고
돔이고 낙지고 다 올르소서~"
진서방 : "예~"
주민 : "오만 것 다 같이 오세요~"
진서방 : "예~"
(2007년 3월 3일 강진군 대구면 하저마을, 송기태 조사)

(나)와 (다)는 2007년 음력 정월 14일에 연행된 갯제의 실연 장면
이다. 제사를 지내고 난 후, 바위 뒤에 숨어 있는 진서방을 상대로
'진서방 부르기'를 하며 재담을 한다. 주민들은 진서방에 대해 바
다의 신 또는 용왕이라고도 말하며, 앞에서 말한 도깨비와 통하는
존재라고 설명한다. '진서방' 또는 '물아래 김참봉'은 어장으로 고
기떼를 몰아준다는 도깨비를 지칭한다.[27] 이런 진서방을 상대로
해산물의 풍작을 축원하는 것은 갯벌 어로 특유의 관념이 반영된
것이라고 할 수 있다. 갯벌 어로에서는 물이 들고 나는 순환에 따
라 어패류가 자라고, 설치된 어장에 고기가 저절로 들어오게 되는
데, 그것처럼 누군가 고기떼를 몰아다주는 것으로 여겼던 오래된
관념이 갯제 속에서 지속되고 있음을 보여준다.

㈐의 마을에서는 '진서방 부르기'를 한 후에 양손으로 해산물을 육지로 퍼 올리는 모의적 동작을 한다. 예전에는 빗자루나 갈퀴 등을 가지고 나와 해산물을 긁어모으는 시늉을 했다고 한다. 의례 현장에서 해산물을 채취하듯이 집단적으로 모의적인 동작을 한 것이다. 그리고 갯벌에 불을 피워놓고 강강술래 하듯이 원을 그리며 돌면서 반지락·꼬막이 풍년들게 해달라고 축원을 한다. 갯바위지역 갯제와 달리 풍어와 풍작을 비는 주술적인 놀이가 강화되어 있음을 보게 된다.

이상에서 본 대로 갯벌지역 갯제에서는 기풍의례적인 주술성을 볼 수 있다. 밀물 때 제사를 지내는 의례 시기부터 유감주술적인 원리에 따른 것이다. 바닷물이 밀려오는 밀물처럼 풍어가 이루어지고 복이 밀려오기를 바라는 의식이 반영돼 있다. '진서방 부르기'도 마찬가지로 들물 따라 해산물을 몰고 와주기를 바라는 축원을 담고 있다. 또한 과거에는 김 농사가 잘된 다른 마을 갯벌을 퍼다가 자기 마을 갯벌에 뿌리면서 '진서방 부르기'를 했는데, 그렇게 하면 풍요의 힘이 전파될 수 있다는 주술적 사고가 개입돼 있다. 그리고 빗자루나 갈퀴 등을 갖고 해산물을 육지로 퍼올리는 모의적 동작을 하는 것도 주술적 원리에 기초한 것이라고 할 수 있다.

Ⅳ. 맺음말

갯벌은 생산 활동의 현장이다. 어민들은 갯벌 속에 깃들어 살면서 다양한 민속지식을 창출해왔다. 어로 기술과 도구를 통해 갯벌

환경에 적응해왔으며, 그와 연계된 유무형의 토착지식을 전승해왔다. 그리고 갖가지 의례를 통해 초자연적인 존재와의 소통을 도모하고 풍어와 어로 안전을 축원해왔다.

갯벌 어로는 갯벌의 생태환경 조건을 그대로 수용하고 있다. 물때라는 생태적 시간은 어로의 적절성을 가늠하는 기준이 되며, 어민들은 그것에 맞춰 어로활동을 하고 의례를 수행한다. 생태적 시간과 어로력·의례력이 긴밀하게 연계돼 있음을 볼 수 있다.

갯벌지역 어로신앙의 특징은 갯바위지역과의 비교를 통해 더 구체적으로 드러난다. 네 가지를 들 수 있다. 첫째, 어로 종류별 의례의 대응을 볼 수 있다. 이것은 조수간만의 차를 이용해 고기를 잡는 갯벌 어로의 원리와 의례의 수요가 상관있음을 보여준다. 그리고 갯벌지역의 정치 어로작업이 대부분 개인 또는 집안 단위로 수행되는 것과도 관련이 있다. 그래서 각 상황마다 개별적으로 대응해온 것이라고 할 수 있다.

둘째, 갯제의 지속과 변화를 볼 수 있다. 현행 갯제에 남아 있는 도깨비고사의 흔적은, 어로 방식의 변화와 관련된 의례적 대응 과정을 보여준다. 현행 갯제는 해조류 양식이 등장한 이후에 새로운 전승력을 확보해서 전승되고 있지만, 재래의 내용을 일정 부분 담고 있다. 이것을 통해 갯제의 지속성과 변화를 볼 수 있다.

셋째, 여성의 주도적 참여를 볼 수 있다. 공동체신앙의 일반적인 양상에 비추어볼 때, 여성들이 갯제를 주도하는 것은 주목할 만한 현상이다. 어로활동 주체와 의례 주체의 동일성, 여성 생식력과의 관련성, 도깨비신앙과 여성의 관련성이 그 배경일 것이라고 해석된다.

넷째, 기풍의례적인 주술종교성이 두드러진다. 밀물에 제사를 지내고, 상황을 연출해서 풍어를 가져다준다고 여기는 도깨비(진서방, 김서방) 부르기 놀이를 하며, 김 농사가 잘 된 마을의 갯벌을 퍼다가 갯벌에 뿌리는 것은 주술적인 사고와 연관 있다. 그리고 갯제 직후에 해산물 채취 흉내를 내고 해산물을 육지로 퍼올리는 모의적 동작을 하는 것도 주술적 원리에 기초한 것이라고 할 수 있다.

The fishing Activities and Fishery Faith in Foreshore Regions

Kyung-Yeop Lee

Foreshore is the background which is the home for numerous creatures and which has given birth to various fishery culture and transmitted it. Fishing people have lived on foreshore and created various cultural knowledge. Fishing techniques and tools have allowed them to survive in foreshore regions and fishing people have transmitted native culture which is involved with them materially or immaterially. In addition, through various rituals, they attempted to communicate with the supernatural beings and wished for a heavy catch and safe fishery.

Foreshore fishery has accepted the ecological condition of foreshore just the way it has been. 'Multae'[28], a biological time, is the criterion to judge the appropriateness of fishery; fishing people catch fish in accordance with it and conduct rituals. We can observed that biological time, fishery timetable, and ritual timetable are closely related.

The characteristics of fishery faith in foreshore regions appear more concretely in comparison with the rocks on the sea shore region. There are more characteristics. Firstly, there is the correspondence among the rituals for each fishery. This shows the relation between the principle of foreshore fishery which uses the difference between the tide to catch fish and the demand for rituals. Also, fishery station work is conducted individually or in family has is related to it as well.

Secondly, there is the continuation and change of foreshore ceremony. The traces of goblin offering remnant in the current foreshore ceremony display the process of ritual correspondence which is related to the changes of the method. The current foreshore ceremony, after the emergence of seaweed farming, has gained new momentum and is being transmitted, containing some of the existing contents. Through this, the continuation and change of foreshore ceremony can be observed.

Thirdly, we can observe the active participation of woman. Observe the general aspects of community faith, it is quite remarkable that women lead the foreshore ceremony. For that, the identity of subject of fishery activities and the ceremony, the relation with the female productivity, and the relationship between the goblin faith and women can be given.

Finally, there is evident customary sorcery religiosity. It is related to the sorcery thinking: offering sacrifices to the tide, staging and performing the 'calling the goblin (Mr. Jin and Mr. Kim) which is considered to bring a heavy catch, spreading sand from the foreshore of the town which had a good seaweed harvest. In addition, performing the seafood catching after the foreshore ceremony and performing simulated motions to bring up seafood unto the earth can be said to be based on sorcery principles.

1) 우리나라 서해안은, 북유럽 북해해안, 캐나다 동부해안, 미국 동부 조지 아해안, 남미 아마존하구와 함께 세계 5대 갯벌의 하나로 거론된다. 최춘 일, 『경기만의 갯벌』, 경기문화재단, 2000, 17~21쪽.

2) 이경엽, 「서해안의 배치기소리와 조기잡이의 상관성」, 『한국민요학』 15 집, 한국민요학회, 2004, 232쪽.

3) 최덕원, 『다도해의 당제』, 학문사, 1990. 하효길, 「서해안지방 풍어제의 형태와 특성」, 『중앙민속학』, 중앙대 민속학연구소, 1991. 하효길, 『풍 어제무가』, 민속원, 2004.

4) 태안군·공주대박물관, 『황도붕기풍어제』, 1996. 이인화, 『안섬풍어제』, 신화, 2003. 국립민속박물관, 『어촌민속지』, 1996.

5) 곽유석, 「어업과 어로도구」, 『전라남도의 향토문화(하)』, 한국정신문화 연구원, 2002, 555쪽.

6) 지역에 따라 물때 날짜가 달라지는데, 신안·영광 등지의 서해안에서는 1일·16일이 일곱물인데 비해 강진·고흥·여수 등지에서는 여덟물(야달 물)로 인지되고 있다. '일곱물때식'과 '여덟물때식'으로 구분되는 것이 다. 이처럼 물때 날짜가 달라지는 분기점은 현지조사 결과 완도·생일도· 금당도인 것으로 파악된다.

7) 전경수, 「섬사람들의 풍속과 삶」, 『한국의 기층문화』, 한길사, 1987, 125~126쪽.
조경만, 「흑산사람들의 삶과 민간신앙」, 『도서문화』 6집, 목포대 도서문 화연구소, 1988, 142~144쪽.

8) 전경수, 위의 글, 102쪽.

9) 홍도 사람들은 조금을 '진조금'과 '씬조금'으로 구분해서 설명한다. 진조 금은 '물이 천천히 간다는 뜻'이라고 하며, 첫객기, 마지막객까지를 지칭 한다. 그리고 씬조금은 '조금이지만 물이 빨리간다'는 뜻이라고 하며, 무 수 지나서 한물·두물까지의 기간을 지칭한다.(2007년 9월 27일 고윤임 (여, 76), 최은열(여, 83) 등과 면담조사.)

10) 이경엽, 「서남해의 갯제와 용왕신앙」, 『한국민속학』 39, 한국민속학회, 2004, 226쪽.

11) 이경엽, 「금당 사람들의 삶과 민속신앙」, 『도서문화』 17집, 2001, 목포 대 도서문화연구소, 180~185쪽.

12) 곽유석, 앞의 글, 555쪽.

13) 이경엽, 「충남 녹도의 조기잡이와 어로신앙」, 『도서문화』 30집, 목포대

도서문화연구소, 2007, 65~68쪽.

14) 이경엽, 「관매도의 어로민속」, 『마을을 통해본 진도의 특성(1)』, 진도학회 춘계절례회, 2007, 71쪽.

15) 이경엽, 「서남해의 갯제와 용왕신앙」, 220쪽.

16) 완도 26개 마을, 강진 7개 마을, 장흥 4개 마을의 사례가 파악되었다.

17) 김 양식과 관련된 갯제의 생산의례적 성격에 대해서는 이경엽의 앞의 논문, 222~223쪽 참고.

18) 김준, 「어촌사회의 구조와 변동」, 전남대 박사학위논문, 2000, 72쪽.

19) 이경엽, 「서남해의 갯제와 용왕신앙」, 221쪽.

20) 김종대, 『도깨비를 둘러싼 민간신앙과 전설』, 인디북, 2004, 40쪽.

21) 해제면지 발간위원회, 『내고장 해제고을』, 1988, 272쪽.

22) 허경회·이준곤, 「압해도 설화자료」, 『도서문화』18집, 목포대 도서문화연구소, 2000, 435, 441, 451쪽.

23) 이경엽, 「서남해의 여성 주체의 신앙과 의례」, 『남도민속연구』, 남도민속학회,

24) 조경만 외, 앞의 글, 292-293쪽.

25) 조경만 외, 위의 글, 292-293쪽.

26) 문무병, 「제주도 도깨비당 연구」, 『탐라문화』10, 제주대 탐라문화연구소, 211쪽.

27) 김종대, 앞의 책, 39~40쪽.

28) A kind of catalog used by fishermen in relation to the movement of sea water.

제5장
서해바다 황금갯벌의 구비전승물과
해양정서

홍 순 일

I. 머리말

바다의 서해는 천혜天惠의 보고寶庫요, 문화文化의 기반基盤이다. 서해바다는 자연 중심 은혜의 보고이다. 서해바다는 갯벌을 보더라도 하늘이 베풀어준 은혜, 곧 자연의 은혜의 보고인 것이다. "만경강·동진강은 탯줄, 갯벌은 태반"이라고 표현하듯이[1] 갯벌의 생성·성장 과정과 그 단계는 한국과 세계의 사례에서 보듯이 지리인문에 기반하고, 고고역사·사회민속·언어문학을 흥성하게 하는 문화자원으로 자리매김된다. 그래서 인문학 중심의 문화활동기반이 되는 것이다. 서해 연안지역은 전세계적으로 매우 큰 조차潮差를 가지는 대조차大潮差 환경으로, 도처에 갯벌이 잘 발달되어 있다. 세계 5대 갯벌 중의 하나[2]라는 말은 이를 방증傍證하는 것이

다. 바닷물의 수평운동인 조류潮流는 조수潮水가 오르내릴 때 발생
하며, 조류는 토사를 운반하여 퇴적시키고 해안지형을 변화시켜
발달시킨다.[3] 갯벌은 말 그대로 '갯가의 넓고 평평하게 생긴 땅'
이지만 일반적으로는 조류潮流(潮汐流)로 운반되는 미사(silt)나 점토
(clay) 등의 미세입자가 파랑波浪의 작용을 적게 받는, 즉 파도가 잔
잔한 해안에 오랫동안 쌓여 생기는 평탄한 지형을 말하는 것이
다.[4]

　　그러나 서해바다의 가치는 중립적이다. 이 말은 어구漁具의 효
용이 사용자의 태도·지식·기술에서 달려있듯이, 서해 도서지역민
과 이와 함수관계에 있는 문화정책자와의 태도·지식·기술에서 좌
우된다는 것이다. 그렇다면 서해 도서지역의 구비전승물의 기능
을 환기하고, 해양정서의 의미를 부여하는 일은 조기를 가지고 했
던 것처럼, 도서·해양문화를 인식·실천하는 학계의 숙제가 아닐
수 없다.

　　따라서 서해 도서지역의 구비전승물과 해양정서를 살필 필요가
있다. 실제로 조기를 중심으로 조사 연구가 진행되었고, 갯벌 중
심은 진행 중이며, 소금·젓갈 중심은 예정되어 있다. 이와 관련된
논문은 다음과 같다.

① 김순갑, 「우리나라 대중가요에 나타난 해양정서」, 『해양문화연구』 제4
　　호, 1998.12, 131-173쪽.[5]
② 1999년 중점연구소 지원 사업 신청서 「서남해 도서·연안지역 무형문
　　화자원의 개발과 활용 방안 연구」, 『서남해 도서·연안지역 문화자원
　　개발과 지역 활성화 방안 연구』, 목포대 도서문화연구소, 1999.[6]
③ 이동근·한철환·엄선희, 「역사와 해양의식 - 해양의식의 체계적 함양방
　　안 연구 -」, 한국해양수산개발원, 2003.12.[7]
④ 2005년 중점연구소 지원 사업 신청서 「한국 도서·해양문화의 권역별
　　심화연구 - 무형문화자원 분야 -」, 『국가 해양력 강화를 위한 도서·해
　　양문화 심층연구』, 목포대 도서문화연구소, 2005.[8]

⑤ 홍순일, 「≪도서지역 민요≫와 문화관광 - <신안민요>·<완도민요>·
　<진도민요>를 중심으로 - 」, 『한국민요학』 17, 한국민요학회, 2005.12,
　311-355쪽. [재수록] 김기현·배인교·이경엽·이윤·문숙희·이성훈·이윤
　선·권오경·김인숙·홍순일, 『수산노동요연구』(한국민요학회 학술총서
　1), 민속원, 2006, 321-361쪽(참고문헌 370-373쪽) ; 나승만·신순호·조경
　만·이경엽·김준·홍순일, 『해양생태와 해양문화』, 경인문화사, 2007,
　287-333쪽9)

⑥ 홍순일, 「≪도서지역 민요≫와 민속문화정보」, 『한국민요학』 19, 한국
　민요학회, 2006.12, 275-313쪽.10)

⑦ 홍순일, 「서해 도서지역의 구비전승물과 해양정서 - 조기를 중심으로 - 」,
　『도서문화』 28, 목포대 도서문화연구소, 2006.12, 519-567쪽. [재수록]
　홍순일, 「칠산 조기잡이의 구비 전승과 해양정서」, 『서해와 조기』, 경
　인문화사, 2008.10.31, 199-241쪽(참고문헌 280-285쪽)11)

⑧ 홍순일, 「≪신안민요≫의 언어문학적 접근과 소리문화적 활용 - <지도
　민요>·<증도민요>·<임자도민요>를 중심으로 - 」, 『남도민속연구』
　14, 남도민속학회, 2007.06, 321-366쪽.12)

　우선 ①은 우리 가요에 담겨있는 이중적 해양정서, 즉 바다, 파
도로 대변되는 관념적이고 유희적인 정서와 부두, 항구 등으로 대
변되는 현실적이고 실제적 정서가 혼재되어 있음을 밝히고 있다.
　다음 위의 연구계획서 ②는 수집된 문화자원을 체계적으로 정
보화하고, 그것을, 지역활성화를 위한 문화자원으로 활용하는 방
안을 모색하기 위해, '문화는 문화자원(cultural resources)이라는 문
제의식', '섬과 바다에 사는 어민들의 시각으로 생활문화공간을
중시하는 관점', 그리고 '문화론적 지역활성화를 주제어로 하는
현장론적 학제간의 공동연구방법론'을 일관되게 적용시키고 있으
며, ④는 이러한 연장선상에서 진취성·개방성·다양성을 그 특징
으로 하는 해양문화는 21세기 문화시대가 지향하는 미래가치를
담고 있는 것으로 인정하고 있다.
　그 다음 ③은 해양의식의 본질과 특성 및 21세기의 정신으로
승화시켜야 할 해양의식13)을 규명하고, 그 함양방안을 본격적으

로 제시하고 있다.

한편 ⑤ 4장2절1항 '도서지역의 특성에 맞는 민요관광의 문화기획력 제고'에서, "관광지로서 도서지역을 부각시키는 동시에 이것의 특성, 즉 진취성·개방성·다양성을 맞추는, 민요관광의 문화기획력을 제고해야 한다"고 주장했다.

끝으로 ⑥에서, 민속의 자연적 적응성, 민속의 생태적 생명성, 민속의 진취적 의식성, 민속의 개방적 다양성 등으로 구분하여 살폈다(4장1절 '도서지역 민요의 일반성과 개별성' 106-108쪽). 특히 ⑦에서, 생명성을 기본으로 한 금력적 생태성과 권력적 생태성, 적응성을 바탕으로 한 정적 자연성과 비정적 자연성, 다양성을 토대로 한 완전적 개방성과 불완전적 개방성, 의식성을 기초로 한 선진적 진취성과 후퇴적[14] 진취성 등으로 구분하여 살폈고(3장2절 '서해 도서지역 구비전승물의 해양정서적 의미' 541-556쪽), ⑧에서, 위 ⑦의 방법으로 하되, 지역민의 생명성을 기본으로 한 문화적 생태성, 지역민의 적응성을 바탕으로 한 문화적 자연성, 지역민의 다양성을 토대로 한 문화적 개방성, 지역민의 의식성을 기초로 한 문화적 진취성 등으로 각각 표현하여 살폈다(3장2절 '≪신안민요≫의 언어문학적 접근방식' 336-346쪽).

그러나 ①과 ③은 해양과 관련된 가요나 국내외의 문헌자료(신화, 종교, 역사, 문화 등)를 주로 수집·분석한 것이다. 따라서 문헌자료에서 현지자료를 보완하고, 협의권역에서 광의권역으로 확장된 조사·연구를 해야 한다. 즉 서남해 도서·연안지역의 문화자원을 대상으로 문화론적 지역활성화를 목적한 ②④⑤와, 그 대상을 서남권에서 서해권, 남해 및 제주권, 동해권으로 확대한 ⑥⑦⑧의 연장선상에서 해양정서를 심층적으로 연구해야 한다. 특히 서해

권의 경우 해양·도서[섬]·연안과 강·들[평야]·산과의 연계 속에서
서해 도서지역민들의 구비전승에 나타난 해양정서를 주제어 '조
기'를 통해 살폈듯이[15] '갯벌'을 통해 드러내야 하겠다.[16] 그리고
소금·젓갈을 통한 작업은 다른 지면에서 기획되어야 하겠다.[17]

따라서 서해 도서지역민은 중립적 가치를 지닌 서해바다를 긍
정적인 가치로 실현해 나가야 한다. 필자는 구역의 주제별 접근을
함으로써, 한국 서해권 중심으로 갯벌과 관련된 도서·해양문화를
조사 연구하면서 '인문학의 실용학문행위'라는 관점에서, '현장의
현재적 상황'을 중시하는 동시에 구비전승물의 연행론적 공연행
위와 문화론적 지역활성화를 살폈다. 서남권 연구 성과물[18]과 대
비하는 동시에 추후 심층연구될 2단계 남해(제주)권과 3단계 동해
권 및 단계별 해외지역 연구의 기초를 쌓아온 것이다. 무엇보다도
중요한 것은 해양·도서[섬]·연안과 강·들[평야]·산을 연결하는 것
이다. 강을 통한 교류와 협력이 바로 그것이다. 장기의 지속적 가
능성을 보면서 '본질의 전략적 사고'를 하는 동시에 단기의 변화
적 현실성을 보면서 '현상의 전술적 표현'을 시도해 나가야 한다.

이에 본고[19]에서는 서해 갯벌지역의 구비전승물을 대상으로 서
해 도서지역민의 해양정서에 접근하고자 한다. 이를 위해 Ⅱ장에
서 서해 갯벌지역 민속문화정보와 구비전승물은 구역별, 주제별
로 구분하여 살피겠다. Ⅲ장에서 서해 갯벌지역 구비전승물의 해
양정서는 생태적 생명성, 자연적 적응성, 개방적 다양성, 진취적
의식성으로 나누어 인식하겠다. 그리고 Ⅳ장에서는 서해 갯벌지
역 구비전승물의 해양문화사적 의의를 적출摘出하겠다.

주자료는 주로 서해 갯벌의 구비전승과 관련하여, 인천 경기만
선재도 지역, 충남 도서지역(천수만) 황도, 전라권 도서지역 위도 등

세 구역을 중심으로 현지조사한 자료이고, 문헌조사자료도 참조하기로 한다. 용어에서 '서해바다'는 바다 중의 서해를 지시하는 표현이고,[20] '황금갯벌'은 갯벌의 역사성과 미래성을 진술하는 표현이다.[21] 그리고 '구비전승물'은 구술상 민요를 중심으로 설화(무속신화), 언어(토속인지어, 기억속신어, 민속구조어) 등으로 제한하고, 민속공동체, 구비연행자, 생애담과 연관시키기로 한다.[22] 또한 해양정서는 어떤 일을 경험하거나 생각할 때 해양·도서[섬]·연안을 대상으로 인식한 내용인 의식이 감정으로 표현된 것으로 간주하고, 강·들[평야]·산과 연관시키기로 한다.[23]

필자는 서해 갯벌지역민과 문화정책자들이 인문학의 기반 위에서 천혜의 보고요, 중립적 가치인 서해바다를 긍정적인 가치로 실현해 나가야 한다고 함으로써 이들의 갯벌의 개발과 활용에 대한 조사·연구 및 문화론적 지역활성화에 대한 태도·지식·기술 등의 변화를 기대하고 있다. 그 결과 서해 갯벌지역에서 뭇생명이 와서 죽었다고 보는 입장과 뭇생명이 와서 되돌아갔다고 보는 입장이 공존하는 현재적 상황에서, 서해 갯벌에 대한 장기지속과 단기변화 그리고 현재적 관계 등의 인식이 미래적 관계를 조정하는 힘이 될 것이라고 본다.

II. 민속문화정보와 구비전승물

여기 2장에서는 서해 갯벌지역 민속문화정보와 구비전승물을 규명하고자 한다.[24]

1. 구역별 민속문화정보와 구비전승물

하나는 구역별 민속문화정보와 구비전승물을 규명하는 것이다. 서해 갯벌지역민은 종합예술제의장에서 해양신격을 모심으로써 일생과 생산의 주기에 따른 의례를 거행할 뿐만 아니라 언어적 진술과 문학적 형상에 의한 미적 전유행위를 시도하고 있다. 그런데 서해 갯벌지역의 공통점은 뭇생명이 와서 죽었다고 보든, 와서 되돌아갔다고 보든, 서해 도서지역민이 지역의 시대적 상황에서 문화론적 갈등의 사고와 표현을 하고 있다는 점이다. 사고면에서 현장의 현재적 상황이 법률과 제도에 반영되기도 하고, 표현면에서 해양정서가 구비전승물에 변형되기도 한다. 반대로 법률과 제도로 인한 갈등이 구비전승물로 나타날 수 있다.

구비전승면에서 구역은 우선 인천 경기만 선재도 지역의 경우 선재도, 풍도, 대부도 상동마을 중에서 선재도(흑도)·영흥도·대부도를 중심으로 했고, 연평도와 백령도 등의 연평어장을 고려했다. 이와 관련된 자료는 후술하기로 한다.

다음 충남권 도서지역(천수만) 황도의 경우 안면도, 원산도, 격렬비열도 중에서 안면읍 황도를 중심으로 했고, 죽도어장을 고려했다. 이와 관련된 자료는 후술하기로 한다.

끝으로 전라권 도서지역 위도의 경우 고군산군도 및 위도 중에서 위도를 중심으로 했고, 법성포·위도 등의 칠산어장을 고려했다. 이와 관련된 자료는 후술하기로 한다.

요컨대 구비전승면에서 구역은 인천 경기만 선재도지역의 경우 선재도, 풍도, 대부도 상동마을 중에서 선재도(흑도)·영흥도·대부도를 중심으로 했고, 충남권 도서지역(천수만) 황도지역의 경우 안면도, 원산도, 격렬비열도 중에서 안면읍 황도를 중심으로 했고, 전라권 도서지역 위도지역의 경우 고군산군도 및 위도 중에서 위도를 중심으로 하고 있음을 알 수 있다.

2. 주제별 민속문화정보와 구비전승물

다른 하나는 주제별 민속문화정보와 구비전승물을 규명하는 것이다. 구비전승면에서 주제는 우선 서해 갯벌지역의 민속공동체 연구이다. 여기에는 갯벌어업자의 생애담, 노래공동체 연행자의 예능이야기 등에 대한 갯벌어로 생애담·연행자 연구가 있고, 바지락, 굴, 낙지의 선별·경매 등 갯벌어로물의 선별·경매 연구가 있다.

첫째 갯벌어업자의 생애담, 노래공동체 연행자의 예능이야기 등에 대한 갯벌어로 생애담·연행자 연구이다.

① 갯벌어업자의 생애담의 경우 위도의 서병진(남, 84)이다. (홍순일 조사, 서병진(남, 84)·서대석(남, 56) 제보, <조기, 파장금, 당>, 전북 부안군 위도면 치도리, 2006.06.02(금)22:45)

② 갯벌어로 생애담·연행자 연구이다. 노래공동체 연행자의 예능이야기 하나는 영흥도의 김매물(여, 69)이다. (이경엽·이윤선·홍순일·홍선기·조화영 조사, 김매물(여, 69) 외 황해굿 한뜻계 보존회원들 제보, <영흥풍어제(산맞이-뱃고사, 배치기)>, 인천광역시 옹진군 영흥면, 2007.03.02(금)-03(토)) 다른 하나는 황도의 김금화(여, 미상) 황도붕기풍어제와 강대성(남, 77)·이병순(여, 76) 배치기이다. 황도붕기풍어제는 홍순일 조사, 김금화(여, 미상) 외 제보, <황도붕기풍어제>, 충남 태안군 안면읍 황도리, 2006.01.30(월)-31(화)이고, 배치기는 홍순일 조사, 강대성(남,

77)·이병순(여, 76) 제보, <배치기>, 충남 태안군 안면읍 황도리, 2007.06.26(화) 10:47이다.

③위도의 띠뱃놀이다.

둘째 바지락, 굴, 낙지의 선별·경매 등 갯벌어로물의 선별·경매 연구이다. 특히 바지락, 굴, 낙지의 선별·경매 연구이다. 황도의 제보자들인데 바지락은 서막점(여, 80), 박중기(남, 58), 박현철(남, 47) 등이고, 굴은 김두화(여, 60), 김정자(여, 57), 이병순씨의 할머니(여, 75-76) 등이며, 낙지는 김두화(여, 60), 김정자(여, 57), 이병순씨의 할머니(여, 75-76), 양만래(여, 70) 등이다. (홍순일 조사, 박현철(남, 47)·조동호(남, 59) 제보, <공동학술조사의 사전조사 제보자 파악>, 충남 태안군 안면읍 황도리, 2007.06.15(금)16:52) 이와 관련된 자료는 후술하기로 한다.

다음 서해 갯벌지역의 민속언어 연구이다. 갯벌어로의 삶과 문화 관련 수수께끼, 속담 등 민속구조어 연구가 있고, 갯벌어로의 어법과 어구 관련 토속인지어, 기억속신어(금기어) 연구가 있다.

첫째 갯벌어로의 삶과 문화 관련 수수께끼, 속담 등 민속구조어 연구이다. "'진밥하고 물밥하고 같이 먹으면 눈에 진물 나는 식구를 맞이한다.' 그래서 하지 말라고." (홍순일 조사, 홍선기(남, 46) 제보, <속담>, 인천광역시 옹진군 영흥면 선재리, 2007.02.28(수))

둘째 갯벌어로의 어법과 어구 관련 토속인지어, 기억속신어(금기어) 연구이다.

①기후, 해류 및 조류, 물때, 파도, 바람의 종류 중 물때이다. (홍순일 조사, 김완규(남, 59)·오금자(여, 56) 제보, <물때>, 경기도 안산시 대부북동 1161-17(1층), 2007.02.27(화))

②'갯벌어장을 튼다'이다. (홍순일 조사, 김정환(남, 76, 33년생)·문인분(여, 76) 제보, <물때>, 경기도 안산시 대부북동 상동, 2007.02.27(화)) 이와 관련

된 자료는 후술하기로 한다.

끝으로 서해 갯벌지역의 민속문학 연구이다. 갯벌어로요(배치기) 등 어업노동요 연구가 있고, 갯벌어로제와 도깨비이야기, 임경업 장군이야기 등 서해 갯벌지역의 설화·무속무가 연구가 있다.

첫째 갯벌어로요(배치기) 등 어업노동요 연구이다.

① <배치기>이다. 서해 갯벌지역을 현지조사할 때 배치기가 제보된 곳을 소개하면 다음과 같다(번호는 참고문헌의 현지조사자료와 같음).

번호	일시	지역	조사자	제보자	제보내용	비고
1	2006. 01.30 -31	태안군 안면읍 황도리	홍순일	홍길용(남, 70), 김금화(여, 미상) 외 주민, 무녀들	황도붕기풍어제,	현지 조사
2	2006. 01.31. 13:30	서산시 부석면 창리	홍순일, 송기태, 한은선, 양나영, 이혜숙	아무개(여, 미상)	창리영신제	현지 조사
7	2007. 02.27 -28	인천광역시 옹진군 영흥면 선재3리	이경엽, 김준, 홍순일, 홍선기, 송기태, 한은선, 조화영, 조인경	손정종(남, 84)	<배치기>, 배목 수의 생애담, 속 신어(금기어)	현지 조사
8	2007. 02.28	경기도 안산시 단원구 선감동 717 안산어촌민속 전시관 중심	홍순일	[안내자] 김종선(남, 49)	어로요(<배치기>, <바디질 소리>, <노젓는 소리>, 굴 딸 때 부르는 소리)	현지 조사
9	2007. 03.02 -03	인천광역시 옹진군 영흥면	이경엽, 이윤선, 홍순일,	김매(여, 69) 외 황해굿 한뜻계 보존회원들	영흥풍어제(산맞이-뱃고사) 중 <배치기>	현지 조사

			홍선기, 조화영			
10	2007. 06.15	태안군 안면읍 황도리	홍순일	박현철(남, 47) 외 2명	제보자파악(<배 치기>)	현지 조사 (사전 조사)
12	2007. 06.26	태안군 안면읍 황도리	홍순일	강대성(남, 77), 이종래(남, 69) 외 2명	<배치기>, 황도 붕기풍어제 수상	현지 조사 (CD 자료)

②<바디질소리(인천 고기푸는 소리)>·<노젓는소리>·<굴딸
때 하는 소리> 등이다. (홍순일 조사, 김종선(남, 49) 외, <배치기·바디질 소
리·노젓는 소리·굴딸 때 하는 소리>, 경기도 안산시 단원구 선감동 717 안산어촌
민속전시관, 2007.02.28(수)15:20)

둘째 갯벌어로제, 도깨비이야기, 임경업장군이야기 등 서해 갯
벌지역의 설화·무속무가 연구이다.

①띠뱃놀이(위도, 섬 주민들)이다. (홍순일·최유미 조사, 백연기(여, 95) 제
보, <띠뱃놀이>, 부안군 위도면 대리, 2006.06.03.)

②황도붕기풍어제(황도, 섬주민들)이다.

③영흥풍어제(영흥도, 섬 주민들)이다. 이들과 관련된 자료는 후술
하기로 한다.

요컨대 구비전승면에서 주제는 서해 갯벌지역의 민속공동체 연
구인데, 갯벌어업자의 생애담, 노래공동체 연행자의 예능이야기
등에 대한 갯벌어로 생애담·연행자 연구가 있고, 바지락, 굴, 낙지
의 선별·경매 등 갯벌어로물의 선별·경매 연구가 있다. 서해 갯벌
지역의 민속언어 연구인데, 갯벌어로의 삶과 문화 관련 수수께끼,
속담 등 민속구조어 연구가 있고, 갯벌어로의 어법과 어구 관련
토속인지어, 기억속신어(금기어) 연구가 있다. 그리고 서해 갯벌지

역의 민속문학 연구인데 갯벌어로요(배치기) 등 어업노동요 연구가
있고, 갯벌어로제와 도깨비이야기, 임경업장군이야기 등 서해 갯
벌지역의 설화·무속무가 연구가 있다.

Ⅲ. 구비전승물의 해양정서

여기 3장에서는 서해 갯벌지역 구비전승물의 해양정서를 규명
하고자 한다. 서해 갯벌지역민은 종합예술제의장에서 해양신격을
모심으로써 일생과 생산의 주기에 따른 의례를 거행할 뿐만 아니
라 언어적 진술과 문학적 형상에 의한 미적 전유행위를 시도한다.
그 결과 민속적 관점에서 '지역민의 생명성을 기본으로 한 문화적
생태성', '지역민의 적응성을 바탕으로 한 문화적 자연성', '지역
민의 다양성을 토대로 한 문화적 개방성', '지역민의 의식성을 기
초로 한 문화적 진취성' 등 도서정신을 구현하기 위해 대상→본질
의 사고전략→인식→의식→현상의 표현전술→실천→정서와 관
련된 민속문화의 소통장치를 구축한다고 할 수 있다.

1. 생명성을 기본으로 한 생태성

서해 갯벌지역의 변화 속에서 지역민은 문화적 생태의 생명을
드러내고자 민속문화를 지속시키고 있다. 다시 말하면 '지역민은
생명성을 기본으로 하는 문화적 생태성'을 표현하는 것이다. 신앙
면에서 볼 때 풍어제의 개양할미[25]·임경업장군을 상상으로 신앙
하고 있다. 입을 닫는 행위를 통해, 신앙의 결절점結節點을 만든 것

이다. '물의 문화시대'[26]는 이와 같은 해양신격을 상상하는 맥락에 닿아 있다. 여기에서 신앙이 상상에 의해서 추동되고 있는 것이다.

이런 점에서 서해 갯벌지역 구비전승물의 해양정서로 내세울 수 있는 첫 번째는 생명성을 기본으로 한 생태성에서 추출되는 의미망이다. 들과 섬에서 생명을 지닌다는 일반성이 있다. 그러나 이 생명을 기본으로 한 생태성의 유무에서 차별성이 나타난다. 금력적 생태성과 권력적 생태성[27]이 바로 그것이다. 생태生態는 생물이 자연계에서 생활하고 있는 모습이다. 그런데 권력(power)은 물리력, 돈, 지식으로 구성되고, 사회변동은 이것의 이동(shift)이다.[28] '생태성의 기본인 인간의 생명'은 이와 같은 관점에서 바라볼 수 있고, 폭력, 부富, 지식의 정도에 따라 지역적 특징을 달리한다.

따라서 민속의 관점에서 '지역민의 생명성을 기본으로 한 문화적 생태성'을, 둘인 '생명성을 기본으로 한 금력적 생태성과 권력적 생태성'으로 구분한 것이다. '민속의 생태적 생명성'[29]에 관한 것이므로, 생명성은 일반성이고, 생태성은 개별성이다. 서해 도서지역민들은 구비전승물에서 섬의 생명성에 기본을 두고 바다와 연안을 오가는 생태적 삶을 잘 보여주기 때문이다. 섬의 경우 권력이 아니라 금력에 생명의 축을 두고 생태적 신앙의 관계를 형성해 나가는 것이다. 서해바다 황금갯벌에서 '도서지역민의 생명'이 던져주는 '생태의 의미'를 알 수 있는 것이다. 이 점은 현지조사 자료를 보면 분명해진다. 풍어제의 개양할미·임경업장군의 구비전승물에 대한 민중의 생명적 지역인식과 생태의 해양정서적 표현이 바로 그것이다.

▶구전에 의하면 "개양할미는 먼 옛날 당굴에서 나와 딸을 여덟 명

을 낳아서 칠산七山 바다 주변에 있는 당집에 나누어주고 자기는 막
내딸만 데리고, 이곳 수성당에 살면서 칠산바다를 총괄하고 있다고
한다. 또 개양할미는 신비한 능력을 갖추고 있으며, 키가 커서 굽 나
막신을 신고 칠산바다를 걸어 다니면서 깊은 곳은 메우고 물결이 거
센 곳은 잠재우며 다녔다"고 전한다.30)

▶ [이제까지 하셨던 임장군 이야기를 다시 한 번 해주세요] 동짓달
에 동짓마 부는날, 동짓달에는 마파람만 불어요. 그래서 동짓마 상
사 들어간다고 그랬어요. 중국 나라님의 아들인가, 뭐인가가 볼모로
잡혀간 것을 데리러 임경업 장군이 배타고 모시러 가다가 변도에 섰
다는 거죠. 서니까 선원들이 물 내삐리고, 반찬 내삐리고 그러니까
가시나무를 꽂고 조기가 걸리니까, 조기로 반찬하고 민물이 필요하
니까, 산새골에 와서 민물 가지고 이렇게 해서 갔다는 거여. 동짓마
불 때 들어갔다는 거죠.31)

▶ 내가 개맥이를 좀 했어요. 내가 건너 영암땅에다 막었단 말이요.
근디 아이 사람 눈에는 보이도 안헌디 이것이 뻘에서 발을 뽑아서
뽕뽕뽕 허고 가는 소리도 듣고, 아 그러고 이딱허먼 고기가 막 한번
에 막 몰려가는 소리가 꼭 비오는 소리같이 나는디, 똑깨비가 고기
를 그렇게 몬닥헙디다. 재수가 없으면 그물안에 든 고기도 다 몰아
내부러. 그래갖고 한번은 숭어가 그물안에 몽땅 많이 들었는디, 또
깨비가 몰아갖고 그물이 다 터져 부렀어. 한꺼번에 수대로 그렇게
몰아부니까. 그래갖고 숭어 시마리 이 못잡었어.32)

　위의 인용문은 풍어제의 개양할미·임경업장군을 상상으로 신
앙하는 것을 보여주는 예시문이다. 앞과 가운데의 것은 전형성典型
性을 지닌 개양할미와 임경업 장군에 관한 이야기이다. 특히 무장
적 반대급부로 출현한 임장군의 이야기가 남이, 유충렬, 양장군,
홍장군, 마장군, 조장군, 김유신 등처럼 제의, 노래, 낭송시 등에서
언제나 다시 반복33)되기 때문이다. 개양할미가 민중의 신화적 상
상력에 의해 여신의 반열에 오른 후 배의 키를 돕는 신으로 논리
화되고, 임경업 장군은 조기잡이를 돕는 신으로 논리화되는 것이
다. 뒤의 인용문은 전남 신안군 중도의 도깨비이야기34)와 인천광

역시 옹진군 선재도의 도깨비이야기[35]와는 달리, 고기잡이의 신으로까지 접근되고 있음을 보여준다. 신앙면에서 서해 도서지역의 개양할미와 임경업 장군과 관련된 민속문화정보로서 해양신격 중심의 어로문화를 자리매김하는 것이다. 이러한 양상은 다른 자료에서도 확인된다. 만신은 서해권 영흥도의 영흥풍어제의장에서 입을 닫는 행위를 한다.

▶ '입을 닫는다'[36]

위의 인용문은 '입을 닫는다'는 행위를 통해 민속문화정보를 밝히는 대목이다. 신격에 의해 강제되고 있기 때문이다. 이것은 들과 섬에서 생명을 지닌다는 일반성이 있다. 서해 갯벌지역민은 구비전승물을 통해 금력적 생태성을 표현한다. 섬의 생명성에 기본을 두고 바다와 연안을 오가는 생태적 삶을 잘 보여주고 있는 것이다. 여기에서 신앙의 상상을 통해서 개양할미·임경업 장군의 어로문화가 지닌 논리적 신격화를 볼 수 있다. 생태적 생명의 민속신앙면에서 풍어제의 개양할미·임경업장군을 상상으로 신앙하며, 입을 닫는 행위를 통해, 신앙의 매듭으로 단단하게 맺히기 때문이다.

따라서 생명성을 기본으로 한 생태성은 구비전승물을 형성하고, 해양정서를 표출하는 데에 의미망을 생성해 내는 것이다. 서해 도서지역민들의 구비전승물에서 생태적 생명성이라는 의미를 포착할 수 있는 것이다.

2. 적응성을 바탕으로 한 자연성

서해 갯벌지역의 변화 속에서 지역민은 문화적 자연의 적응을 드러내고자 민속문화를 지속시키고 있다. 다시 말하면 지역민은 적응성을 바탕으로 하는 문화적 자연성을 표현하는 것이다. 의례[37]면에서 볼 때 갯벌어로의 시작에서 의례를 거행하고 있다. 갯벌어장을 트는 행위를 통해, 생산의례의 결절점을 만든 것이다. 강과 바다의 문화교류사[38]는 이와 같은 역사적 추이에 있다. 여기에서 의례가 천하만사의 이행에 의해서 추동되고 있는 것이다.

이런 점에서 서해 갯벌지역 구비전승물의 해양정서로 내세울 수 있는 두 번째는 적응성을 바탕으로 한 자연성에서 추출되는 의미망이다. 들과 섬에서 생명체가 환경에 적응한다는 일반성이 있다. 그러나 적응성을 바탕으로 한 자연성의 유무에서 차별성이 나타난다. 정적 자연성과 비정적 자연성[39]이 바로 그것이다. 자연(自然)은 사람의 손에 의하지 않고서 존재하는 것이나 일어나는 현상. 산, 강, 바다, 동물, 식물, 비, 바람, 구름 따위이다. 그런데 인간의 정신활동은 '지성·감정·의지' 등에서 근본적인 기능이 있다. '자연성의 바탕인 인간의 적응'은 이와 같은 관점에서 바라볼 수 있고, 지·정·의의 정도에 따라 지역적 특징을 달리한다.

따라서 민속적 관점에서 '지역민의 적응성을 바탕으로 한 문화적 자연성'을, 둘인 '적응성을 바탕으로 한 정적 자연성과 비정적 자연성'으로 구분한 것이다. '민속의 자연적 적응성'[40]에 관한 것이므로, 생명성은 일반성이고, 생태성은 개별성이다. 서해 갯벌지역민들은 구비전승물에서 섬의 적응성에 바탕을 두고 바다와 연안을 오가는 자연적 삶을 잘 보여주기 때문이다. 섬의 비정非情이 아니라 정情에 적응의 축을 두고 자연적 의례의 관계를 형성해 나가는 것이다. 서해바다 황금갯벌에서 '도서지역민의 적응'이 던져

주는 '자연의 의미'를 알 수 있는 것이다. 이 점은 현지조사 자료를 보면 분명해진다. 갯벌어로의 구비전승물에 대한 도서민의 적응적 지역인식과 자연의 해양정서적 표현이 바로 그것이다.

> ▶ [갯물에서 바지락 하는 것은 어땠습니까?] 바지락 하는 것도 군 주민들이랑 같이 저희가 이제 기억은 60년대 말 이때까지만 해도 우리가 전국에서 가장 낙후되어 있는 섬이고 가장 소득이 적은 섬이었거든요. 그런데 75년도에 아마 여기가 부천시역 당시에 박정희 대통령이 표창장 받았어요. 그때는 여기가 양식 사업이 없었잖아요. 그리고 이제 계속 바지락을 그 상태에서만 바지락 채취를 했지. 그 어장을 더 넓혀나가는 일을 안했단 말이야. 그거를 이제 오성철씨 이분이 부천시역 당시 여기를 들어와서 조합장을 하시면서 그분이 그때 그 바지락을 몰려있는 바지락을 전 어장에다가 뿌린 거야. 그렇지 막 뿌려가지고 그 어장을 어마어마하게 만들었지.41)

위의 인용문은 갯벌어로를 보여주는 예시문이다. 의례면에서 서해 갯벌지역의 어장운영과 관련된 민속문화정보로서 갯벌어로의 어로문화를 자리매김하는 것이다. 이러한 양상은 다른 자료에서도 확인된다. 서해권의 선재도에서 '갯벌어장을 튼다'는 말이 있다.

> ▶ '갯벌어장을 튼다'42)
> ▶ [바지락은 언제 트는 겁니까?] 보통 3월 중순-10월 말까지 하는 거죠. 여름에 8월 산란기 때 금어기에만 빼고 계속 하는 거죠.43)

위의 인용문은 '갯벌어장을 튼다'는 언어적 진술을 통해 민속문화정보를 밝히는 대목이다. 이것은 들과 섬에서 생명체가 환경에 적응한다는 일반성이 있다. 서해 도서지역민은 구비전승물을 통해 정적 자연성을 표현하는 것이다. 섬의 적응성에 바탕을 두고 바다와 연안을 오가는 자연적 삶을 잘 보여주고 있는 것이다. 여기에서 갯벌어로의 의례를 통해서 갯벌어장을 운영하는 모습을 볼 수 있다. 자연적 적응의 민속의례면에서 갯벌어로를 시작하는 의례를 하며, 갯벌어장을 트는 행위를 통해 생산의례의 매듭을 단단히 매는 것이기 때문이다.

따라서 적응성을 바탕으로 한 자연성은 구비전승물을 형성하고, 해양정서를 표출하는데 의미망을 생성해 내는 것이다. 서해 도서지역민들의 구비전승물에서 자연적 적응성이라는 의미를 포착할 수 있는 것이다.

3. 다양성을 토대로 한 개방성

서해 갯벌지역의 변화 속에서 지역민은 문화적 개방의 다양을 드러내고자 민속문화를 지속시키고 있다. 다시 말하면 지역민은 다양성을 토대로 하는 문화적 개방성을 표현하는 것이다. 놀이면에서 볼 때 풍어제의 일환으로 배치기·띠뱃놀이를 한다. 시가무詩歌舞[44)로 푸는 행위를 통해 놀이의 결절점을 만든 것이다. 동아지중해와 관련된 교류와 수용은 이와 같은 공동체성의 회복에서 가능한 것이다. 여기에서 놀이가 언어에 의해서 추동되고 있는 것이다.

이런 점에서 서해 갯벌지역 구비전승물의 해양정서로 내세울 수 있는 세 번째는 다양성을 토대로 한 개방성에서 추출되는 의미망이다. 들과 섬에서 생명체가 적응하면서 다양성을 중시한다는 일반성이 있다. 그러나 다양성을 토대로 한 개방성의 여부에서 차별성이 나타난다. 완전적 개방성과 불완전적 개방성[45)이 바로 그것이다. 개방開放은 금하던 것을 풀고 열어 놓는 것이다. 그런데 완

전은 필요한 것이 모두 갖추어져 있어서 부족함이나 흠이 없는 것
이다. '개방성의 토대인 인간의 다양'은 이와 같은 관점에서 바라
볼 수 있고, 불완전·완전의 정도에 따라 지역적 특징을 달리한다.

따라서 민속적 관점에서 '지역민의 다양성을 토대로 한 문화적
개방성'을, 둘인 '다양성을 토대로 한 완전적 개방성과 불완전적
개방성'으로 구분한 것이다. '민속의 개방적 다양성'[46)에 관한 것
이므로, 다양성은 일반성이고, 개방성은 개별성이다. 서해 도서지
역민들은 구비전승물에서 섬의 다양성에 토대를 두고 바다와 연
안을 오가는 개방적 삶을 잘 보여주기 때문이다. 섬의 불완전이
아니라 완전에 다양의 축을 두고 개방적 놀이의 관계를 형성해 나
가는 것이다. 서해바다 황금갯벌에서 '도서지역민의 다양'이 던져
주는 '개방의 의미'를 알 수 있는 것이다. 이 점은 현지조사 자료
를 보면 분명해진다. 풍어제의 일환인 배치기·띠뱃놀이의 구비전
승물에 대한 도서민의 다양한 지역인식과 개방의 해양정서적 표
현이 바로 그것이다.

> ▶ Ⅰ. 2007년 3월 2일 금요일(음력1.13) 영흥풍어제 첫째날: 1. 산맞이
> →2. 일월상산맞이→2.1. 기념식→3. 상산맞이→4. 감흥굿→5. 영산대
> 감→6. 대감청배→6.1. 만신과 주민들의 악무→7. 칠성거리→7.1. 만
> 신과 선주들의 악무→8. 성주거리→9. 타살거리→9.1. 풍물굿패 삶터
> (만신 대신)와 부녀회원들의 악무→47)

> ▶ [대리에 그 띠뱃놀이 하죠? 지금도 하구요?] 띠뱃놀이 잘 허제, 응.
> 띠뱃놀이 굿 보러 다닐 사람들이 얼마나 많다고. 치두쇠 너메 김말
> 소에다. 띠뱃놀이 굿 보러.48)

위의 인용문은 놀이의 언어를 통한, 어로문화권 구성원의 교류
확대를 보여주는 예시문이다. 앞 밑줄친 부분에서 영흥풍어제의

진행상 만신과 굿판을 만들어나가는 도움이 풍물굿 삶터, 주민들, 선주들, 부녀회원들을 볼 수 있고, 뒤 밑줄친 부분은 활력있는 민속종합제의장을 만들어 나가는 주민들을 볼 수 있기 때문이다. 놀이면에서 서해 도서지역 풍어제의 배치기는 띠뱃놀이와 함께 민속문화정보로서 갯벌의 어로문화를 자리매김하는 것이다.

이러한 양상은 다른 자료에서도 확인된다. 서해권의 풍어제의장에 '배치기 소리'가 있다.

> ▶ Ⅱ. 2007년 3월 3일 토요일(음력1.14) 영흥풍어제 둘째날: <u>9.2. 만신들과 악사들의 배치기소리</u>→10. 영정물림→11. 대감굿→12. 뱅인영감굿→13. 세준이 오삼춘→14. 수왕 길 갈르기→15. 비수거리→16. 갱변굿→17. 뱃고사⁴⁹⁾

위의 인용문은 '소리로 푼다'는 언어적 진술을 통해 민속문화정보를 밝히는 대목이다. 배치기 등 시가무詩歌舞로 푸는 것이다. 밑줄친 부분은 위 영흥풍어제 전날과는 다른 양상으로 만신들과 악사들이 배치기 소리로 손발을 맞추고 있기 때문이다. 이것은 들과 섬에서 생명체가 적응하면서 다양성을 중시한다는 일반성이 있다. 서해 도서지역민은 구비전승물을 통해 완전적 개방성을 표현하는 것이다. 섬의 다양성에 토대를 두고 바다와 연안을 오가는 개방적 삶을 잘 보여주고 있는 것이다. 여기에서 놀이의 언어를 통해서 어로문화권 구성원의 교류 확대를 볼 수 있다. 개방적 다양의 민속놀이면에서 풍어제의 배치기·띠뱃놀이에서, 시가무詩歌舞로 푸는 행위를 통해 놀이의 매듭을 단단하게 맺어가기 때문이다.

따라서 다양성을 토대로 한 개방성은 구비전승물을 형성하고, 해양정서를 표출하는데 의미망을 생성해 내는 것이다. 서해 도서지역민들의 구비전승물에서 개방적 다양성이라는 의미를 포착할 수 있는 것이다.

4. 의식성을 기초로 한 진취성

서해 갯벌지역의 변화 속에서 지역민은 문화적 진취의 의식을 드러내고자 민속문화를 지속시키고 있다. 다시 말하면 지역민은 의식성을 기초로 하는 문화적 진취성을 표현하고 있는 것이다. 노동면에서 볼 때 새벽·오후에 기후, 해류 및 조류, 물때, 파도, 바람의 종류 등을 보고 갯벌어로를 한다. 소리를 하는 행위를 통해 노동의 결절점을 만든 것이다. <배치기>, <바디질소리>, <노젓는 소리>, 갯벌어로요(<굴딸 때 하는 소리>) 등 어업노동요의 소리 정신 구현과 생태환경에 대한 인지체계[50]의 구축은 이와 같은 맥락에서 가능한 것이다. 여기에서 노동이 소리에 의해서 추동되고 있는 것이다.

이런 점에서 서해 갯벌지역 구비전승물의 해양정서로 내세울 수 있는 네 번째는 의식성을 기초로 한 진취성에서 추출되는 의미망이다. 들과 섬에서 생명체가 적응하면서 다양성을 중시하되 의식물을 추구한다는 일반성이 있다. 그러나 의식성을 기초로 한 진취성의 여부에서 차별성이 나타난다. 전진적 진취성과 후진적 진취성[51]이 바로 그것이다. 진취進取는 관습에 사로잡힘이 없이 스스로 나아가서 새로운 일을 하는 것이다. 그런데 후진은 사회나 관계 따위에 뒤늦게 나아가는 것이다. '진취성의 기초인 인간의 의식'은 이와 같은 관점에서 바라볼 수 있고, 전진·후진의 정도에 따라 지역적 특징을 달리한다.

따라서 민속의 관점에서 '지역민의 의식성을 기초로 한 문화적

진취성'을, 둘인 '의식성을 기초로 한 전진적 진취성과 후진적 진
취성'으로 구분한 것이다. '민속의 진취적 의식성'52)에 관한 것이
므로, 의식성은 일반성이고, 진취성은 개별성이다. 서해 갯벌지역
민들은 구비전승물에서 섬의 의식성에 기초를 두고 바다와 연안
을 오가는 진취적 삶을 잘 보여주기 때문이다. 섬의 후진이 아니
라 전진에 의식의 축을 두고 진취적 노동의 관계를 형성해 나가는
것이다. 서해바다 황금갯벌에서 '도서지역민의 의식'이 던져주는
'진취의 의미'를 알 수 있는 것이다. 이 점은 민요를 중심으로 설
화(무속신화) 등의 현지조사 자료를 보면 분명해진다. 새벽·오후
갯벌어로의 구비전승물에 대한 도서민의 의식적 지역인식과 진취
의 해양정서적 표현이 바로 그것이다.

▶ [뱃일 하고 있는데, 가족들이 왔어요?] 예. [연락도 않고 우연히 만
난 거예요?] 예. '솥붙이고 삼년'이라고 [솥붙이고 삼년이요?] 솥만
삼년 붙이면 떠나기 힘들다는 뜻이에요. [어르신이 선재도 내려온
것은 선재도 사람 육촌 형제가 국가 보조선을 짓는다고 배 2척을 지
어서 선재도와 인연이 돼서 대청도 사시다가 여기 와서 배를 무러
오신 거고?] 예. [사모님은 이쪽에 갯일이 많다고 해서 여기에….] 난
민들이 바지락하고 굴만 해먹던 사람들인께, 직업이 없잖아요. 백령
도 일대 육지섬들은 전부 북한으로 돼있거든요. 옹진군도 섬들은 전
부 북한으로 돼있어요. 그래서 탈출해서 그 배타고 온 거예요. 이쪽
에 가면 할 일거리가 많다더라. [그 얘기를 듣고 집단으로 왔네요?]
예. [그 사람들은 여기에 살러 온 것이 아니라, 일하러 온 거네요?]
아니, 살러 온 거죠.53)

▶ [할아버지 소리 들으려고 목포에서 왔습니다.] 저도 목포에 가봤어
요. 왜 가봤냐믄 꽃게 수출하거든요, 거기에 가서 한 4개월 정도 있
다가 왔죠. 노 젓는 소리는 모르고 배치기라고 있죠. 그것이 황해도
해주 노래거든. 여기 연평도 거기 본 딴 거예요.

　　돈 실러 가잖다. 돈 실러 가잖다. / 연평 바다로 돈 실러 가잖다. /
에헤~에 헤어~어~으~어~어~에헤에~에헤요~

아랫덩 윗덩 낮에 차 놓고 / 가운데 덩에서 도장야났단다 / 에
헤~에 헤어~어~으~어~어~에헤에~에헤요~

뱀자네(배 임자네) 아주마이 인심이 좋아 / 막둥딸 길러서 화장에
췄단다 / 에헤~에 헤어~어~으~어~어~에헤에~에헤요~[54]

위의 인용문은 노동의 소리를 통한, 바지락과 굴을 해먹는 갯벌
어업자의 문화적 교류와 수용을 보여주는 예시문[55]이다. 서해 갯
벌지역을 조사한 <배치기>는 앞에서 표로 제시한 바와 같이 만
선하는 배, 풍어제의장 등에서 구연되고 있다. 노동면에서 서해
갯벌지역의 <배치기>와 관련된 민속문화정보로서 조기잡이의
어로문화를 자리매김하는 것이다. 이러한 양상은 다른 자료에서
도 확인된다.

▶ 이건 날짜고, 이건 시간, 요건 물때고, 한 달에 물이 두 번 보름에.
요걸 이렇게 크게 해 놓은 거야. 요게 인제 높은 자리가 물이 많이
밀린 상태고, 젤 아래가 물이 제일 빠진 상태야. 그리고 이 시간이
있는 걸 보면 되요. 물이 빠지면서 밤에 물이 올라오고 낮에 그러니
깐 하루에 두 번이죠. [이것들 제작하신 이유가 뭐에요?] 내가 원래
낚시를 좋아하니깐 [아 낚시 다니실려고 하신 거에요?] 네 그리고 원
래 낚시를 많이 하기 때문에 평소에 많이 보고가요. 이게 배낚시엔
물때가 중요한 거예요. 한물, 두물, 세물 때가 중요해요.[56]

위의 인용문은 갯벌어로에서 중시하는 물때[57]에 관한 것이다.
즉 어로문화권 특히 갯벌어로의 언어인 물때를 통해 민속문화정
보를 밝히는 대목이다.[58] 이것은 들과 섬에서 생명체가 적응하면
서 다양성을 중시하되 의식물을 추구한다는 일반성이 있다. 서해
도서지역민은 구비전승물을 통해 후진적 진취성이 아니라 전진적
진취성을 표현하는 것이다. 섬의 의식성에 기초를 두고 바다와 연
안을 오가는 진취적 삶을 잘 보여주고 있는 것이다. 여기에서 노

동의 소리를 통해서 서해권 안면도의 문화적 확대를 볼 수 있다. 이의 연장선성에서 서남권 조도의 문화적 확대도 함께 이해할 수 있다. 진취적 의식의 민속노동면에서 새벽 또는 오후의 갯벌어로에서, 기후, 해류 및 조류, 물때, 파도, 바람의 종류 등을 보고 소리를 하는 행위를 통해 노동의 매듭을 단단하게 맺어가기 때문이다.

따라서 의식성을 기초로 한 진취성은 구비전승물을 형성하고, 그리고 해양정서를 표출하는데 의미망을 생성해 내는 것이다. 서해 도서지역민들의 구비전승물에서 진취적 의식성이라는 의미를 포착할 수 있는 것이다.

Ⅳ. 구비전승물의 해양문화사적 의의

여기 4장에서 위 장의 실상 분석에 따라, 서해 갯벌지역 구비전승물의 해양문화사적 가치를 논의하고자 한다.

윤명철은 미래의 세계적 담론을 대비하기 위해 큰 이론적 틀을 미리 내와야 한다고 전제하고, 동아지중해인 환황해권을 설정한 것이라고 했다. 종족들이 황해를 공유하면서 갈등을 벌이고 문화를 교류하는 역동적 전체구조를 구축하는데, 이때 국경이나 종족보다는 문화나 경제개념이 중요한 인자로 작용한다고 했다.[59] 윤명철에 의하면 동아시아의 각국들은 대륙과 한반도, 일본열도 및 제도들에 둘러싸인 황해·남해·동해·동중국해 등을 포함하고 있다. 그래서 지중해적 형태와 성격을 띠고 있다. 지중해는 2-3개의 육지로 둘러싸여 해양으로서는 독립성을 결여한 것이다. 이것은 대륙지중해와 다국간지중해로 구분하고 있다. 나름대로 몇 가지

특성을 가지고 있는 것이다. 이동성이 강한 것, 정치·군사적인 것
보다 교역·문화 등 구체적인 이해관계를 중시하는 것, 문화창조활
동을 활발히 하여 개방적으로 다양한 문화를 전파하고 수용하는
것 등이 바로 그것이다. 그래서 동아시아는 완전한 의미의 지중해
는 아니지만, 바로 다국간 지중해의 형태로서 모든 나라들을 연결
시키고 있다. 이른바 '동아지중해'이다.

　이러한 의도의 큰 그림은 김지하에 의해서 부분적으로 인용·재
론된다.[60] 김지하는 우리시대가 해양사를 잊어먹었다고 전제하
고, 호남의 서남해안을 비롯한 물의 문화시대가 오고 있다고 전하
면서 해양문화와 해양문학의 현실적 초점은 바로 '깊은 우물 밑의
물'을 드러내는 데에 있다고 했다. 여기서 '깊은 우물 밑의 물'은
피압박 민중을 상징한다. 그럴 때 대단한 세력이 형성된다는 것인
데, 이의 논거는 이렇다.

　황해라는 내해(in-iand sea)는 중국, 한반도 서부해안, 만주의 요
동지방에 연접해 있어, 공동활동의 터를 중심으로 하는 동아지중
해이듯이, 진도에서 장산도, 기좌도, 암태도, 지도에 이르는 섬들
은 육지의 함평, 무안, 목포, 화원반도와 마주보며 바다를 감싸고
있어, 안정적으로 넓은 해양공간이 마련된 일종의 소지중해이다.
따라서 영산강은 담양군, 장성군, 광주시, 나주시, 화순군, 함평군,
영암군, 무안군 등을 관류하는 황룡강, 화순천, 문평천, 고막원천,
삼포천, 영암천의 지류支流를 포함한 큰 강이므로, 이렇게 하계망河
系網이 발달한 영산강의 하구河口인 목포를 장악하면 내륙으로 이
어지는 물길을 확보할 수 있으므로, 결국은 전남 내륙 전체에 영
향력을 행사할 수 있는 것이다.

　무엇보다도 흥미로운 사실은 김지하가 동아지중해의 해양환경

에 따라 황해라는 내해(in-iand sea)의 문명이론이 전개될 수 있는
데, 이때 동아지중해의 성격이 문화에 반영되며, 역으로 이같은
문화의 성격이 문명의 안과 밖을 결정한다고 한 점이다. 왜냐하면
위의 의도된 큰 그림을 보면서 안을 들여다보면 서해 갯벌지역 구
비전승물의 해양문화사적 의의에 접근되기 때문이다. 즉 동아지
중해는 해양문명의 주형鑄型이고, 이 주형에 의해 제작된 해양문명
은 해양문화를 꽃피우는 배경이다. 이러한 관점에서 해양문명과
해양문화의 관계를 볼 때 동아시아 해양문명의 특성은, 불연속·다
지역의 다중심·비조직이다. 그래서 살아 있으나 뒤얽혀 규칙을 살
피거나 예측을 할 수 없다는 점이다. 그리고 해양문화의 특성은
유행에 민감하여 스스로 변하고, 유기적으로 환류하는 동시에, 이
동하여 교류한다는 점이다. 이처럼 해양문명과 해양문화는 상호
작용하는 것이다.

  그렇다면 서해 갯벌지역 구비전승물의 해양문화사적 의의는 무
엇인가. 서해 갯벌지역에서 형성된 도서지역민의 해양정서는 구
비전승물을 통해 유통된다. 여기에서 생명성을 기본으로 한 생태
성', '적응성을 바탕으로 한 자연성', '다양성을 토대로 한 개방성',
'의식성을 기초로 한 진취성' 등이 적출됨을 알 수 있다. '물의 문
화시대'에 서해안의 80% 이상인 갯벌은 '꿈틀대는 생명체의 고
향'에서 서해 도서지역민으로 하여금 생명을 적응시키고, 의식을
다양하게 하는데 기여하는 바가 크다고 할 것이다. 이것의 연장선
상에서 있는 '오감을 깨우는 에코투어', '독일 슈레스비히 홀슈타
인 갯벌' 등은 이를 실증한다.[61]

  이상에서 살펴본 바와 같이, 서해 갯벌지역 구비전승물은 해양
문화사적 가치를 지닌다고 할 수 있다. 그것에서 해양정서가 구현

되기 때문이다. 또한 민속문화의 소통장치가 구축되기 때문이다. 그래서 들[평야]의 마을공동체에서 강과 산을 오가는 민속문화장치와 도서[섬]의 마을공동체에서 바다와 연안을 오가는 민속문화장치의 연동連動은, 동아지중해의 큰 그림처럼, 연결고리이자 배경인 강을 통해 두 세계의 협력과 교류를 구체적으로 가능하게 할 것이다.

V. 맺음말

이러한 사실을 종합해 볼 때, 서해 갯벌지역민은 문화고속도로인 바닷길의 종합예술제의장에서 해양신격을 모심으로써 일생과 생산의 주기에 따른 의례를 거행할 뿐만 아니라 언어적 진술과 문학적 형상에 의한 미적 전유행위를 시도하였다. 그 결과, 민속의 관점에서 도서·해양문화의 일반성과 도서·해양문화의 개별성을 가설로 내세우며, 구비전승물과 관련된 생태적 생명성, 자연적 적응성, 개방적 다양성, 진취적 의식성 등을 통해 서해 갯벌지역민들이 바다와 연안을 오가면서 갯벌어로를 하면서 지니게 되는 해양정서를 도출할 수 있었다. 이를 요약하여 기술하면 다음과 같다.

첫 번째 논의한 것은 '서해 갯벌지역 민속문화정보와 구비전승물'이다. 그 결과 구비전승면에서 구역은 인천 경기만의 경우 선재도, 영흥도가 중심이고, 충남 천수만의 경우 황도가 중심이며, 전라권 도서지역의 경우 위도가 중심이다. 주제는 우선 민속공동체이다. 갯벌어업자의 생애담, 노래공동체에서 연행자의 예능 등이 있고, 바지락, 굴, 낙지 등 갯벌어로물의 선별·경매가 있다. 다음으로 민속언어이다. 갯벌어로의 삶과 어구어법과 관련 인지어,

구조어(속담), 속신어(금기어)가 있다. 끝으로 민속문학이다. 갯벌어로요(배치기) 등 어업노동요가 있고, 갯벌어로제, 도깨비이야기, 임경업장군이야기 등 서해 갯벌지역의 설화·무속무가가 있다.

두 번째 논의한 것은 '서해 갯벌지역 구비전승물의 해양정서'이다. 의미면은 '생명성을 기본으로 한 금력적 생태성과 권력적 생태성', '적응성을 바탕으로 한 정적 자연성과 비정적 자연성', '다양성을 토대로 한 완전적 개방성과 불완전 개방성', '의식성을 기초로 한 전진적 진취성과 후진적 진취성' 등으로 구분하여 살폈다. 그 결과에 의하면, 생태적 생명성은 신앙면에서 풍어제의 개양할미·임경업장군을 상상으로 신앙하며, 입을 닫는 행위를 통해, 신앙의 결절점結節點을 만들었다. '물의 문화시대'는 이와 같은 해양신격을 상상하는 맥락에 있다. 여기에서 신앙이 상상에 의해서 추동되고 있음을 알 수 있다.

자연적 적응성은 의례면에서 갯벌어로의 시작에서 의례하며, 갯벌어장을 트는 행위를 통해 생산의례의 결절점을 만들었다. 강과 바다의 문화교류사는 이와 같은 역사적 추이에 있다. 여기에서 의례가 이행에 의해서 추동되고 있음을 알 수 있다.

개방적 다양성은 놀이면에서 풍어제의 일환인 배치기·띠뱃놀이에서, 시가무詩歌舞로 푸는 행위를 통해 놀이의 결절점을 만들었다. 동아지중해 관련 교류와 수용은 이와 같은 공동체성의 회복에서 가능했다. 여기에서 놀이가 언어에 의해서 추동되고 있음을 알 수 있다.

진취적 의식성은 노동에서 새벽·오후갯벌어로에서, 기후, 해류 및 조류, 물때, 파도, 바람의 종류 등을 보고 소리를 하는 행위를 통해 노동의 결절점을 만들었다. <배치기>, <바디질소리>, <노

젓는소리>, 갯벌어로요(<굴딸 때 하는 소리>) 등 어업노동요의 소리
정신 구현과 생태환경에 대한 인지체계의 구축은 이와 같은 맥락
에서 가능한 것이었다. 여기에서 노동이 소리에 의해서 추동되고
있음을 알 수 있다.

　세 번째 논의한 것은 '서해 갯벌지역 구비전승물의 해양문화사
적 의의'이다. 그 결과에 의하면, 서해 갯벌지역 구비전승물은 해
양문화사적 가치를 지닌다고 할 수 있다. 그것에서 해양정서가 구
현되기 때문이다. 또한 소통을 위한 문화장치, 문화소통체계의 구
축을 전제로 하기 때문이다. 그리고 들의 마을공동체에서 강과 산
을 오가는 문화장치, 도서의 마을공동체에서 바다와 연안을 오가
는 문화장치의 동시적 작동은 강을 통한 두 세계의 협력과 교류를
가능하게 할 것이기 때문이다.

　이처럼, 이 논문은 서해 갯벌지역 민속문화정보와 구비전승물
을 살피고, 구비전승물의 해양정서를 인식하며, 구비전승물의 해
양문화사적 의의를 살펴봄으로써, '대상 - 본질의 사고전략 - 인식
- 의식 - 현상의 표현전술 - 실천 - 정서와 관련된 민속문화의 소
통장치'에서 보듯이, 도서의식의 해양정서화는 도서적 인식과 해
양적 실천을 매개로 하지 않으면 안된다는 것을 알게 하는데 일조
를 할 것으로 본다.

　그러나 필자가 구비전승물과 구비문학의 간격, 해양신격에 대
한 조기잡이와 갯벌어로의 관계, 노동과 놀이 사이의 배치기 연행
양상 등을 깊이있게 논의하지 못한 것은 본고의 미흡한 점이다.
이것은 이후 구비전승물과 해양정서 그리고 문화정책과의 관계
등을 포함하여 본격적인 논의를 하면서 해결해 나갈 일이라고 하
겠다.

Oral Heritages and Marine Atmosphere of the Golden Foreshore of the West Sea

Soon-Il Hong

This study hypothesizes the generality and the individuality of island/marine cultures in view point of folklore, insisting that the marine atmosphere which has been preserved in people who have wandered around and fished at the foreshore region of the West Sea can be induced through ecological vitality, natural adaptability, open diversity and progressive consciousness.

1) In consideration of the folk/culture information and oral heritages in the foreshore of the West Sea, Seonjaedo and Youngheungdo are center of the Incheon-Gyeonggi Gulf, and Hwangdo is the center of the Chungnam-Cheongsoo Gulf in terms of oral transmission. For the island regions of the Jeolla range, Wido takes the central part. The subject is primarily 'folk community'. A story of a foreshore fisherman and the entertainment of a song leader in the community are included, and assortment and auction of a clam, an oyster and an octopus exist. The second subject is 'the folk language.' The life of foreshore fishery, phraseology, a

cognitive language, a structural language (a proverb), and a tabooed word are merged. The last one is 'folk literature.' The songs of fishing labor including the song of foreshore fishery (Baechigi) are involved, and the narrative and a song of shamanist custom song such as the ceremony for forshore fishery, a story of a goblin and a legend of the general Yim, Gyeong-Up, etc. in the foreshore regions of the West Sea remain.

2) ①In terms of region of life/ecology, the religious knot point was created through deifying Gyeyang Halmi and the general Yim, Gyeong-Up in imagination and closing the mouth. 'The cultural age of the water' lies in line with imagination of marine deification, and belief is driven by imagination.

②In tradition of adaptation/nature, the knot point was made from the foreshore fisheries and through cultivating the fisheries. The history of cultural exchange between the river and the sea lies in such a historical process, and tradition is driven by practice.

③In view of play in diversity/openness, the knot point of play was created in Baechigi (traditional wrestling)/Tibetnori (song for fishing) in Pungeoje (a big-catch ceremony) and through activities with Shigamu (poetry/song/dance). The exchange and acceptance in regard to the Eastern Asian mediterranean sea became possible due to such recovery of a community spirit, and play is driven by a language.

④In labor of consciousness/progress, the knot point was created at the dawn/afternoon foreshore fisheries and through the sound at a glance of the kind of climate, current, tide, tide time, wave and wind. The realization of Sori (a narrative song) spirit in songs of fishing such as <Baechigi>, <Badijilsori>, <Nojeotneunsori>, <Gaetbeoleoroyo (the song of catching oysters)>, etc. and the establishment of the cognitive system considering eco-environment was possible in this sense, and labor is driven by Sori.

3) It is possible to say that an oral heritage at the foreshore region of the West Sea contains a marine-cultural value. That is because the marine atmosphere is embodied on the assumption of the establishment of a cultural device for communication. In particular, the simultaneous operation of the field (plain)-centric cultural communication device and the isles (islands)-centric cultural communication device will make possible to cooperate and exchange between two worlds through the river.

1) 소장 조영조(서해수산연구소 갯벌연구센터)의 구술을 채록한 주강현, 『주강현의 관해기 일상과 역사를 가로지르는 우리 바다 읽기 관해기 2 서쪽바다』, 웅진 지식하우스, 2006, 201쪽 재인용.

2) 세계 5대 갯벌은 북해 연안, 한국 서해안, 캐나다 동부 연안, 미국 동부 조지아 해안, 아마존 등이고, 영종도, 독일, 네덜란드, 영흥도, 해창, 변산, 대부도, 강화도, 평택, 새만금, 성모도 등을 주목하고 있다(홍순일 조사, 김종선(남, 49) 외 안내, <배치기·바디질 소리·노젓는 소리·굴딸 때 하는 소리>, 경기도 안산시 단원구 선감동 717 안산어촌민속전시관, 2007.02.28(수) 15:20).

3) 안승택, 「남양만 갯벌의 어업기술과 영향 – 어법과 어구의 분포에 대한 하나의 설명 – 」, 『비교문화연구』 제11집 제1호, 서울대 비교문화연구소, 2005, 5-47쪽 중 5쪽.

4) 홍재상 글·사진, 『한국의 갯벌』, 대원사, 2003, 11쪽. 갯벌은 바다갯벌은 수산물의 생산에서 육상의 그것보다 9배나 높은 가치를 가진다는 것, 연안갯벌은 육상에서 배출되는 오염물질을 정화한다는 것, 도서·연안의 갯벌은 사람들에게 사냥, 낚시, 아름다운 경치 및 해수욕장 등을 제공한다는 것, 연안갯벌은 단기간의 홍수량을 조절하여 홍수에 따른 인명 및 재산피해를 감소한다는 것, 연안갯벌은 태풍으로부터 육지지역에 대한 피해를 감소시킨다는 것 등의 주요기능을 수행하고 있다. (이흥동, 「우리나라 갯벌자원의 중요성과 가치」, 『월간 해양수산동향(현재: 월간 해양수산)』 통권 제156호, 1997.07, 1-7쪽 중 2쪽).

5) 김순갑, 「우리나라 대중가요에 나타난 해양정서」, 『해양문화연구』 제4호, 1998.12, 131-173쪽.

6) 1999년 중점연구소 지원 사업 신청서 「서남해 도서·연안지역 무형문화자원의 개발과 활용 방안 연구」, 『서남해 도서·연안지역 문화자원 개발과 지역 활성화 방안 연구』, 목포대 도서문화연구소, 1999.

7) 이동근·한철환·엄선희, [보고서] 「역사와 해양의식 – 해양의식의 체계적 함양방안 연구 – 」, 한국해양수산개발원, 2003.12.

8) 2005년 중점연구소 지원 사업 신청서, 『한국 도서·해양문화의 권역별 심화연구 – 무형문화자원 분야 – 』, 『국가 해양력 강화를 위한 도서·해양문화 심층연구』, 목포대 도서문화연구소, 2005.

9) 홍순일, 「≪도서지역 민요≫와 문화관광 – <신안민요>·<완도민요>·<진도민요>를 중심으로 – 」, 『한국민요학』 17, 한국민요학회, 2005.12,

311-355쪽. [재수록] 김기현·배인교·이경엽·이윤정·문숙희·이성훈·이
윤선·권오경·김인숙·홍순일, 『수산노동요연구』(한국민요학회 학술총서
1), 민속원, 2006, 321-361쪽(참고문헌 370-373쪽); 나승만·신순호·조경
만·이경엽·김준·홍순일, 『해양생태와 해양문화』, 경인문화사, 2007,
287-333쪽.

10) 홍순일, 「≪도서지역 민요≫와 민속문화정보」, 『한국민요학』 19, 한국
민요학회, 2006.12, 275-313쪽.

11) 홍순일, 「서해 도서지역의 구비전승물과 해양정서 – 조기를 중심으로 – 」,
『도서문화』 28, 목포대 도서문화연구소, 2006.12, 519-567쪽. [재수록]
홍순일, 「칠산 조기잡이의 구비전승과 해양정서」, 『서해와 조기』, 경인
문화사, 2008.10.31, 199-241쪽(참고문헌 280-285쪽).

12) 홍순일, 「≪신안민요≫의 언어문학적 접근과 소리문화적 활용 – <지도
민요>·<증도민요>·<임자도민요>를 중심으로 – 」, 『남도민속연구』
14, 남도민속학회, 2007.06, 321-366쪽.

13) 21세기 국제해양환경의 변화라는 시대상황 속에서 가꾸어야 할 해양의
식은 해양자원의 개발과 보전의 중요성이고, 지식정보화 사회의 도래라
는 시대상황 속에서는 다양성, 진취성, 도전정신, 벤처정신, 정보화 지식
지향성 등이고, 국제화와 세계화의 심화라는 시대상황 속에서는 포용성,
개방성, 대담성, 주체성 등이고, 국내의 갈등과 대립 해소라는 시대상황
속에서 가꾸어야 할 해양의식은 광대무변성, 웅대하고 활달한 기상 등이
다(이동근·한철환·엄선희, 앞의 보고서, 24-25쪽).

14) 이 논문에서부터 '후퇴後退'를 버리고, '후진後進'을 쓰기로 한다. 선진先
進에 대한 후퇴가 아니라 전진前進에 대한 후진으로 사용하는 것이다. 후
진은 '문물의 발달이 뒤떨어진다'는 의미가 아니라 '사회나 관계 따위가
뒤늦게 나아간다'는 의미이기 때문이다. 따라서 '선진적 진취성과 후퇴
적 진취성'은 '전진적 진취성과 후진적 진취성'으로 대체하기로 한다.

15) 발표논문은 고광민, 「조기의 어법과 민속 – 주벅·살·낚시를 중심으로 – 」
(1-16쪽); 이경엽, 「조기잡이와 어로신앙 – 충남 보령시 녹도를 중심으로
– 」(17-30쪽); 이윤선, 「독살 및 어부림魚附林의 문화원형성과 활용성 –
전남지역의 흔적을 중심으로 – 」(31-46쪽); 김준, 「조기잡이 어민의 생활
사: 파시 – 기억과 기록을 중심으로 – 」(47-61쪽); 홍순일, 「서해 도서지
역의 구비전승물과 해양정서 – 조기를 중심으로 – 」(63-79쪽) 등이고, 서
해안의 조기를 살폈다(2005년 선정 학진 중점연구소 1단계 1차년도
(2005.12.01-2006.11.30) 제2세부 무형문화자원 분야 「한국 도서·해양
문화의 서해권 연구 – 조기를 중심으로 – 」, 『국가 해양력 강화를 위한
도서·해양문화 심층연구(1) – 서해안의 포구와 조기 – 』, 목포대 도서문

화연구소, 2006.11.21(화), 목포대 교수회관 2층 회의실). 1단계 1차년도 성과물인 전문학술저서는 나승만·조경만·고광민·이경엽·이윤선·김준·홍순일 지음, 『서해와 조기』(경인문화사, 2008)이다.

16) 발표논문은 나승만, 「황해의 갯벌 망어업 고찰」; 조경만, 「생물종다양성을 위한 문화가치의 창출과 연계 - 서남해 연안, 도서, 갯벌을 중심으로 - 」; 이경엽, 「갯벌어로와 어로신앙」; 고광민, 「낙지의 어법과 어구」; 김준, 「갯벌의 이용형태와 마을공동체」; 홍순일, 「서해바다 황금갯벌의 구비전승물과 해양정서」; 이윤선, 「설화기반 축제 캐릭터의 스토리텔링과 글로컬 담론 - 전남 장성 <홍길동>과 곡성 <심청>을 중심으로 - 」 등이다. 서해안의 갯벌을 살폈다. (2005년 선정 학진 중점연구소 1단계 2차년도 (2006.12.01-2007.11.30) 제2세부 무형문화자원 분야 「한국 도서·해양문화의 서해권 연구 - 갯벌을 중심으로 - 」, 공동학술대회 『강과 바다의 문화교류사』, 목포대 도서문화연구소·남도민속학회, 2007.11.09(금), 목포대 교수회관 2층 회의실). 1단계 2차년도 성과물인 전문학술저서는 나승만·조경만·고광민·이경엽·이윤선·김준·홍순일 지음, 『서해와 갯벌』(경인문화사, 2009)이다.

17) 2005년 선정 학진 중점연구소 1단계 3차년도(2007.12.01-2008. 11.30) 제2세부 무형문화자원 분야 「한국 도서·해양문화의 서해권 연구 - 조기, 갯벌, 소금·젓갈을 중심으로 - 」를 수행했고, 그 연구결과물은 2010년 11월 30일까지 전문학술저서로 발간될 것이다. 한편 이 기간에 발표된 논문은 나승만, 「풍선風船시대 연평도 조기잡이 망어로 민속지」; 조경만, 「과거의 번영에 대한 기억과 섬 지역성의 형성」; 이경엽, 「연평도의 어로신앙」; 고광민, 「대연평도大延坪島의 '버컬그물'에 대하여」; 김준, 「연평파시의 변화와 주민생활」; 홍순일, 「서해바다 연평어장권의 구비전승물과 해양정서」; 이윤선, 「연평바다 임경업캐릭터와 문화콘텐츠」; 박종오, 「연평도의 가정신앙」 등이다. 서해 연평도지역의 생업과 문화를 살폈다(2005년 선정 학진 중점연구소 1단계 3차년도(2007.12.01-2008.11.30) 제2세부 무형문화자원 분야 「한국 도서·해양문화의 서해권 연구 - 조기, 갯벌, 소금·젓갈을 중심으로 - 」, 공동학술대회 『연평도 주민들의 삶과 문화』, 목포대 도서문화연구소·남도민속학회, 2008.11.29(토) 14:00, 목포대 교수회관 2층 회의실).

18) 한국학술진흥재단 중점연구소 99년 선정 후 6년 연구를 수행 완료했다. [1단계성과물]나승만·김준·신순호·김창민·유철인·이경엽·김웅배·이준곤, 『다도해 사람들 - 사회와 민속 - 』, 경인문화사, 2003; [2단계성과물]나승만·신순호·조경만·이준곤·이경엽·김준, 『섬과 바다 - 어촌생활과 어민 - 』, 경인문화사, 2005; [3단계성과물]나승만·신순호·조경엽·이경

엽·김준·홍순일, 『해양생태와 해양문화』, 경인문화사, 2007.

19) 이 글은 홍순일, 「서해바다 황금갯벌의 구비전승물과 해양정서」, 『도서
문화』 30, 목포대 도서문화연구소, 2007.12, 288-335쪽에 게재한 내용
을 보완한 것임.

20) 주강현은 우리나라 서해를 '서쪽 바다'라고 했다. (주강현, 앞의 책, 2006)

21) 이해준은 황도의 갯벌을 '황금갯펄'이라고 했다. (이해준, 「황도의 젖줄
황금 갯펄」, 「제1장 마을의 지리와 환경」, 이해준·김삼기·이필영, 민속
자료 조사보고서 『황도마을 붕기풍어제』, 태안군·태안문화원/공주대학교
박물관, 1996, 38-40쪽)

22) 홍순일, 앞의 논문, 목포대 도서문화연구소, 2006.12, 519-567쪽 중 525
쪽.

23) 홍순일, 앞의 논문, 목포대 도서문화연구소, 2006.12, 519-567쪽 중 525
쪽.

24) 이것은 문화정책과 관련시켜 논의될 수 있다. 나경수는 "문화정책이란
본래 국민이나 주민의 삶의 질을 향상시키기 위해 국가 또는 지방자치단
체가 입안하고 시행하는 일련의 문화에 대한 정책을 말하는데, 문화정책
은 크게 문화복지정책, 문화개발정책, 문화진흥정책, 문화지원정책, 문화
보존정책 등으로 세분되고, 지원과 보존에 그치지 않고 개발과 진흥을
통한 앞으로의 활용으로 이어져야 한다"고 했다. 덧붙여 "물론 서사만으
로 지역의 문화가 오로지할 수는 없기 때문에 다양한 장르, 특히 경쟁력
있는 장르 등을 개발, 진흥시키는 것이 문화정책의 관건일 것"이라고 했
다(나경수, 「전통서사를 활용한 지역문화의 활성화」, 전국학술대회 『한
국어문학 연구성과의 활용을 통한 현실문제 해결방안 모색』, 어문연구학
회, 충남대 인문대학 문원강당, 2007.11.16(금) 10:00-18:00. 97-113쪽
중 103-106쪽 참조). 특히 '갯벌'의 경우, 서해 연안지역의 갯벌이 죽뻘
이 됨에 따라 뭇생명이 떠났다는 것이다. 서해는 기착지요 산란장인데,
방조제 건설로 갯벌과 모래톱을 훼손함에 따라 이동의 원인을 제공했다
는 것이다. 이 점은 서해의 칠산어장, 죽도어장, 연평어장의 민속문화정
보와 구비전승물에서 자세히 살필 필요가 있겠다.

25) 다섯 차례 있었던 변산반도 해양문화포럼을 소개하면 다음과 같다. ①『백
제부흥전쟁과 부안』, 부안군지역혁신협의회, 부안군 노인·여성복지회관
3층, 2007.09.14(화) 14:00이다. ②『변산반도의 해신과 해신설화』, 부안
군지역혁신협의회, 부안노인·여성복지회관 3층, 2007.09.28(금) 14:00:
서영대, 「한국의 중국의 마고신」(9-22쪽); 최명환, 「서해안 해신과 해신
설화」(25-50쪽); 이창식, 「변산반도의 해신」(Ⅰ)(53-79쪽); 송화섭, 「변산반
도의 해신」(Ⅱ)(83-105쪽) 등이 있다. ③『변산반도 해양문화콘텐츠 개발』,

부안군지역혁신협의회, 전주역사박물관 강당, 2007.10.05(금) 14:00: 이
윤선, 「해양문화의 프랙탈, 죽막동 수성당 포지선닝」(35-60쪽)이 있다.
④『환황해권시대 변산반도 해양문화의 전망』, 부안군지역혁신협의회,
전주역사박물관 강당, 2007.10.06(토): 윤명철, 「변산반도의 해양사적 의
미와 21세기적인 가치에 대한 모색」(113-132쪽)이 있다. ⑤『심청의 재발
견』, 부안군지역혁신협의회, 국립민속박물관 강당, 2007. 10.12(금) 14:00:
송화섭, 「환황해권의 해신, 심청 그리고 변산반도」(39-66쪽)가 있다.

26) 청곡 김덕삼의 풍수지리적 접근인『물의 시대를 말한다』를 인용한 김지
하 시인, 초청강연회 「동아시아의 바다와 해양문학」, 목포대학교, 목포
대 박물관 대강당, 2005.05.03(목) 13:43-14:53, 1-19쪽 중 4쪽 재인용.

27) 홍순일, 앞의 논문, 2006.12, 519-567쪽 중 542-546쪽 참조.

28) 앨빈토플러·이규행 감역(監譯),『권력이동』, 한국경제신문사, 1994.

29) 홍순일, 앞의 논문, 한국민요학회, 2006.12, 275-313쪽 중 291-294쪽 참
조.

30) 국립전주박물관,『부안 죽막동 제사유적』, 국립전주박물관, 1994, 29쪽
을 인용한 서영대, 앞의 논문, 9-22쪽 중 9쪽 재인용.

31) 이경엽 조사, 방내순(남, 1938)·홍종율(남, 1936)·오상원(남, 1925)·엄재
봉(남, 1926)·백성준(남, 1934)·이동무(남, 1927)·변용선(남, 1922) 제보,
<임장군전설>, 인천광역시 옹진군 영흥면 선재2리 마을회관(선재리 다
목적회관), 2007.02.27(화) 14:00.

32) 서자환(남, 67세, 옥암동 부주두, 1995년 4월 18일)의 구술 <또개비가
고기를 물어갖고 그물이 다 터져부렀어>를 채록한 허경회·나승만, 「목
포의 설화·민요·지명 자료」, 목포대학교박물관 학술총서 제37책『목포
시의 문화유적』, 국립목포대학교 박물관/전라남도·목포시, 1995,
385-484쪽 421쪽 참조.

33) 주강현,『조기에 관한 명상』, 한겨레신문사, 1998, 188-202쪽 중 192쪽
과 194쪽 참조.

34) "옛날에 도깨비가 바다에 그물을 쳐 놓고 고기를 잡으러 가믄은 도깨비
가 나와 갖고야 '뽕, 뽕, 뽕'하고 오믄 웃드란다 사람이. 도깨비 소리는
뽕, 뽕 한다고 하듬만. 뻘판이라고. 보믄 읎어. 보믄. 보믄 읎당께. 도깨
비가 별것이다. 그것이 그렇게 있제." (홍순일·엄수경·한은선 조사, 문순
자(여, 69) 제보, <바다에 그물을 쳐 놓고 고기를 잡으러 가면 도깨비가
나와 뽕 뽕 뽕 하고 온다는 이야기>, 증도면 증동리 2구 증서마을,
2005.07.20)

35) "도로가 생겨서 가는 데 안개가 있다가 좀 지나니깐 또 안개가 없어요.
바다위에 안개가 끼여 있으니깐 재미있을 듯하면서도 밤에 갈 땐 좀 무

서울 듯해요? 요새는 그렇지 않지만 15년 전만해도 도깨비한테 홀렸어. 정월달에 어디 갔다가 오는데 밤에 나오는데 남자가 그전에 전주인이라는 젊은 사람 있잖아. 갑진말 나왔다는데 집에를 안왔어. 찾아 나서는데 근데 거기서" (홍순일·조화영 조사, 강순녀(여,77)·우선희(여,82) 제보, <도깨비>, 인천광역시 옹진군 영흥면 선재리, 2007.02.27)

36) 이경엽·이윤선·홍순일·홍선기·조화영 조사, 김매물(여, 69) 외 황해굿 한뜻계 보존회원들 제보, <영흥풍어제(산맞이 – 뱃고사, 배치기)>, 인천광역시 옹진군 영흥면, 2007.03.02(금)-03(토).

37) 예禮란 이행이고, 인간이 마땅히 지켜야 할 외형적 질서이고 천하만사의 의식이다. 순자는 예禮란 인간의 생과 사를 잘 다스리는 것이라고 했고, 순자의 제자인 관자는 법은 예에서 나왔다고 했다. 한편 중국정치사의 변천은 예치시대와 법치시대로 대별된다(「통과의례 편」, 『서울민속대관』 4, 서울특별시, 1993, 79-88쪽 중 86쪽 참조). 의례儀禮란 인간의 행위에 생기는 관습이다.

38) 청곡 김덕삼의 풍수지리적 접근인 『물의 시대를 말한다』를 인용한 김지하 시인, 앞의 초청강연회, 1-19쪽 중 4쪽 재인용.

39) 홍순일, 앞의 논문, 2006.12, 519-567쪽 중 546-548쪽 참조.

40) 홍순일, 앞의 논문, 한국민요학회, 2006.12, 275-313쪽 중 289-291쪽 참조.

41) 김준 조사, 이영수(남, 50, 1959) 제보, <바지락>, 인천광역시 옹진군 영흥면 선재리 3리(식당), 2007.02.28(수)오전.

42) 이경엽·김준·홍순일·홍선기·송기태·한은선·조화영·조인경 조사, 김정환(남, 76, 33년생)·문인분(여, 76) 제보, <당, 어촌계, 갯벌, 혼인, 생업, 노래, 낙지잡는 법>, 경기도 안산시 대부북동 상동, 2007.02.27(화).

43) 김준 조사, 이영수(남, 50, 1959) 제보, 앞의 현지조사내용, 2007.02.28(수)오전.

44) 홍순일, 『판소리창본의 희곡적 연구』, 충남대 박사학위논문, 2002.02. [재수록] 홍순일, 『판소리창본의 희극정신과 극적 아이러니』, 박이정, 2003 참조.

45) 홍순일, 앞의 논문, 2006.12, 519-567쪽 중 549-552쪽 참조.

46) 홍순일, 앞의 논문, 한국민요학회, 2006.12, 275-313쪽 중 297-300쪽 참조.

47) 이경엽·이윤선·홍순일·홍선기·조화영 조사, 김매물(여, 69) 외 황해굿 한뜻계 보존회원들 제보, 앞의 현지조사내용, 2007.03.02(금)-03(토).

48) 홍순일·최유미 조사, 백연기(여, 95) 제보, <띠뱃놀이>, 부안군 위도면 대리, 2006.06.03.

49) 이경엽·이윤선·홍순일·홍선기·조화영 조사, 김매물(여, 69) 외 황해굿 한뜻게 보존회원들 제보, 앞의 현지조사내용, 2007.03.02(금)-03(토).

50) '생태환경에 대한 인지체계'는 자연 조건을 반영하므로 지역에 따라 다르게 나타나며 이러한 조건들은 어구와 어법, 조선술과 항해술을 규정짓는 조건들이 된다. 그 결과 한국의 도서·해양문화의 중요한 특성을 구분해 낼 수 있는 단서를 마련할 수 있고, 자원 전유의 생태적 인식을 제고하고, 지속 가능한 생활방식을 모색할 수 있겠다(2007년도 인문한국지원 사업 인문분야 신청서『인문학 기반의 해양한국』(1), 목포대 도서문화연구소, 2007.08, 29-33쪽 중 31-32쪽).

51) 홍순일, 앞의 논문, 2006.12, 519-567쪽 중 552-556쪽 참조.

52) 홍순일, 앞의 논문, 한국민요학회, 2006.12, 275-313쪽 중 294-297쪽 참조.

53) 이경엽·김준·홍순일·홍선기·송기태·한은선·조화영·조인경 조사, 손정종(남, 84, 1924) 제보, <배목수>, 인천광역시 옹진군 영흥면 선재3리, 2007.02.28(수) 10:40.

54) 위의 현지조사내용, 2007.02.28(수) 10:40.

55) 이 외에 ①방내순(남, 1938)의 <배치기 노래(조기 우는 소리 포함)>(이경엽 조사, 방내순(남, 1938)·홍종율(남, 1936)·오상원(남, 1925)·엄재봉(남, 1926)·백성준(남, 1934)·이동무(남, 1927)·변용선(남, 1922) 제보, 앞의 현지조사내용, 2007.02.27(화) 14:00); ②<인천 배치기소리>·<바디질소리>·<노젓는 소리>,『MBC 한국민요대전 경기도 편－한국민요대전 경기도 민요해설집』, (주)문화방송, 1996.03; ③<진도 닻배소리>(문화방송, 앞소리 김주근(남, 1926), <진도 닻배소리>, 전남 진도군 조도면 소마도,1989.09.29를 채록한 CD·15-13 <진도 닻배소리(놋소리/술비소리)>,『MBC 한국민요대전2 전라남도 편－한국민요대전 전라남도 민요해설집』, (주)문화방송, 1993, 570-575쪽을 인용함) 등을 참조할 수 있다.

56) 홍순일 조사, 김완규(남,59)·오금자(여,56) 제보, <물때>, 인천광역시 옹진군 영흥면 선재리, 2007.02.27(화).

57) 물때는 밀물과 썰물은 해와 달이 지구사이에 작용하는 힘에 따라 일어나는 현상이다. 이런 물때를 사리와 조금으로 나뉜다. 사리는 음력 매달 보름과 그믐. 조금은 초여드레와 스무 사흗날에 든다. 사리 때는 해와 달, 지구가 일직선상에 있어 인력이 가장 세다. 이때 바닷물은 가장 많이 들고 또 가장 많이 빠져나간다. 이에 비해 조금은 가장 낮은 때를 말한다. 해와 달 지구가 직각으로 있어 물이 가장 적게 들고 빠지는 것이다. (홍순일 조사, 김종선(남, 49) 외 안내, 앞의 현지조사내용, 2007.02.28(수)

15:20)

58) 주강현은 조간대 해양환경에 대한 어민들의 인지 내용은 공간과 시간은
물론 그 속에서 삶을 영위하는 해양생물에 대한 주관적인 관념에까지 이
른다고 하고, 이것은 다시 시간적 조건으로서의 '물때'와 공간적 조건으
로서의 '조간대', 그리고 '바람과 어류에 관한 지식' 등으로 확장된다고
했다. 그래서 조석·조간대는 불이적 관계이며, 어민들로 하여금 공생의
삶을 살게 하는 현실적 조건이 된다고 했다. (주강현, 「김제 심포갯벌과
망해사-관해기를 버리고 관류기를 쓰다-」, 앞의 책, 2006. 192-206쪽
중 199쪽)

59) 윤명철, 앞의 논문, 2007.10.06(토) 14:42-15:08, 113-132쪽 중 114-117
쪽 참조.

60) 김지하, 앞의 초청강연회, 2005.05.03(목) 13:43-14:53, 1-19쪽 중 1-5쪽
참조.

61) 우리나라 서해안 갯벌, 「트렌드 읽기(2) 에코투어, 오감을 깨우라」, KBS
스페셜 다큐멘터리 10부작 『문화의 질주』 제4편, 공동기획 한국방송영
상산업진흥원, 2006.04.30, 20분32초부터 36분03초까지 참조.

제6장
개야도 '도서문화'의 전통과 활용전략

-새만금의 안섬·바깥섬 설정을 중심으로-

이 윤 선

Ⅰ. 서론 - 개야도의 변방성

본고는 금강하구 내륙에 인접해있으면서도, 변방으로 인식되고 있는 섬 개야도를 중심으로 새만금권의 도서문화적 전통과[1] 그 활용을 고찰하기 위하여 준비된다. 개야도를 주목하는 이유는, 개야도가 가진 변방성이 도서지역의 문화적 정체성을 표상한다는 측면에서 하나의 모델로 제시될 수 있다고 여기기 때문이다. 변방이라 함은 개야도가 충남 서천에 인접해있으면서도 행정단위로는 군산시에 속해 있는 섬이라는 데서 찾아진다. 뒤에서 언급하겠지만 개야도 주민들이 충남과 전북으로부터 공히 소외받고 있다고 느낀다는 점에 그 단서를 찾을 수 있기 때문이다. 본래 충남 서천군에 속해있었으나 1914년에 옥구군으로 편입된 저간의 역사가 이를 암시해주는 듯하다. 다만 이 글에 앞서 전제해 두어야 할 것은 본고가 새만금에 대한 생태론적 성찰을 방기하는 것이 아닌가 하는 우려에 관한 것이지만, 이는 고를 달리해야 할 성격이라는 점에서 그 접근방식이 다르다고 할 수 있으며, 이에 관해서는 고를 달리하여 고찰하는 것으로 하겠다.

개야도는 높은 봉우리가 없고 구릉으로만 이어져 마치 이끼가 피어나는 지형이라 하여 개야도開也島라고 부른다는 설과 누구든지 이 섬에 들어와 살면 잘 산다고 하여 개문開門한다는 두 가지 설로 주장된다.2) 면적 2.17㎢, 인구 258가구에 1,000여명으로, 1972년 4월 지방어항으로 지정돼 현재에 이르고 있다. 또 어촌이면서 농업이 발달하여 논이 6만 8천 여평, 밭이 13만 여평이나 되었다고 하는데, 현재는 개야도의 평야라고 할 수 있는 국시당 안쪽의 논들이 대부분 묵어있는 것을 볼 수 있다. 개야도를 국가어항으로 승격해야 한다는 여론도 현재까지 이어지고 있다. 농림수산부의 국가어항 지정요건인 현지어선 척수 70척 이상, 총톤수 280톤 이상을 훨씬 웃도는 380척의 어선과 선박 총톤수 939톤을 보유하고 있다는 점에서 이 주장이 설득력이 있어 보인다. 그러나 인근 연도에 피항지로서의 국가어항이 지정되어 있어 지정의 변수로 작용할 것이 분명해 보인다.

이처럼 내륙과 인접해있으면서도 변방으로 인식되어 온 개야도의 위상은 새만금 물막이 공사를 끝으로 주목받게 된 주변 섬들에 대한 재인식과 맞물려 있다고 생각한다. <그림 1> 지도에서 볼 수 있듯이 개야도, 어청도 등의 섬들도 행정소속은 군산시이지만, 그 지리적 거리는 충남 서천과 가깝다. 이는 새만금 안쪽의 섬들이 내륙으로 변한 이후의 바깥쪽 섬들에 대한 인식과 규정을 다시

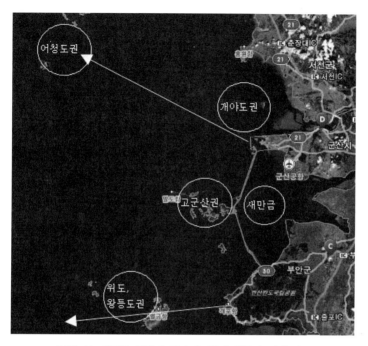

〈그림 1〉 새만금 물막이 공사 후 주변 섬들의 위치 지도

할 필요가 있음을 말해준다. 어청도와 인접해 있는 충남 서천의 외연열도나 전북 부안에 속해 있는 위도, 왕등도권도 유사한 맥락에서 검토해볼 수 있다.

이같은 문제의식은 대체로 새만금관련 도서지역으로 고군산군도만을 주목하고 있다는 비판적 견해에서 출발한다. 새만금권 도서지역이 유기적인 상관속에서 조응할 수 있도록 전략적으로 배려하는 것이 필요하다고 판단하기 때문이다. 이것은 새만금 이전의 금강 수계권과도 밀접한 관련을 맺고 있는 것이며, 전라북도와 충청도로 분화되어 있는 도서문화권에 대한 성찰의 의미도 담고 있다. 실제로 전통적인 도서문화적 배경과 새만금 준공에 의한 물길의 변화, 그리고 향후 일어날 문화적 변화들을 상정한다면, 지도에서도 볼 수 있듯이 이 지역권의 도서문화적 배경을 고군산군도로 제한시켜 인식하는 것은 바람직하지 않다.

결국, 내륙과 가장 인접해있으면서도 실제는 가장 멀리 인식되는 섬이 개야도라는 점에서, 이를 '개야도의 변방성'이라고 표현할 수 있다. 본고는 이렇듯 변방으로 인식되는 개야도를 새만금물길 영향권이라는 맥락으로 다시 복원시키고 그 안의 도서문화 자원 특히 정신사적 측면과 생활사적 측면을 유추해볼 수 있는 문화전통과[3] 그 활용의 방안들을 살펴보고자 한다. 정신사적 측면은 공동체신앙으로서의 당설화를 통해서, 생활사적 측면은 도서지역 생산 활동의 중심이라고 할 수 있는 어로어구의 전통을 통해서 살펴볼 수 있다는 생각이다. 총체적인 측면을 다 고려할 수는 없지만, 대체로 이 두 측면을 돌아봄으로써 개야도가 가진 위상과 새만금이 가지는 과거와 미래의 위상들을 짐작해 볼 수 있다고 생각하기 때문이다. 다시 말하면 기왕의 금강 수계 관련권역과 조수간만의 영향들이 고려된 새만금 앞바다의 설정이 필요하다는 것이며, 새만금 이후에도 개야도의 도서문화적 위치 혹은 위상은 그 안에서 논의될 필요가 있다는 뜻이다. 이 고찰을 통해 본래 금강 하구 수계권으로서의 위치를 복원시킬 수 있고 새만금 이후의 도서문화 활용을 생각해볼 수 있을 것이다.

개야도 및 어청도의 영역문제와 관련된 논란은 주민들의 의견 혹은 주장들을 통해서 노출된 바 있다. 충남과 전북의 해상도계가 1914년 조선총독부령 제111호에 근거를 둔 것으로 충남 오천군 하남면 연도 및 개야리, 죽도리, 하서면 어청도리 등 4곳을 전북 옥구군으로 일방적으로 편입시켰다는 주장 등도 그 하나이다. 서

천 앞바다 해역이 불합리한 해상도계로 전북도에 편중돼 있어 도
계조정을 통해 권리를 확보해야 한다는 주장은 이 영역이 가지고
있는 논쟁점을 잘 말해준다.[4] 특히, 장항국가산업단지조성의 핵으
로 설정되어 있던 개야도가 조성계획 자체의 무산으로 공중에 떠
있는 형국이 되었고, 새만금을 중심으로 한 전북의 시선으로부터
도 소외되어있다는 자괴감이 터져 나오고 있는 시점임을 주목할
필요가 있다. 결국 개야도는 충청남도 서천과 전라북도 군산에서
밀리고 밀리는 고래싸움에 새우 등터진 격이 되어버렸다는 인식
을 하고 있는 셈이다.

　그래서인지 개야도를 주목한 이들은 많아 보이지 않는다. 정신
문화나 어로문화 등의 도서문화에 대해서 고찰한 사례들이 적은
것도 이와 무관하지 않다. 그 이유를 미루어 알 수는 없지만, 아마
도 충청도와 전라도의 사이에서 크게 주목받지 못했던 저간의 사
정이 이를 말해주는 것이 아닌가 여겨진다. 어쨌든 작은 섬 개야
도의 어로문화는 새만금 물막이 공사를 계기로, 한 시기의 굴절을
통해 새롭게 변화할 시점에 놓여있는 것만큼은 분명해 보인다. 멸
치 등을 포함한 수산업으로서의 활황과 필자처럼 외부자의 시선
들이 개야도를 향하기 시작했다는 점도 이런 변화를 반증한다.

Ⅱ. '새만금만'의 설정, 안섬과 바깥섬

　새만금으로 인한 고군산의 지도는 수차례 크게 바뀌었다. 내만
부터 매립되어 나온 금강하구의 역사가 이를 반증한다. 먼 과거는
놔두고 새만금으로 인한 지도만 보더라도 가히 한국의 지도를 바

꾸어놓은 것이나 다름없으니 더 말할 것이 없다. 군산시 개발 때로부터 매립과 간척에 의해 없어진 섬들은 오식도, 내초도,5) 입이도, 가내도, 무의인도, 장산도, 조도 등을 포함하고 있으며,6) 새만금 물막이 공사로 인해 비응도 등은 물론이고 신시도도 사실상 육지가 되었다. 따라서 구시대의 고군산문화권의 설정은 이제 새만금으로 인한 새시대의 문화권이라는 점에서 권역의 재설정이 필요할 수밖에 없다. 고군산군도를 중심으로 하는 새만금 도서권역의 범주를 확장하여 '새만금만'으로 이해할 필요가 있기 때문이다. 조수간만의 영향과 물길의 변화는 그 배경이 되는 근거 중에서 대표적인 것이다.

개야도의 경우는, 새만금사업의 완성을 계기로 물길의 이동이 바뀐 탓인지, 어족자원이 급증하는 변화를 보이고 있다고 말한다. 향후 금강 하구지역의 최고의 어로활성화 지역으로 급상승하고 있다고도 한다. 실제로 개야도 통개를 비롯한 남풍어와 풍어를 가득 메우고 있는 선단들에서 우러나는 이미지는 이미 어로활성화 지역으로 변화해가고 있음을 단적으로 보여주는 것이 아닌가 생각된다. 따라서 새만금의 직접적 영향하에 있는 이런 물길의 흐름과 어류자원의 변화를 전제할 때, 기왕의 고군산군도에 대한 안섬, 바깥섬 논리는 수정될 필요가 있는 것이다. 본래 안섬과 바깥섬에 대한 인식은 고군산군도를 중심으로 구분해온 것이 사실이다. 즉, 선유도를 중심으로 하여 지금은 연륙이 된 신시도를 아우르는 군도를 안섬이라 하였고, 방축도, 명도, 말도, 관리도 등을 포함하는 군도를 바깥섬이라고 불렀다.

그러나 새만금 권역의 안섬과 바깥섬으로 확대 해석하여 영역을 설정하가 위해서는 본고에서 살펴보는 개야도를 포함해 외해

〈사진 1〉 개야도 선착장의 선단 전경

권의 어청도 및 외연열도, 그리고 왕등도, 위도 등을 포괄하는 영역 설정이 필요하다고 생각한다. 즉, 안섬이라 함은 고군산군도뿐 아니라 관리도, 방축도까지를 포함한 군도 전체를, 바깥섬이라 함은 북으로는 어청도와 외연열도까지, 남으로는 왕등도와 위도까지 포함하는 개념으로 설정하는 것이 타당하다는 것이다. 이 섬들은 각기 충남과 전북 부안을 포함하고 있지만, 문화권역으로 본다면 각각의 문화권으로 혹은 물길권으로 묶일 수 있을 뿐 아니라 상호 유기적인 관계망 속에서 그 존재가치를 추적해볼 수 있기 때문이다. 특히 미래의 새만금이 전북뿐 아니라 동아시아의 문화관광 혹은 경제 활성화의 중심이 될 수 있다는 비전을 전제한다면, 더더욱 행정단위를 초월한 보다 큰 범주에서 이들 권역을 설정할 필요가 있다.[7)]

이른바 전통과 미래를 아우르는 '새만금만'의 스토리텔링이 요청된다는 뜻이다. 윗바깥섬들이 충청도에서 군산으로 행정권역이

바뀐 점이나 아랫바깥섬들이 전남에서 군산으로 바뀐 저간의 사
정들을 감안해보면8) 이 주장이 설득력을 가질 수 있다. 본래 바다
의 문화권역은 그 물의 흐름과 어류의 이동에 따라 설정되어 왔기
때문이다. 다시 말하면 도서권역은 행정영역이 아니라 문화권으
로 묶이는 것이 타당하다는 뜻이며, 활용이나 전망 또한 이와 같
은 맥락에서 설정될 필요가 있다고 생각한다.

　따라서 이를 포괄하는 바다 영역을 '새만금만'으로 표현할 수
있다고 생각한다. 여기서의 '새만금만'은 기왕의 금강 수계권에서
물길의 영향을 받았던 곳과 현재 새만금 완공으로 인한 물길의 변
화에 영향을 받는 인근 도서들을 포괄하게 된다. 물론 현재의 '새
만금만'이 사전적 의미를 충족시키는 공간구성을 지니고 있지는
않다. 본래 '만灣'이라 함은 "바다가 육지 속으로 깊이 들어와 있
는 곳"을 말하기 때문이다. 한강수계권과 연결되는 경기만, 그리
고 비인만, 천수만 등 한국의 서해, 남해에서 '만'으로 불리는 모
든 해역들은 마찬가지 맥락에서 붙여진 이름들이다. 그렇다면 '해
海'를 붙여 '새만금해'로 표현할 수도 있겠으나, 대체로 '해'는 동
해, 서해, 황해 등의 규모가 큰 범주를 일컫는 용어라는 점에서 적
당하지가 않다.

　결국, 이 권역을 통상적인 개념으로 접근하여 '새만금만'으로
설정해보고자 한다. 이것은 사실상 새만금 안에 갇혀버린 내륙화
된 동진강과 만경강의 수계권도 포함되는 개념이라고 할 수 있는
까닭에, 본래 이 해역이 가지고 있던 '만'의 성격을 복원하는 의미
도 포함할 수 있으며 미래의 새만금 해역에 대한 재설정의 의미도
지향할 수 있을 것으로 생각한다. 이 도식대로라면 내륙으로는 금
강수계의 영향권역에 있고, 내해로는 새만금제방을 통해 연안화

된 각 섬들을 안섬으로, 이외의 섬을 위쪽과 아래쪽으로 나누어
바깥섬으로 규정할 수 있게 되는 것이며, 그동안 변방으로 인식되
어 왔던 개야도 새만금만에 포함되어 더 이상 소외되지 않는 담
론들을 생산해낼 수 있다고 보는 것이다. 이 논의는 개야도뿐만
아니라 어청도, 외연열도, 그리고 왕등도, 위도 등의 미래적 위상
을 설정하는데도 유용하다고 생각한다.

Ⅲ. 새만금 도서권역의 당설화 전승과
개야도당의 성격

그렇다면 개야도가 '새만금만'의 문화권으로 묶일 수 있는가에
대한 해명을 정신사적 맥락에서 접근할 수 있는 당설화를 통해 찾
아보고자 한다. 이를 위해서 먼저 '새만금만' 전역의 당설화가 가
지는 분포와 의미들을 추적해보기로 하겠다.

주지하듯이 이 지역의 설화와 마을제는 실상 마을마다 존재했
다고 보는 것이 옳다. 현재 개야도, 위도처럼 당제를 지내고 있는
곳도 있지만, 대부분은 그 흔적 정도가 남아 있어 그 실체가 드러
나지 않았을 뿐이다. 왕등도처럼 당집이 훼손되어 아예 접근이 어
려운 곳이 현 단계 이 지역의 당설화가 가지는 현실일 수 있다. 현
존하는 설화의 분포나 맥락만으로는 이 지역 당제가 가지는 총체
성을 규명하는데 한계가 있다는 것이다. 어쨌든 이를 섬별로 도식
해보면 아래와 같다.[9)]

<표 1> 새만금만 주변 섬들의 당설화

권역	섬	마을제	신격 등	설화
윗바 깥섬	어청도	치동 묘제	전횡	제나라왕 전횡이 망한 후, 500여 백성을 데리고 들어와 살게 되었음(BC 202년 이후) -->군산 어은리,선제리,오곡리 담양전씨 치동 묘와 관련.
	외연 열도	전횡 묘제	전횡	위와 유사함
?	개야도	개야도 당제	당산할아버지,당산할머니,소 문부인,임씨신위,임씨부인신 위 5	
안섬	신시도	신시도 당제	오구유왕님 등 불명	1. 당맞이 선주들이 들돌들기 (히로시마 신사 　역석 사례) *고운 최치원설화(대각산, 월영봉)
	선유도	오룡묘 당제	오구유왕,명두아기씨,최씨부 인,수문장,성주 등 5신위	1. 나라에 쓰기위한 청기와를 싣고가다 풍랑을 　만나 오룡묘에 기와3장을 바치고, 순항함. 2. 망주봉 오룡당 안에서 죽은 아기왕비(?)버전 　임씨처녀 고려도경(오룡묘,자복사 기록있음) 범씨천년도읍이야기(망주봉 전설-도읍 망부석?)
	무녀도	무녀도 당제	당산할아버지, 당산할머니 양위	
	장자도 대장도	어화대 당제	1. 대장산신당: 산신, 칠성신 2. 어화대:장자할머니,주장대 신,용왕님,성주대신 5위	1. 장자할머니 바위 전설/ 성춘향 실패담류(?) 2. 선유도 오룡당이 본당임.
	야미도	영신 당제	안두사, 당산할아버지,할머 니내외 3위	1. 안도사라고 쓰여진 나무토막 밀려와 상량목 2. 해안표착형설화(나무토막)
	관리도	영신묘 당제	장군님, 칠성님,산신님,유왕 님 등 12신위	
	방축도		윗당산, 아랫당산터	고름장터 50여기
	말도	영신 당제		1. 장도칼 전설: 조선시대 심판서라는 사람이 　영신당을 짓고 바침, 칼에 녹이슬면 기운이 　다한다 2. 개조도 당집임.
?	비안도	비안도 당제	산신내외,산신모친,시조부인 관운장,문지기 등 5위(?)	1. 시숫배띄우기(갯제) 2. 부안 수성당 할머니의 딸
	두리도	누석단	제단형태의 당산	
아랫 바깥 섬	위도	대리 치도리	1. 대리:원당마누라, 본당마누 라,옥자부인,애기씨,산신 님,신령님,물애기씨,장군 님, 좌 우 문수대영신 10위 2. 임경업(?) 등 6위	마을사람들이 치도당 장군신을 임경업이라고 주장하지만, 구체적으로 밝혀진 바는 없음

식도	위도와 유사 6위	
왕등도		1. 호남의 대학자 전간제선생 우거지 2. 중국왕이 올랐다는 설, 의자왕의 승천설

섬별 마을제와 신화소를 분석해보면, 대체로 윗바깥섬이 전횡을 신격으로 하는 제의와 신화지역임을 알 수 있다. 중국과의 친연성이나 관련성을 나타내주는 설화를 배경으로 하고 있는 문화권이라고 할 수 있다는 뜻이다. 중국에 배타적인 신으로는 임경업을 들 수 있는데, 이 또한 대중국 스토리를 지니고 있다는 점에서 중국 관련 설화로 분류해볼 수 있다. 다만 이 권역에서는 위도 치도리의 경우에만 임경업이 언급되는 편이다. 주지하듯이 임경업 신격은 충청이북 도서지역부터 강화도에 이르기까지의 분포도를 보여준다. 논자에 따라서는 임경업을 신격으로 하는 당굿의 분포권을 위도로 보기도 하고, 충남 서산 창리당 및 홍성군 성호리, 옹암리 당제 등으로 보기도 한다.10) 위도까지 하한선으로 보는 이유는 위도 치도리당의 장군신격이 임경업이라는 현지민의 주장에 의한 것인데, 이 무신도를 임경업으로 볼 수 있는가에 대해서는 부정적인 견해가 우세한 편이다.11) 정설이 있다기보다는 논란의 여지가 여전히 많은 편이어서 이를 확정하여 논의하기는 무리라는 뜻이다. 대체로 대청도의 선진항, 사탄동 지역, 연평도, 소청도의, 노화동 포구, 덕적도, 문갑도, 강화도 일대, 옹진군 북도면 모도 지역, 충청도 서산의 창리와 독곶, 항도리 등으로 보고되고 있다.12)

어쨌든 이 권역의 당신격들이 중국과의 관계 속에서 조망될 필요는 인정되어야 한다고 생각한다. 설사 치도리의 임경업신격이 후대의 소수 사람들에 의해 창안된 것이라고 할지라도 아랫바깥섬과 윗바깥섬 모두 중국 관련 문화권으로 분류해 볼 수 있기 때문이다. 대중국 관련성이 드러나는 이유는, 이 지역이 아마도 백제 이전까지 중국과 매우 밀접한 교류가 이루어졌던 권역이라는 점에서 찾을 수 있을 것 같다. 왕등도의 설화 중에 중국의 한 왕이 이 섬에 올랐기 때문에 왕등王登이라고 했다는 설과 백제멸망 후 의자왕이 중국으로 끌려가면서 올라 간데서 비롯되었다는 설 등도 상호 대적되는 스토리로 보이지만, 결국 중국과의 관련성 속에서 해석되는 것을 가능하게 해주기 때문이다.

안섬의 신격들은 대개 당산할아버지와 당산할머니를 토대로 하며 이와 관련된 소수의 신격들이 분화되어 좌정되었던 것으로 파악된다. 신시도의 오구유왕이나 선유도의 오구유왕, 장자도의 용왕님, 관리도의 유왕님 등은 도서해안지역에서 보편적으로 나타나는 용왕으로 해석할 수 있다. 이외의 신격들도 대개 서해안 북쪽에서 전라도 북쪽해안에 이르는 당신격에서 보편적으로 나타나는 신격이라고 말할 있다. 즉, 윗바깥섬은 전횡신격권으로 중국과의 친연성을 나타낸다고 하겠으며, 아랫바깥섬은 중국과의 적대적 관념인지, 우호적 관념인지 확연히 드러나지는 않지만 어쨌든 중국과의 관련성을 거론할 수는 있다고 하겠다. 그에 비해 안섬은 대개 천부지모형의 기본신격이 중심이 되

〈사진 2〉 위도 치도리당 전면 당신도

고, 그 외의 파생신격들이 좌정해있다는 점에서 그 배경이 다르다는 점을 알 수 있다.

위도[13], 식도[14] 등도 치도리의 경우만 제외하면 특별한 신격권으로 묶여지지는 않는다. 왕등도[15]는 당제를 폐한지 이미 오래되어서 그 전모를 살피기가 어려운 상황이다. 그럼에도 불구하고 이 권역의 신격을 굳이 나눈다면, 원당마누라권역으로 묶일 수 있지 않을까 생각한다. 어쨌든 아랫섬 또한 당신격으로 그 변별성을 찾아내기는 어려우 보인다. 한편, 널리 알려진대로 위도와 식도 공히 당제의 마지막 절차로 띠배 띄우기를 통해 용왕에게 헌식한다는 점이 의례적 특징이라고 할 수 있지만, 사실상 이 형식도 해안에서 나타나는 당제의 보편적 형식이라는 점에서 변별적이라고 하기에는 무리가 있다.

그런데, 개야도의 경우는 전횡신격이 전혀 나타나지 않는다는 점에서 어청도와 다른점을 보여준다. 표에서도 간략하게 언급되어 있듯이, 개야도의 대상신은 본당 대부조 신위(당산 할아버지)·대부인 신위(당산 할머니)·소문부인 신위(당산 할아버지의 소첩)·임씨 신위·임씨 부인 신위(당산 할아버지를 돕던 부부)등 다섯 신이다. 이를 인당지, 인당부인지, 본당지, 본당부인지, 소저지 등으로 부르기도 한다. 즉, 천부지모형의 기본신격을 중심으로 당산할아버지의 소첩, 도우미 부부 등으로 파생되어 있음을 알 수 있다. 당신격이라는 맥락에서만 보면, 사실상 안섬 권역으로 묶일 수 있어 보인다. 개야도가 대체로 조간대潮間帶 어로지역이고 어청도 등이 점심대 어로지역이라는 점을[16] 전제하면 충분히 고려할 수 있는 접근인 셈이다. 그러나 고군산도와는 지리적 차이를 포함한 다소간의 변별성들이 존재한다는 점에서 안섬으로 묶기에는 또한

〈사진 3〉 개야도 당집

무리가 있다.

그런데 당집의 경우를 보면 어청도를 포함한 이 권역의 당집들과 크게 달라보이지는 않는다. 돌담으로 둘러싸인 제각형식의 기와집과 스레트집이라는 점에서 그 형식이 유사하기 때문이다. 당산은 마을 뒷산 정상에 남향으로 위치해 있다.[17] 당집 주위에는 팽나무, 소나무, 칡넝쿨 등이 쌓여있다. 당집 대문은 함석지붕으로 되어 있다. 크기는 정면 133㎝, 측면 141㎝이다. 대문에서 3m 가량 안쪽으로 당집이 있다. 블록조 팔작 함석 지붕으로 적색 페인트가 칠해져 있다.[18] 제사는 대보름 아침 일찍 끝나게 되는데 끝날 즈음 당주가 소지 받으러 오라는 신호로 징을 치면 선주들은 당집으로 올라와서 당제를 지내고 난 쌀을 받아다가 '뱃고사'를 지낸다.[19] 선주들이 각자 종이에 제를 지낸 음식을 한 웅큼씩 싸서 선원들에게 분배한다. 선원들은 각자의 몫을 바다에 내던진다.

던진 음식들이 가라앉거나 흩어지는 것을 보고 한 해 동안의 점을 치기도 한다. 포장했던 음식이 풀어져서 주위에 퍼지면 그것을 던진 사람은 한 해 동안 운이 없다고 생각한다. 정월 보름 저녁에는 마을 사람들이 마을 앞 네거리에 모여서 '거리제'를 지낸다. '거리제'는 그해 마을의 안녕과 풍어, 풍년과 아울러 마을 사람들의 건강을 기원하는데 그 목적이 있다. 제일이 다가오면 당집과 당주집 주위에는 황토를 세 곳에 뿌려 놓으며 왼새끼를 꼬아 금줄을 치기도 한다. 거리제는 대개 거른제, 노른제 등으로 불린다.[20]

〈사진 4〉 개야도 당제 광경

　한편, 고군산의 아래쪽에 위치한 비안도, 두리도의 경우는 시조부인 관운장이라는 신격이 있어서 중국과의 관련성을 유추해볼 수는 있으나 그 성격을 명확하게 진단하기는 어려운 실정이다. 신격 이름 자체가 모호할 뿐더러 더불어 모셔지는 신격들과의 관련성도 명확하지 않기 때문이다. 결국 비안도와 두리도의 당신격 및 당설화도 외해쪽에 있는 위도, 왕등도 등의 당설화와는 변별적이라고 해석할 수 있다.

　이를 종합하여 개야도 당의 성격을 보면, 윗바깥섬으로서의 전횡신격과는 상당히 다르며, 오히려 안섬 당들의 성격과 유사한 패턴을 지닌다고 말할 수 있다. 물론 안섬 당신격들은 상당히 다양한 범주로 분화되어 있기 때문에, 그 성격을 일관되게 주장할 수는 없지만 대개 천부지모형을 기본으로 한 분화신격으로 볼 수 있다고 할 수 있다. 개야도의 거리제도 사실상 헌식제의 일종이라는 점에서 도서해안의 당제에서 나타나는 띠배 띄우기의 기본적 성격이라고 할 수 있다. 또한 아래쪽의 바깥섬인 위도, 왕등도와도 그 패턴이 다르다는 점에서 개야도 당설화는 고군산군도의 당설화와 유사한 패턴을 지니고 있다고 말할 수 있다. 대신 위도의 치도리의 당신격을 임경업으로 보느냐 보지 않느냐에 따라서 그 성격의 향방이 달라질 수 있다고 하였기 때문에, 이를 근거로 안섬, 바깥섬에 대한 성격을 규정하기는 다소 무리라고 하겠다. 다만 새만금만의 전체 그림을 놓고 봤을 때, 그 거리적 분포라는 점에서 아랫바깥섬으로 분류하는 것은 가능하다고 생각한다. 결국 당설화적 맥락에서는 개야도를 포함해 비안도, 두리도까지 안섬의 범주로 설정하고, 나머지 섬들을 위아래 바깥섬으로 분류해도 큰 무리는 없을 것으로 생각된다.

Ⅳ. 새만금 도서권역의 연안 어로전통과 개야도의 주벅 전통

'새만금만'의 어로전통은 주로 조간대와 점심대의 어로로 나누어 살펴볼 수 있다. 기왕의 조사 및 보고에 의하면, 조간대에서는 주로 맨손어법, 독살, 각망 어법 등이 행해졌고, 점심대에서는 주벅배 등의 그물 어업이 행해졌음을 알 수 있다. 이를 '새만금만'에 포함되는 영역별로 보면 고군산어로권과 위도,칠산어로권으로 나누어 살펴볼 수 있다. 여기서 말하는 고군산어로권은 대체로 안섬의 범주에 대응한다고 볼 수 있으며, 위도,칠산어로권은 아랫바깥섬의 범주에 대응한다고 볼 수 있다. 이 지역 어로전통에 대해서는 필자와 나승만 교수가 『한국의 해양문화』를 집필하면서 꼼꼼하게 현지조사를 실시한 바가 있기 때문에, 간략하게 이를 요약 리뷰해보겠다.[21]

해안부근에서 가장 보편적으로 행해졌던 어로로는 맨손어법을 들 수 있다. 맨손어로에서 사용되는 도구들을 보면, 백합, 바지락이나 굴을 캐기 위한 호미, 그물망이나 바구니, 칼, 시통(물이 들어올 때 뜨는 것), 까꾸리(굴 따는 도구로 30㎝길이로 한쪽은 18㎝정도의 뾰족한 쇠가 있어 바위에서 굴을 때내도록 되어 있고 다른 쪽의 끝이 'ㄱ'자로 꺾어져 굴을 벌려 알을 꺼내도록 되어있다) 등을 거론할 수 있다. 이 관행어법들은 이 지역이 주로 개펄과 조간대 중심의 어로가 발달해 있었음을 짐작하게 한다.

그물 어업을 보면, 주목망柱木網 어업[22], 비사리그물[23] 어업, 낭장망 어업[24], 새우포망[25] 어업 등을 들 수 있고, 조간대 망어업으로는 덤장(V자형+W자형)[26] 어업 등을 들 수 있다. 그러나 점심대와 조간대 해역의 구분과는 상관없이, 망어업 자체가 조간대 중심의 해역에서 이루어졌다는 점에서 사실상 이 권역의 점심대 어로는 크게 발달하지 않았다고 보는 것이 옳을 것 같다. 이외의 그물어업으로는 자망어업[27], 삼각망과 이각망, 통발[28] 등을 들 수 있는데, 이 또한 수심이 깊은 바다의 망어업을 전제하는 어로가 아니라는 점에서 이 지역 전통어로는 주로 조간대를 중심으로 하여 행해졌다고 말해도 큰 무리는 아니라고 본다.

양식어업에서는 김양식이 대표적이다. 김양식은 고군산군도 주변의 수심이 얕은 곳에서 이루어졌다. 일제강점기에는 소규모였으나, 1980년대 들어 말목식을 사용한 양식면적이 증가하고, 1980년대 후반에 부유식으로 바뀌면서 수심에 제한을 받지 않게 되어 양식면적과 수확량이 크게 증가하였다. 조간대에서 점심대로 그 영역이 확장되어 나갔음을 알 수 있다. 해태양식이 휴어기인 겨울철에 행해짐으로써 봄, 여름의 어로어업에 별다른 지장을 주지 않아 1960년대 말부터 빠른 속도로 확대되었다. 이외의 양식어업으로 바지락 양식을 들 수 있는데, 고군산군도 주변의 간석지에서 이루어졌다.

이 권역에서는 전통적으로 어살(죽방렴)어업이 많았다. 살은 대부분 대나무를 쪼개서 엮은 그물을 사용했고, 마장으로 사용하는 나무는 참나무나 소나무가 주종을 이루었다. 대개 지역 이름에 따라 조개미 마을이면 조개미살, 합구 마을이면 골살 등으로 불렀다. 살은 육지를 향하여 대나무나 갈대, 싸리 등으로 엮은 발을 중앙 임통任桶(들망)을 중심으로 양쪽으로 세워 밀물 때 들어온 고기가 썰물 때 양 날개에 걸려 나가지 못하고 중앙 임통으로 들어가게 된다. 이러한 어살은 무녀도, 선유도, 명도 등지에서 행해졌다.

　이상을 종합해서 살펴보면,[29] 고군산군도에서는 지주형으로 주 목망, 비사리그물이로가 행해졌다. 닻줄형으로 낭장망어로가 행해 졌다. 어살과 관련해서는 조간대 막이형으로 각자 막이형, 즉 중 앙 임통형, V자형 덤장, W자형 덤장 등이 사용되었다. 날개 임통 형으로 이각망 및 삼각망이 활용되었다. 위도를 포함한 칠산어업 권에서는 조간대 막이형으로 각자 막이형에 중앙 임통형 즉, 덤 장, 고개미살, 억새살, 개매기살 등이 행해졌고, 날개 임통형으로 살막이가 행해졌다. 일자/타원막이형으로는 버커리살(야달매기), 대 맥이, 개맥이 등이 행해졌다. 갯가막이형으로는 독살이 활용되었 고, 개별 축조형으로는 장어얼이 사용되었다. 새만금만에 포함된 전 해역에서 그것이 원해든 내해든 간에 주로 조간대 중심의 어로 활동이 활발하게 이루어졌음을 알 수 있다.

　한편, 개야도는 금강 하구에 인접해 있기 때문에 주로 연안어업 에 종사해온 것으로 파악된다. 전통적으로 행해 온 어로활동으로 는 살짱, 살망, 독살 등으로 불리는 주벅이 가장 활발하게 사용되 어 온 것으로 조사되었다. 여기서의 주벅은 돌살(독살)을 포함하는 개념으로 인식되고 있는데, 이는 돌살 안에서 주벅 등의 망어업이 공존하고 있었던 데서 비롯한 것이거나, 돌살의 임통을 주벅의 일 부인 불뜨기(임통)로 활용한 것에서 비롯된 것이 아닌가 여겨진다. 그러나 새만금만 전 지역에 공히 돌살과 주벅이 별개의 어구어법 으로 드러난다는 데서 개야도 조간대어로의 특성이 있지 않나 싶 다. 앞서 살펴본 바 선유도 및 서해의 주벅도 명백히 초기의 대나 무살 어업에서 발전된 망어업의 형태를 띠고 있었음에도 불구하 고[30] 개야도의 일부 노인들은 돌살을 주벅으로 인식하거나[31] 주

장하고 있기 때문이다.[32]

〈표 2〉 개야도 전통 함정어업 현황표(2003,6,18, 김중규 조사)

종류	위치	개수	크기	모양	포획어류	재료	비고
독살	악섬	1	75cm	반달형태	청어, 조기	돌	60년대 중단
독살	흰독살	1	21m	반달형태	꽃게, 우럭, 멸치, 잡어	돌	75년대 중단
독살	흰독살	1	175m	반달형태	꽃게, 우럭, 멸치, 잡어	돌	60년대 중단
어살 (궁발)	서들녘 근처	2		V자형	꽃게, 잡어	대나무	60년대 중단
살	서들녘 근처			-자형	조기, 청어, 잡어	대나무	60년대 중단
개메기				V자형	꽃게, 조기, 잡어	나무, 그물	중단

위 표는 2003년 김중규 조사보고서를 인용한 채명룡의 전통 함정어업 조사보고서이다. 여기서의 흰독살은 지명으로도 사용되고 있음을 볼 수 있다. 흰돌들이 있었기 때문에 붙여진 이름으로 보인다. 이러한 사실을 통해서 알 수 있는 것은 돌로 만든 함정어법을 '독살'로 지칭했다는 것이고, 이것이 지명으로 굳어졌을 것이라는 점이다. 따라서 현재의 개야도 노인들이 구술하는 주벅은 돌살의 명칭을 오해하고 있던지, 혹은 혼합된 어살 어업으로 인해 일정한 시점 이후부터 통칭하던 것으로 추정해볼 수 있다.[33]

여기서 한 가지 주목할 것은 위 표에서와는 다르게 악섬 돌살이 최소 다섯 개 이상으로 이루어져 있다는 점이다. 이처럼 돌살이 다섯 개의 중첩된 형태를 취하고 있다는 점에 주목할 필요가 있다. 겹으로 조간대의 물높이에 따라 상층, 중층, 하층을 적절하게 이용한 사례들이 일반적이지는 않기 때문이다. 태안반도 마도의

〈사진 5〉 개야도 악섬 해안의 오겹주벅

겹으로 된 돌살이나, 남제주군 대정읍 하모리의 운진이원 등이 그 대표적 사례로 거론되는 것으로 보인다. 후자의 경우 맨 바깥쪽에 위치한 원을 '밧원', 가운데 위치한 원을 '샛원'이라고 한다.[34] 이런 맥락을 전제하여, 개야도의 악섬주벅을 '오겹돌살' 혹은 주민들의 지칭을 참고하여 '오겹주벅'이라고 불러도 무방하다고 생각한다.

개야도의 주벅을 주목해야 하는 이유는, 이 어법이 전형적인 고정어법의 고대적 형태와 대표성을 지니고 있기 때문이다. 현재 서해와 남해에서 돌살을 이용한 체험학습과 관광자원화 열기가 달아오르고 있는 것도 이런 맥락과 무관하지 않다. 대체로 지형과 조류간만의 차를 뛰어넘는 어로기술의 보급이 이루어지면서 전래의 어로방법이 급속하게 사라져버렸기 때문에, 문화원형적 맥락에서[35] 이를 주목하지 않을 수 없다는 뜻이다.

김중규가 조사한 위의 표에서 볼 수 있듯이, 궁발로 불리는 어

살은 V자형으로 서해안에서 보편적으로 행하던 어법 중의 하나라
고 할 수 있다. 필자는 이와 관련하여 고군산군도 어업권, 위도칠
산어업권, 다도해어업권, 득량만, 여자만어업권으로 나누어 그 특
징을 살펴본 바 있다. 개야도가 속한 고군산군도 어업권에서 거론
된 어법들은 주로 주목망, 비사리그물, 낭장망, 덤장, 이각망, 삼각
망, 어살, 독살 등이었다.36)

V. 개야도의 도서문화
- 당설화와 전통어로의 특징

이상을 종합해보면, 이 지역 섬에서 행한 전통어로는 조간대를
활용한 맨손어로, 돌살 및 주벅(살)어로, 소규모 그물어로 등이라고
정리할 수 있다. 이를 연해해서 원해의 어로방식으로 구분해보면,
대체로 연해에서는 맨손어업, 독살 및 주벅어로가 행해졌으며, 원
해에서는 소규모의 조간대어로를 포함한 그물어로가 행해졌다고
말할 수 있겠다. 그렇다면 개야도의 전통어로 중에서 대표적인 것
이 주벅 즉, 독살을 중심으로 하는 조간대 어로라는 점에서 개야
도의 어로문화적 특징과 그 위상을 설정할 수 있게 될 것이다.

공동체 신앙으로서의 당설화를 보면, 안섬의 경우에는 자연신
격이라 불릴 수 있을만한 다채로운 신격들이 나타남을 살펴보았
다. 대체로 윗바깥섬과 아랫바깥섬이 중국과의 친연성을 나타내
주는 권역이라면, 안섬은 선유도를 중심으로 하는 문화적 현상들
이 나타나고 있기 때문이다. 설화소로만 보면, 신시도 당제의 들
돌들기, 선유도 오룡묘의 청기와, 임씨처녀, 망주봉, 대장도 어화

대의 장자할머니바위, 야미도 영신당의 안도사 상량목, 방축도의
고름장, 말도 영신당의 장도칼, 비안도당제의 수성당할머니 딸 등
을 거론해볼 수 있다. 신시도와 선유도는 최치원설화와 밀접한 관
련을 맺고 있다고 할 수 있다. 선유도 오룡묘의 망주봉설화 또한
미륵환생을 염원하는 미래불이야기로 도교적 맥락에서 최치원설
화와 친연성을 보여준다. 어화대당제는 선유도 오룡당이 본당이
므로, 이른바 고군산문화권으로 묶일 수 있으며 성춘향류 설화의
이본으로 여길 만하다. 야미도 영신당의 안도사 나무토막이야기
는 해양표착형설화의 하나로 그 의미를 부여해볼 수 있다. 방축도
의 고름장터는 50여기가 발굴된 바 있는데, 이는 고군산군도를 하
나의 권역으로 설정하고, 이를 풍수적으로 해석해보면 북망의 산
천이라는 해석이 가능해진다. 물론 더 분석해봐야겠지만 청동기
이전의 고인돌터를 연상하는 고려 이전의 고려장터라는 해석이
가능해진다. 방축도에서 출토된 수많은 고려청자들이 이를 반증
해준다.[37] 이를 앞서 살펴본 공동체신앙으로서의 당신화, 그리고
어로환경 및 지리적 특징 등을 연결해보면, 개야도가 대체로 새만
금만의 안섬에 해당된다고 정리해도 큰 무리는 없어 보인다. 이는
두리도 등의 경우도 마찬가지라는 점에서, <그림 2>와 같이 정리
해볼 수 있다고 생각한다.

　그림에서 볼 수 있듯이, 새만금 개발지구는 기존의 동진강과 만
경강의 '만'의 의미를 수렴하고 있는 권역이다. 또한 선유도를 중
심으로 한 기왕의 고군산군도는 신시도 등이 내륙화된 것 말고는
대체로 안섬의 성격을 지니고 있다고 볼 수 있다.

　앞서 분석한 공동체신앙으로서의 당설화와 조간대를 중심으로
하는 어로문화적 분포에서 이를 확인한 바 있다. 그러나 어청도,

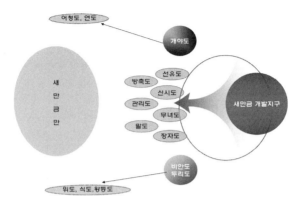

〈그림 2〉 새만금만의 설정과 관련 섬들의 관계도

외연열도 등은 전횡을 신격으로 하는 변별성을 보여주었다는 점에서 성격이 다름을 확인하였다. 다만 어로활동에 있어서는 큰 변별성을 가지고 있는 것으로 보이지는 않았으며 소규모의 그물 어로 등이 변별적일 뿐이었다. 위도, 식도의 경우는 원당마누라권으로 묶을 수 있다고 생각하였다.[38] 어쨌든 안섬 권역의 당설화 등과는 차이점이 있다는 점을 확인하였다. 따라서 공동체 신앙으로서의 당설화와 공동체 생업문화로서의 어로방법을 통해서 〈표 3〉과 같이 권역을 설정할 수 있다고 생각한다.

〈표 3〉 새만금만 권역별 구분표

위치	고군산군도 윗쪽		고군산군도	고군산군도 아랫쪽	
어로 권역	외해로권역	연안어로권역	연안어로권역	연안어로권역	외해로권역
해당 도서	어청도 외연열도	(연도) 개야도	신시도,선유도,무녀도, 장자도(대장도), 야미도, 관리도, 방축도, 말도	비안도 두리도	위도 식도 왕등도
권역 구분	윗바깥섬	윗안섬	안섬	아랫안섬	아랫바깥섬

위 표에 의하면 개야도는 연도와 더불어 새만금만의 안섬 중에
서도 윗안섬에 포함되는 셈이며, 비로소 동진강과 만경강, 그리고
금강의 수계권역을 포괄하는 새만금만의 영역으로 포함시킬 수
있게 된다고 할 수 있다. 따라서 개야도 주민들이 인식해왔던 바
기왕의 소외감이나 서천 혹은 군산간의 영역에 대한 다툼을 넘어,
보다 넓은 의미의 새만금만 문화권역으로 묶일 수 있다고 생각한
다. 다시 말하면, 새만금만의 설정을 통해서 기왕의 부안군, 김제
시, 군산시는 물론이고, 충남 서천군을 아우르는 영역을 규정할
수 있게 되는 것이다.

여기서 윗바깥섬과 아랫바깥섬은 외해어로 및 외해 항로권으로
묶을 수 있으며 안섬을 비롯한 위아래 안섬의 경우는 연안어로 및
연안 항로권으로 묶을 수 있게 된다. 외해로는 이미 고대의 교역
로, 서긍의 기록, 최치원의 도당항로 등, 상당히 많은 자료들을 통
해서 대중국 항로였음이 밝혀진 바 있다. 이른바 사단항로의 기점
으로 위도, 어청도 등이 거론되어왔던 것이다. 이에 비하면 안섬
과 위아래 안섬 등은 내만의 어로와 관련된 항로와 조운선 등의
항로로 이용되어 왔다. 결국, 본고에서 접근하는 해역 중심의 '새
만금만' 구분법은 물막이된 새만금 제방 즉 내륙을 중심으로 삼는
구분법이 아니라는 점에서 그 의의를 찾을 수 있다. 기존의 강과
바다의 수계권을 전제하고 그 물길의 영향에 따라 접근한 구분법
이기 때문이다.

VI. '새만금만' 개야도 도서문화의 활용 전략

이상, 개야도의 문화적 위치를 당설화 및 어로문화의 분석을 통해서 살펴보았다. 그렇다면 전통적인 당설화의 존재의미가 희미해지고, 전통어로방법이 소멸되어 버린 지금, 개야도의 도서문화는 어떻게 재구되거나 활용되어야 할 것인가에 대해 주목할 필요 있다. 이를 위해서는 새만금만 도서문화의 총체성 속에서 각편으로 활용되는 전략적 접근이 필요할 것이며, 또 그렇게 접근했을 때 새만금만이라는 권역이 가지는 도서문화적 총체성의 복원은 물론 개야도가 가지는 부분성이 복원될 수 있을 것이다.

새만금만의 도서문화에 대한 전체적인 성격은 일차적으로 고군산군도가 가지고 있는 선도적 이데아[39]의 색깔을 드러내는 것에서부터 출발할 수 있다. 왜냐하면 현재의 새만금을 중심으로 널리 회자되어 왔던 최치원설화, 서복설화, 삼신산설화 등이 이런 맥락에서 거론 가능하기 때문이다. 이와 관련된 지명으로 봉래구곡, 선녀탕, 신선대, 선계사, 선계안골, 쌍선봉, 고군산의 선유도 등을 들 수 있다.[40] 이들 모두 새만금과 인접하거나 관계가 깊은 전북 해안에 위치하고 있다는 점에서 그 성격을 추론해볼 수 있다. 특히 대개의 서복설화가 지명전설로 남아있는 것이 보통인데 반해 전북 변산에서는 방장산을 매개로 이상향의 세계로 치환되어 포장되어 나타난다는 점에 주목할 필요가 있다. 삼신산설화가 이후 도교적 세계관과 습합하여 이상향의 세계 즉, 동양의 이데아로 치환되어 왔음을 전제하게 되면 변산의 영주산설이나 봉래산설은 매우 흥미로운 요소가 아닐 수 없다. 이 설화소들 속에는 서복일

행의 삼신산 설화와 도교적 무릉도원이 중첩되어 나타난다. 즉 봉래산이 도교적 이상향으로 드러나는 것이다. 이것은 민중의 설화가 도교적 이상세계인 무릉도원과 습합되면서 전승된 동아시아의 이데아라고 할 수 있으며,[41] 불로초와 신선이라는 도교적 세계관과 매우 밀접하게 관련되어있다고 말할 수 있다.[42] 새만금 방조제가 변산반도에서 군산시로 연결되어 있다는 점에서 이 지리적 배경설화는 충분히 고려할 가치가 있다.

이렇듯, 고군산군도가 가지고 있던 선도적 이데아의 색깔을 드러내는 2차적 확장이 중요한 이유는 새만금과 군산시가 가지는 반생태적이고 반자연적인 공장 중심의 이미지들을 탈각시키는 효과를 거둘 수 있기 때문이다.[43] 군산시의 경우처럼 이미 공장이 즐비한 산업도시로 탈바꿈해있기 때문에 이를 상쇄시킬 수 있는 처방이 필요하다는 뜻이다. 이 삭막한 도시를 중화시킬 수 있는 방안으로 고군산군도를 중심으로 한 안섬을 비롯해, 새만금만 전 해역의 당설화와 전통적인 어로문화를 활용하는 것이 필요하다는 것이다. 이들 전통문화는 전근대성을 지니고 있다고 비판받기도 하지만, 도시민들의 본원적 노스탤지어를 추동할 수 있다는 맥락에서 매우 유효한 문화자원이기 때문이다.

따라서 앞서 살펴본 개야도의 당설화 및 주벅어로는 도시인들의 노스탤지어를 추동할 매우 유용한 전통문화자원이라고 말할 수 있다. 사실 본고를 마련하게 된 동기 중의 하나도, 새만금에 의해 전적으로 영향 받고 있으면서도, 새만금에서 소외된 개야도의 어로문화적 위상 찾기와 그 안의 전통문화자원들을 활용하는 전략을 마련해보기 위한 것이라고 할 수 있다. 그 대안 중의 하나로 잃어버린 신화성의 회복 즉, 공동체 신앙으로서의 당설화의 스토

리텔링과 전통적인 어구어법인 오겹주벅 등의 조간대 어로문화를
주목했던 것이다.

그러나 소멸되어가거나 폐한 전통을 복원하자고 주민들을 조르
기에는 전통을 복원한다는 명분뿐 아니라 경제적 이익의 창출이
라는 실제적 환경의 조성이 또한 필요할 것이다. 현 단계 주민들
의 내발적 동기들은 대부분 경제적 이익의 창출에 있다고 생각되
기 때문이다. 이것은 관광자원이라는 맥락에서 장소의 개발과 관
련시킬 수 있다. 관광자원화는 앞서 살펴본 자원 즉, 주벅의 영구
적 혹은 일시적 체험공간의 조성과 당산제의 축제화를 통한 이벤
트의 조성 등으로 접근해볼 수 있다.

그렇다면 사람들은 이 작은 섬 개야도를 찾아 일련의 스토리라
인을 가진 어구어법의 체험 및 이벤트를 즐기려고 할 것인가? 이
관광자원화가 주민들에게 어떤 실질적 도움을 줄 수 있는가? 이같
은 꼬리를 무는 의문들이 제기될 수 있다. 그러나 산술적으로 이
를 적극 해명하지는 못하지만 적어도 사람들의 노스탤지어를 자
극함으로써 개야도의 부분성 즉, 새만금만의 전체성에 대한 부분
성의 의미는 적극 드러낼 수 있다고 판단한다. 우리의 기억은 우
리가 갖고 있는 문화적, 사회적 상황에 맞도록 재구성되어 있다고
한다. 이러한 현상은 노스탤지어적 경험에 있어서 간접체험 노스
탤지어와 유사하다.[44] 즉, 자신이 직접 체험한 것이 아니더라도
부모님으로부터 들은 고향이야기라든지, 서적을 통해 읽은 문학
의 배경이나 역사적인 유적지 등에 대해서 이미지를 갖게 되고,
그 이미지에 대해서 마치 자신이 경험한 것처럼 생각한다든지, 친
숙하게 느끼게 된다. 이것을 간접체험 노스탤지어라고 부를 수 있
는데, 일반적으로는 사회문화적 노스탤지어나 민족적 노스탤지어

라고 말한다.[45] 개야도의 당제는 이런 측면에서 도시인들의 노스탤지어를 자극할 수 있는 자원 중의 하나에 해당되는 셈이다. 특히 새만금만의 안섬으로서의 전통성을 재구해낼 수 있는 - 왜냐하면 현재도 계승되고 있는 소수의 당제에 속하므로 - 대표적인 문화자원이라는 점에 주목할 필요가 있다. 따라서 보다 본원적인 노스탤지어를 환기하는 전략으로 관광객 혹은 방문자들의 은닉된 욕망[46]들을 환기시킬 필요가 있다.

예를 들어, 개야도의 해안선을 따라 불려졌던 옛 지명들을 활용한 슬로우 걷기 프로그램 등을 가동할 수 있다. 이른바 개야도 전체를 어촌생태박물관화하는 전략인 셈이다. 이는 새만금만의 전체적인 전망을 염두에 둘 때, 충분히 고려할만한 전략이 아닌가 생각된다. 만약 이것이 추진된다면 그 중심 공간은 오겹주벅이 있던 악섬이 될 것이다. 이를 위해서 해안선을 따라서 각각의 지명에 부합되는 상징들을 복원할 필요도 제기될 것이다. 국시당으로부터 해안을 따라 돌면 시모가지→ 큰고랑→용지섬→할미섬→똥매→안악시섬→백사장→장구섬→장골→이산청→삿꼬다리→벌끈네장골→안목→싸수건→둥그섬→공동묘지→적골→정다리→당너머→용왕맞이→풀섬아래→남풍여→풍여→갱번→통개→구녀풀뜸→뚝맥이→국시당으로 이어진다.[47] 이들 각각의 지명은 개별성을 지니고 있으며, 그렇게 이름 지어진 이유들이 존재한다. 이들 이름에 걸맞는 복원을 시도할 필요가 있다는 뜻이다. 예를 들어 초분을 안치했던 곳에는 가초분을 복원하는 등의 방법을 말한다. 이를 돌아보기 위한 방법은 레일바이크 혹은 도보, 소형선박 등 다양하게 시도될 수 있을 것으로 생각한다.

전통어로를 매개로 이같은 체험관광에 활용하고 있는 곳을 참고할 필요가 있다. 그 첫 번째는 독살을 활용해 관광자원화 하고 있는 충남 태안군 남면 원청리 일명 별주부마을이다. 이곳은 '서해 어살 문화축제'라는 슬로건으로 관광객을 유치하고 있다. 이미 인근의 보령 독산리 독살은 충남지방 시도 민속자료로 지정한 바 있으며(보령시 제16호) 체험관(전시관)을 개관한 것으로 알려져 있다.[48] 특히 우화소설 '토끼전'의 설화유래지로 알려진 태안군 남면 별주부마을 일원이 농촌관광마을로 집중 개발될 예정이다.[49] 두 번째는, 주벅의 벤치마킹 대상으로 남해군의 죽방렴 활용을 들 수 있다. 전통어구어법을 활용한 국내의 사례로는 가장 선진적인 곳이라고 말할 수 있기 때문이다. 남해 죽방렴의 경우는 전통경관의 조성은 물론 실제적인 경제수익으로 연결시켜 성공한 사례에 속한다.[50]

결국, 개야도는 주벅 체험을 팔아 새만금만이 본래 가지고 있던 조간대 어로문화에 대한 향수를 판매하게 되는 것이고 이 전체성에 대한 각편으로서의 장소성을 획득하게 된다고 본다. 이는 악섬을 중심으로 한 어법 생태박물관으로 확장될 수도 있다. 악섬의 장소적 면모는 물론이고, 조간대별 층위를 활용한 오겹주벅을 통해서 이미 그 가능성이 제시되어 있기도 하다. 이는 작게는 새만금만의 전통적 어로라는 점, 그리고 서해, 남해에서 조사되는 전통적인 어구어법의 총체적 구현이 전제된다는 점에서 충분히 고려될 필요가 있다. 당설화를 통해서, 그리고 오겹주벅 등의 전통 어로문화를 통해서 새만금만의 총체성에 대한 각편으로서의 전략들을 수립할 수 있다는 뜻이다. 즉, 새만금 방조제를 통해서 잃어버린 이 해역 조간대의 어로문화들을 주벅을 통해서 체험하게 할 수 있으며, 소멸해가는 당설화와 당제의 축제화를 통해서 잃어버린 신화성을 드러나게 할 수 있다고 생각한다.

Tradition of the "Insular Culture" of Gaeyado Islandand the Strategy for Its Use: Focused on Inner and Outer Islands of Saemangeum

Yoon-Sun Lee

This thesis is written to help have a better understanding of the "insular culture and tradition" preserved by the communities in and around Saemangeum including the life of islanders of Gaeyado, which has long been regarded as a remote place despite its geographical proximity to the lower reaches of the Geumgang River. The subject of the thesis came from the criticism against the traditional view that only the Gogunsan Islandsare directly related with Seamangeum. One may find in this thesis that I didn't pay due attention to the ecological features of Saemangeum, but the truth is thatI didn't want to deal with it here largely because I believed that the topic needs a separate discussion.

The main topic of this thesis is the culture and tradition preserved in the island communities in and around the bay of Saemangeum, and I will try to discuss it in relation with the characteristic features of local culture including the worship of village tutelaries and fishing in the intertidal region. For the convenience of discussion, I divided the area into several parts: the Outer Maritime Route Zone (or Upper Outer Islands) which contains the islands of Eocheongdo and Oeyeongdo; the Coastal Fishery Zone (or Upper Inner Islands) containing the islands of Yeondo and Gaeyando; the Inner Islands of Sinsido and Gogunsando; Lower Inner Islands of Biandoand Durido; and Lower Outer Islands of Wido, Sikdo and Wangdeungdo. I concluded that the islands above form the Insular Zone of Saemangeum. Meanwhile, I didn't focus on the worship of village tutelaries and the fishing in the intertidal region because they are not unique to the local culture of Seamangeum and may be better understood when discussed with other topics such as waterways and fish migration. Finally, I tried to find measures to exploit the insular culture and tradition of Saemangeum to boost tourism and the economic vitality of the area.

1) 본고에서 말하는 도서문화는 섬 문화 전반을 이르는 사전적 의미로 사용한다기보다 주로 인문학적 정서를 표상하는 당설화 등의 문학적 측면과 생업문화의 대표성을 띠고 있는 어로문화에 초점을 둔 개념으로 사용코자 한다. 일종의 정신사적 측면과 생활사적 측면으로 대별되는 도서문화로 통칭할 수 있다고 생각하기 때문이다. 이는 목포대학교 도서문화연구소의 『도서문화』가 지향하는 섬에 대한 인식과 연구 방향들, 예를 들어 역사, 민속 등의 문제제기 경향과 다르지 않다.
   졸고, 「도서문화연구의 전개와 문화콘텐츠시대의 지향 —『도서문화』의 활용론적 연구경향을 중심으로 —」, 『도서문화』제29호, 목포대 도서문화연구소, 2007. 전반적인 내용 참고.

2) 개야도 조상들의 선견지명을 전제하고, 현재의 어장 활황을 보면, 향후 개야도에 들어와 멸치어장을 통해 開門하는 家門이 생길 수도 있겠다.

3) 대개의 도서지역 민속자원은 내륙과 크게 다를 것 없이 멸실되거나 망실되어 그 흔적을 찾기조차 어렵다. 물론 민속자원의 범주 설정에 따라 이견이 있을 수는 있지만, 전통시대의 사람살이라는 측면의 민속문화에 한정시켜 논구해본다면 그렇다는 뜻이다. 이들은 대개 구비문화적 관점의 설화, 의례, 놀이, 생업, 축제 등으로 압축되는 것이 보통이며, 세시 등으로 대표되는 시간관념 및 풍수 등으로 표현되는 공간관념, 그리고 민간신앙 등으로 범주화되어 거론되는 것이 보통이다.

4) 대전일보, 2004년 9월 30일자.

5) 최치원의 탄생과 관련된 금도치굴설화가 있는 곳이다.

6) 군산시, 「군산도서지」, 2006, 156-177쪽, 간척의 역사와 사라진 섬들이란 내용으로 기술되어 있다.

7) 다만, 외연열도는 어청도와 인접해있기는 하지만, 소속 자체가 충남이라는 점에서 새만금만의 권역도서로 설정하는 데는 무리가 있다. 개야도의 경우에서도 알 수 있듯이, 이것은 문화적 변별을 넘어 지역간의 대립으로 심화될 수 있기 때문에 매우 신중하게 접근할 필요가 있기 때문이다. 그럼에도 불구하고 외연열도를 윗바깥섬으로 설정하고자 하는 이유는 어청도와 그 문화권이 유사하다는 데 있으며 결코 행정단위를 논하는 것이 아니라는 점을 부언해 두고 싶다.

8) 개야도와 유사하게 위도권은 전라남도 영광에 속해 있다가 전북으로 편입된 바 있다.

9) 이 표는 전라북도, 「도서지」, 1995; 국립문화재연구소, 「고군산군도」,

2000; 복지환경국 문화관광과, 「군산도서지」, 2006; 군산시, 「군산도서지」, 2006 등의 텍스트와 그간 필자가 현지 취재한 자료들을 갈무리 한 것이다.

10) 이경엽, 「충남 녹도의 조기잡이와 어로신앙」, 『도서문화』, 도서문화연구소, 2007, 78쪽.

11) 따라서 신격들이 권역을 이루어 나타나는 점에 비추어 보면, 강화도에서부터 충청해안까지 임경업이 나타나다가, 외연열도와 어청도에서는 왜 전횡이 나타나는가를 해명할 수 있어야 위도 치도리의 임경업이 해명될 수 있다고 생각된다. 위도가 조기파시의 중심이었고, 임경업이 조기와 관련된 신격이라는 점에서는 친영성이 있는 것은 사실이지만, 만약 그렇다면 위도 진리나 대리, 혹은 파장금에서의 신격에서는 왜 임경업이 등장하지 않는지가 궁금해진다. 따라서 이런 해명이 이루어지기 전까지는 잠정적으로 치도리의 장군신격이 임경업이 아닌, 즉, 대리당신격에서도 나타나는 일반적인 장군신격으로 이해하는 것이 합당하다고 생각된다.

12) 서종원, 「서해안 지역의 임경업 신앙 연구」, 『경기 해안도서와 동아시아』, 경인문화사, 2007, 244쪽.

13) 2006년 진리, 치도리 당 필자 취재

14) 2008년 대보름, 식도당제 필자 취재

15) 2007년 여름, 왕등도 폐허당집 취재

16) 본래 조간대는 썰물 밀물이 교차하는 개펄지역을 말하며, 점심대는 항상 물에 잠겨있는 지역을 말한다. 본고에서도 이를 준용하여 이 용어를 사용하되, 개야도 등, 개펄과 모랫펄이 있는 곳 전반을 일러 조간대로, 어청도 등 외해권역을 점심대로 표현하고자 한다.

17) 개야도 어촌계 가페(daum). http://cafe.daum.net/ROOS 현재 2006~2008년도 당산제, 용왕제, 뱃고사, 거른제 혹은 노른제(거리제를 말함) 등의 3년치 사진들이 제공되고 있다.

18) 이 당집은 원래 초가이었는데 교회에 다니는 사람에 의해 소실된 뒤 다시 지었다고 한다. 당집의 크기는 정면 168cm, 측면 256cm이며, 두 짝의 함석 문이 설치되어 있다. 정면 좌측에는 제물을 준비하던 아궁이가 있다. 당집의 담은 높이 110cm, 길이 125cm의 자연석으로 축조되었다. 당집은 평소에도 마을 사람들 역시 신성시하기 때문에 외부인의 출입을 금지한다.

19) 고사소리의 예: 물 아래 염가 성가 올습니다. 금년에 그저 햇쌀 다시 해 봄 맘을 가지고 있습니다. 무슨 어장을 하든간에 그저 맘먹은대로 뜻대로 이뤄져가지고 금년 셋째로 그저 연대까지 얼루다 벌었다고 점지해 주시면 당산할아버지, 할머니 덕분인줄 알겠습니다.

20) 2008. 6 .30 개야도 노인당, 필자 취재/ 제보자: 박창연(80), 유기석(83), 김서천 노인회장(69), 김광옥(76), 박명대(70), 박종훈(61), 신병섭(76) 등. 군산시, 『군산도서지』, 2006, 30~32쪽(조사일: 1987. 8. 17. 박순호 조사/ 제보자:송재문(남, 72세)

매년 음력 섣달 그믐날 당주를 선정하기도 하고, 당산제 뒤풀이 하는 날 제주를 뽑기도 한다. 일단 선정된 제주는 임의로 바꾸거나 거절할 수 없다고 한다. 임의로 거절했다가 정신 이상이 되거나 반신불수가 된 사람이 있다고 한다. 선정된 제주는 집에 부정한 일이 생기지 않는 한 무기한으로 계속 당주 일을 보게 되며, 임기 동안에는 평상시에도 부정한 곳이나 부정한 일에는 관여치 않는다. 제물로는 소머리·조기·마른 명태·삼색실과 등이 쓰인다. 당집에서 비손이 끝나면 동남쪽 해변에서 용왕제를 지낸다. 당주 부부가 밥에다 곶감이나 대추 등의 마른 과실을 술로 적셔가며 백지로 둥글게 네 개를 만든다. 이것을 용왕밥이라 한다. 당주가 바다에 던지며 비손을 하고 선주들도 용왕밥을 만들어 바다에 던지며 무병 풍어와 풍년을 기원한다.

21) 나승만, 「어로기술」, 『한국의 해양문화』(서남해역 下편), 해양수산부, 164쪽 조사지역 구분표 부터 보고내용 전반을 참고.

22) 주목망 어업은 큰 기둥을 그물 앞에 세우고 조업을 한다고 해서 붙여진 이름이다. 그러나 현재 주목망이라고 부르는 그물과는 다른 형태의 그물이다. 바닷가 주목망을 설치하여 고기를 잡는 방법도 사용되었다. 주목망은 자루 모양의 어망을 나무기둥지주 및 닻으로 고정시켜 밀물과 썰물에 따라 움직이는 고기를 포획하는 방식이다. 조류를 이용하여 어류를 포획하는 어살과 원리는 같으나 주목망은 망을 설치하는 다르고 설치가 쉬워 보다 쉽게 이동할 수 있다. 주목망은 수심이 보다 깊은 곳에 설치한다. 주목방에서 잡은 고기는 수심이 깊어 어살로 잡은 고기보다 크고, 어획시 망에 들어간 상태로 바다 속에서 건져내기 때문에 어체에 손상을 입히지 않아 보다 고가로 판매할 수 있었다.

23) 군산군도에서 주벅배와 장자도 비사리그물은 유명하다. 비사리 그물은 정치망의 일종으로 이 지역에서 행해지던 전통적 어구어법 중의 하나이다. 장자도 비사리 그물은 이 그물어업을 통하여 상당한 재력가들이 탄생하게 되었기 때문에 널리 알려져 있는 편이다. 안강망 형식의 그물인데, 비사리 나무로 그물재료를 사용했다해서 비사리그물이라고 한다. 주벅배를 이용해서 고기를 잡기 때문에 지역에 따라 주벅그물이라고 부르는 경우도 있다.

24) 연안가족 어업의 가장 대표적인 것이 낭장망이다. 낭장망은 원추형 자루 그물과 날개그물, 그리고 닻줄로 이루어졌다. 낭장망은 조류가 급히 흐르

는 곳에 설치해 잡는다 설치 방법은 닻을 해당지역에 고정시켜 놓고 양
쪽 날개그물을 먼저 건 다음 자루그물 끝을 매단다. 설치는 조류의 흐름
이 멈추는 간만이 교대되는 시간대에 해야 한다.

25) 입구가 일정하게 고정되어 있는 사각 뿔 모양의 그물이다. 기포망이라고
도 부르고, 새우포망이라고도 부른다. 최근에는 미세한 그물코를 가진 모
기장 등을 사용한다. 그물코는 24절을 사용한다. 망은 또 정술망이라고
부르기도 한다. 일반적으로 한사람이 밀고 다닐 수 있게 제작이 되었다.
새우 중에서도 백화새우를 주로 잡는다.

26) 덤장은 정치망의 일종으로 V자 형으로 겹쳐서 매는 경우도 있다. V자
형 한 개를 한틀이라고 하는데 두개를 겹쳐서 설치하면 겹틀이라고 한다.
덤장의 마장은 소나무나 참나무를 이용했다. V자 형 끝에는 고기통이 있
는데, 일본식 발음으로 후꾸루라고 한다.

27) 자망의 경우도 대부분 혼자, 또는 가족이 나가서 설치하고 2-3일 후에
고기를 거두어들이는 방식이다. 이 때 사용하는 자망은 보통 길이 25m,
깊이 1.6m 정도의 장방형 그물이다. 3-5cm의 그물코를 가지고 있다. 닻
에 고정시켜 놓는다. 보통 250-400m까지 이어서 사용한다. 섬에서 조금
떨어진 곳까지 나가서 설치하며 지나가는 고기가 머리를 그물에 처박혀
걸린다.

28) 신시도에서 많이 사용하던 스프링 통발은 둥근원통형으로 철 스프링에
그물을 붙여 만든다.

29) 졸고, 「서남해 전래 어구어법의 문화원형성」, 『도서문화』 24호, 목포대
도서문화연구소, 2004.

30) 해양수산부, 『한국의 해양문화』(서남해편) 참고.

31) 2008. 6. 30 개야도 노인당에서 구술 취재
박창연(80), 유기석(83), 김서천 노인회장(69), 김광옥(76), 박명대(70), 박
종훈(61), 신병섭(76) 등.

32) 군산시, 『군산도서지』, 2006, 37쪽.
채명룡, 「군산지역 유무형 문화자원의 관광자원화 방향」, 『군산문화』,
군산문화원, 2007(제20호). 이외에 아래와 같은 목록도 제공해주고 있다.
○개야도 전통 함정어업 현황표

종류	위치	개수	크기	재료	포획어류	비고
살	살바탕	1	대형	대나무	갑오징어,조기	50년대 중단
어살	살바탕	1	소형	대나무	망둥어,잡어	50년대 중단
주목장	백찌미				미상	30년대 중단

33) 1994년에 인하대학교 교육대학원 석사학위 논문으로 제출된 정연학의
논문에서는'돌살(石箭)'이라는 용어를 사용했다. 그는 본문에서 "돌살이

서해 지역에 많이 설치되어 있고, 그곳의 주민들이 돌살이라고 부르므로 이 글에서 돌살이라고 한다"고 밝히고 있다

정연학, "돌살(石箭)考", 인하대학교 교육대학원 일반사회교육전공 석사 학위논문, 1994. 인하대학교

주강현은 독살(石箭)이라는 용어를 사용한 바 있다. 그는 "충남 서해안의 독살(石箭) 분포와 특징"이라는 논문에서 "충청지역 독살에 한정하여 서술하고 있는 본 연구에서는 혼동이 없도록 돌살, 석전 등을 망라하여 독살로 통일하여 부르기로 한다

주강현, 「충남 서해안의 독살(석전) 분포와 특징」, 『고고와 민속』 창간호, 1998, 한남대학교 박물관. 45쪽. 이글은 다시 아래의 책에 실려있다.

주강현, 「서해안의 독살문화와 민중생활사」, 『해양과 문화 창간호』, 해양문화재단·한겨레신문사, 1999,

그러나 세계의 독살에 대한 방대한 자료를 정리하면서 내놓은 단행본『돌살』에서는 다시 전체를 아우르는 용어로 '돌살'로 지칭한다고 말하고 있다.

주강현, 『신이 내린 황금그물 돌살』, 들녘, 2006,

34) 주강현, 『신이 내린 황금그물 돌살』, 들녘, 2006, 252쪽.

35) 졸고, 「서남해 전래 어구어법의 문화원형성」, 『도서문화』 24호, 목포대 도서문화연구소, 2004.

36) 졸고, 「서남해 전래 어구어법의 문화원형성」, 『도서문화』 24호, 목포대 도서문화연구소, 2004.

<1-1> 주목망: 큰 기둥을 그물 앞에 세우고 조업을 한다고 해서 붙여진 이름으로 현재 주목망이라고 부르는 그물과는 다른 형태이다. 주목망杜木網은 자루 모양의 어망을 나무 지주 및 닻으로 고정시켜 밀물과 썰물에 따라 움직이는 고기를 포획하는 방식이다

<1-2> 비사리 그물:안강망 형식의 그물인데, 비사리 나무로 그물재료를 사용했다 해서 비사리그물이라고 한다. 그물 입구에 장치된 기둥이 있으므로 주목망과 같은 형태이다.

<1-3> 낭장망: 원추형 자루그물과 날개그물, 그리고 닻줄로 구성된 고정형 그물로 물살이 센 곳에 설치해 놓고 물살을 따라 들어간 멸치를 잡는다.

<1-4> 덤장: 개펄에 마장(말뚝)을 박아 매는 일종의 정치망으로 V자형태로 매는 것을 한틀이라고 하고, W자형태로 매는 것을 겹틀이라고 한다. 대개 V자의 중앙 지점에 魚取部 혹은임통이 설치된다.

<1-5> 이각망/삼각망: 덤장 형식이나 魚取部 혹은 임통이 두 개 있으면 이각망이라고 하고, 세 개 있으면 삼각망이라고 한다. 魚取部 없이 임통만 있는 경우도 있다. 유인그물을 포함해 개펄에 고정하는 漁帳 어업이다.

<1-6> 어살: 대나무나 갈대, 싸리 등으로 엮은 발을 중앙의 魚取部와 임통杠桶(들망)을 중심으로 양쪽으로 세워 밀물 때 들어온 고기가 썰물 때 양 날개에 걸려 나가지 못하고 중앙 임통으로 들어가게 되는 형태로 설치되는 정치망이다.

<1-7> 독살: 돌담을 쌓아 바닷물의 조석을 이용해 어획하는 전통적인 방식이다.

37) 제보: 고용홍(71, 방축도), 윤철기(58, 방축도), 2008, 12월.

38) 물론 더 세부적 고찰을 통해서 규명해야 될 부분이지만, 본고가 감당하기 는 역부족이라 생각하는 탓에 차후의 고찰을 기약하기로 한다.

39) 선도적 이데아라 함은, 최치원을 비롯해 도교나 선도의 성향을 담고있는 전북해안의 성향을 전제하는 데서 가능한 호명일 것이다. 최치원설화에 서부터 허균의 홍길동전에 이르는 도교(선도)적 스토리텔링이 특히 이 지역권을 중심으로 행해져 왔다는 점에서 이런 수식이 가능하다고 생각 한다.

40) 예를 들어 전라북도 고창군, 정읍시와 전라남도 장성군 북이면의 경계에 있는 방장산도 포함하여 거론할 수 있다. 이곳은 정읍 고부의 두승산, 변 산과 더불어 전북의 삼신산으로 불려온다. 혹은 지리산, 무등산과 더불어 삼신이라 부르기도 한다.

41) 졸고, 「해양문화의 프랙탈, 죽막동 수성당 포지셔닝」, 『변산반도 해양문 화 포럼』, 부안군지역혁신협의회, 2007, 50쪽~51쪽.

42) 졸고, 「한국 서복설화의 현황과 관광자원화 방향」, 『도서문화』, 2007.

43) 물론 지속가능한 생태적 전망을 위해서는 새만금 축조 자체가 이루어지 지 않았어야 했지만, 본고에서 이를 논하는 자리가 아니므로 이를 거론 하는 것은 논점에서 벗어난다.

44) 노스탤지어의 유형들을 종합하여, 노스탤지어 경험이 개인적인가 집단적 인가에 따라서 개인적 노스탤지어, 사회문화적 노스탤지어, 민족적 노스 탤지어로 구분할 수 있으며, 또한 노스탤지어 경험이 직접적인가 간접적 인가에 따라서 직접경험 노스탤지어, 간접경험 노스탤지어로, 그리고 노 스탤지어의 대상에 따라서 사람에 대한 노스탤지어, 사물에 대한 노스탤 지어, 사건에 대한 노스탤지어 및 인간 본연의 유전적 노스탤지어로 구 분하기도 한다.

임은미, 「노스탤지어 관광상품 개발에 관한 탐색적 연구」, 『관광학연구』 제30권 제3호, 2006, 한국관광학회, 121~122쪽. 여기서는 Davis(1979), Baker & Kennedy(1994), Holak & Havlena(1998), Holak & Havlena (1992), 伊藤正視(1995) 등의 연구자들의 분류기준과 노스탤지어 유형을 분석하여 표로 제시하고 있다.

45) 임은미, 「노스탤지어 관광상품 개발에 관한 탐색적 연구」, 『관광학연구』 제30권 제3호, 한국관광학회, 2006.124쪽.

46) 여기서 말하는 은닉된 욕망들이라 함은, 현대인들이 가지는 내포적 의미의 노스탤지어를 말한다. 즉, 겉으로는 드러나거나 통상적으로는 인식되지 않지만 일정한 경관이나 장소를 통하여 숨겨진 노스탤지어가 향유된다는 뜻에서 사용하였다.

47) 2008.6.30 개야도 노인당, 김환용,이윤선 조사/ 제보자: 박창연(80), 유기석(83), 김서천 노인회장(69), 김광옥(76), 박명대(70), 박종훈(61), 신병섭(76) 등.

48) 충남 서해어살축제 2008 홈페이지/ http://www.esal.co.kr/
체험료는 독살 하나에 30만원으로 20~30명 정도의 인원이 독살 하나를 통째로 빌려 독살 안에 있는 물고기를 모두 가져갈 수 있으며 꾸지나무골의 경우 1인당 5,000원에 개인 참여도 가능하다고 밝히고 있다. 이런 일련의 조성작업들은 후손에게 문화유산으로 남기고 관광자원으로 활용하기 위해 2005년부터 별주부마을, 두여, 꾸지나무골 등 9개소에서 총 15개의 독살을 복원하는 등으로 이어지고 있다.

49) 태안군 남면 원청리와 신온리 지역에 농촌 어메니티 자원을 활용, 전원주거, 휴양, 전통문화 기능을 갖춘 미래형 복합생활공간을 조성하기 위해 '별주부생태마을 살기좋은 지역만들기 계획'을 수립하였다는 것이다. 이계획에 따르면 태안군은 2011년까지 ▲다 함께하는 건강한 생활 ▲이웃과 더불어 일하는 즐거움 ▲삶의 터전 가꾸기 ▲마을주민 교육 등 4개 분야 24개 사업에 180여억원을 투자해 다원적 기능의 특색있는 농촌으로 개발한다고 밝히고 있다.

50) 남해군은 그동안 농림부의 자문과 지리적표시제 등록 사업을 추진한 자치단체의 사례를 조사·분석한 결과 여러 품목에 대한 추진보다 몇몇 품목을 집중적으로 추진하는 것이 효과적이라는 결론을 얻었다. 죽방렴멸치는 역사적 고증자료 확보가 가능해 지리적 특성과 연계가 쉬우며, 소비자 선호도가 매우 높은 편으로 실제 타 지역 죽방렴에 비해 높은 경쟁력을 갖추고 있기 때문에 우선 등록 품목으로 설정했다는 것이다.[1] 또 "2006년 내나라 여행박람회"에서는 모형으로 제작된 죽방렴 어촌체험관을 코엑스에 전시하여 큰 인기를 모으기도 했다. 이를 통해서 알 수 있는 것은 적어도 도시사람들이 특히 어린이들이 주목하는 생태적 관심사에 관한 것이다.

참고문헌

제1부(조경만)

1. 자료

김　준,「김 매는 섬, 어불도의 사람들이 살아가는 법」,『오마이뉴스』, 2007년 2월 26일자.

김　준,「갯벌 가치, 계산기로 따지지마라」,『서울신문』, 2008년 4월 19일자.

김형주a,「새만금 갯벌 지킴이와 매향신앙 1」,『부안 21』, 2005년 12월 21일자.

김형주b,「새만금 갯벌 지킴이와 매향신앙 2」,『부안 21』, 2005년 12월 26일자.

김형주c,「새만금 갯벌 지킴이와 매향신앙 3」,『부안 21』, 2005년 12월 29일자.

성춘경,「불교유적」,『영암군의 문화유적』, 목포대학교 박물관, 1986, 187~232쪽.

『세종실록』권21, 명종 11년(1556) 12월 1일.

『세종실록』권21, 명종 12년(1557) 4월 3일.

윤박경,「그레」,『갯벌 배움터 그레』, 2003년 10월 13일자.

이종철·조경만,「민속자료」,『진도군의 문화유적』, 목포대학교 박물관, 1987, 195~293쪽.

조경만·박광석,「민속자료」,『영암공단지구 문화유적 지표조사 보고』, 목포대학교 박물관, 1992.

조경만·선영란·박광석,「민속자료」,『완도군의 문화유적』, 목포대학교 박물관, 1995, 207~324쪽.

조경만·홍석준·김창민, 「남악신도시개발예정지역 내 주민들의 생활과 문화」,『무안 남악리 지표조사 보고』, 목포대학교 박물관, 2000, 119~191쪽.

2. 논저

김경수, 「영산강 유역의 경관문화 연구」, 고려대학교 박사논문, 1987.

김경수, 「영산호주변의 간석지 개간과 경관변화」,『문화역사지리』 11, 1999.

범선규, 「영산강유역의 농경지개발에 따른 지형의 변화」,『문화역사지리』 14, 2002.

이해준, 「암태도의 문화유적과 유물」,『도서문화』 1, 목포대학교 도서문화연구소, 1983.

조경만, 「영산강유역 농촌의 자연이용 체계와 변동」,『문화역사지리』 6, 1994.

조경만, 「갯벌보존과 발전을 함께하는 길」, 고철환 편,『한국의 갯벌』, 서울대학교 출판부, 2001.

조경만 · 제종길, 「새만금갯벌 보존과 지역발전: 생태계와 문화의 기능」,『새만금 강행발표, 그 이후』, 2003.

조경만, 「현대의 문화변동과 발전 동향에 역행하는 한반도대운하」, 한반도 운하를 반대하는 광주전남교수모임 창립 토론회 발표문, 2008.

함한희 · 강경표, 「어민, 환경운동가, 그리고 정부의 바다인식」,『ECO』 11-2집, 2007.

Basso, K. H., Wisdom Sits in Places in Feld, S. & K. H.. Basso (eds.) *Senses of Place*, Santa Fe: School of American Research Press. 1996.

Feld, S. & K. H. Basso, Introduction, Feld, S. & K. H. Basso (eds.) *Senses of Place*, Santa Fe: School of American Research Press. 1996.

Geertz, C., *Interpretation of cultures*, Basic Books, 1973, 문옥표 역, 1998,『문화의 해석』, 서울: 까치.

Hobsbawm, E. & T. Langer, *The Invention of Tradition*, Cambridge: Cambridge Univ. Press, 1972.

Kay, M., *Environmentalism and Cultural Theory*, London: Routledge, 1996.

Sahlins, M. et als., *Culture and Evolution*, Ann Arbor: Michigan Univ. Press. 1961.

제2부

제1장(나승만)

고광민, 『제주도의 생산기술과 민속』, 대원사, 2004.

김 준, 「사회문화자원 - 갯벌과 염전」, 『도서 문화유적 지표조사 및 자원화 연구7 - 증도편』, 목포대 도서문화연구소, 2006.

김정섭 역, 『신안수산지』, 신안문화원, 2004.

나승만 외, 『도서 문화유적 지표조사 및 자원화 연구1』(압해면 편), 목포대 도서문화연구소, 2003.

나승만, 「어로문화자원」, 『도서 문화유적 지표조사 및 자원화 연구1 - 압해면 편』, 목포대 도서문화연구소, 2003.

서종원, 「어구(漁具)에 관한 연구」, 『생활문물연구』16, 국립민속박물관, 2005.

에틱 박물관 편, 최길성 역, 『일본 민속학자가 본 1930년대 서해도서 민속』, 민속원, 2004.

이윤선, 「서남해 전래 어구어법의 문화원형성 - 어살과 어장어업을 중심으로」, 『도서·해양민속과 문화콘텐츠』, 민속원, 2006.

주강현, 『돌살』, 들녘, 2006.

최춘일, 『경기만의 갯벌』, 경기문화재단, 2000.

해양수산부, 『한국의 해양문화 - 서해해역 上』, 2002.

제2장(고광민)

1. 도서

고광민, 『漁具』, 제주대학교박물관. 2002.05.

_____, 『제주도의 포구 연구』, 도서출판 각, 2004.01.

_____, 『제주도의 생산기술과 민속』, 대원사, 2004.06.

고재윤, 「주낙 및 통발 어구에 대한 낙지의 행동 특성」, 고려대 석사학위
　　　논문, 2005.

김동수, 「낙지의 번식, 생태, 성장 및 개체군 변이에 관한 연구」, 목포대
　　　박사학위논문, 2004.

해양수산부 편, 『꽃낙지 채포 어구·어법 기술개발』, 해양수산부, 2006.

문선호, 「경기도 낙지의 형태 및 생물학적 연구」, 인하대 석사학위논문,
　　　1989.

2. 사례와 사진

[事例1] 全南 高興郡 東日面 德興里

[事例2] 全南 高興郡 錦山面 新坪里 月浦마을: 사진1 巨金島의 낙지잡이
　　　①(2007년 7월 17일) ; 사진2 巨金島의 낙지잡이②(2007년 7월
　　　17일) ; 사진3 巨金島의 낙지잡이③(2007년 7월 17일)

[事例3] 전남 해남군 북평면 오산리: 사진4 오산리의 낙지잡이①(2007년
　　　10월 27일) ; 사진5 오산리의 낙지잡이②(2007년 10월 27일) ;
　　　사진6 오산리의 낙지잡이③(2007년 10월 27일) ; 사진7 오산리
　　　의 낙지잡이④(2007년 10월 27일) ; 사진8 오산리의 낙지잡이⑤
　　　(2007년 10월 27일)

[事例4] 巖泰島(전남 신안군 암태면 신기리) : 사진9 巖泰島의 낙지잡이
　　　①(2007년 7월 20일) ; 사진10 巖泰島의 낙지잡이②(2007년 7월
　　　20일) ; 사진11 巖泰島의 낙지잡이③(2007년 7월 20일)

[事例5] 충남 서산시 지곡면 중왕리: 사진12 중왕리의 낙지잡이①(2007
　　　년 10월 22일) ; 사진13 중왕리의 낙지잡이②(2007년 10월 22일)

[事例6] 경기도 화성시 고온면 매향리: 사진14 매양리의 낙지잡이①
(2007년 10월 23일) ; 사진15 매양리의 낙지잡이②(2007년 10월
23일)
[事例7] 大阜島(안산시 대부동 남사리): 사진16 大埠島의 낙지잡이(2007
년 10월 24일)

제3장(김준)

국립해양유물전시관, 『우리배·고기잡이』, 2002, 국립해양유물전시관.
권삼문, 「어촌의 미역채취관행에 관한 연구」, 1992, 영남대학교 석사학
위논문.
_____, 『동해안어촌의 민속학적 이해』, 2001, 민속원.
김 준, 「어촌사회의 구조와 변동」, 2000, 전남대학교 사회학과 박사학위
논문.
_____, 『갯벌을 가다』, 2004a, 한얼미디어.
_____, 『어촌사회 변동과 해양생태』, 2004b, 민속원.
_____, 『새만금은 갯벌이다 – 이제는 영영 사라질 생명의 땅』, 2006a,
한얼미디어.
_____, 「어업기술의 변화와 어촌공동체」, 『농촌사회』 16(1), 2006b, 한
국농촌사회학회
_____, 「고장난 바다시계, 잃어버린 바다」, 『시와 사람』, 2007a, 시와사
람.
_____, 「대형간척사업이 주민들의 삶에 미치는 영향」, 『에코』 11(2),
2007b, 한국환경사회학회.
_____, 『농어촌사회문제로』, 2007c, 공동체.
김일기, 「곰소만의 어업과 어촌연구」, 1988, 서울대학교 박사학위논문.
박광순, 『한국어업경제사연구』, 1981, 유풍출판사.
박영한·오상학, 『조선시대 간척지 개발』, 2004, 서울대학교출판부.
윤박경, 『새만금, 그곳엔 여성들이 있다』, 2004, 푸른사상.

전경수 편, 『한국어촌의 저발전과 적응』, 1992, 집문당.

전재경·이종길, 『어촌사회의 법률관계』, 1997, 한국법제연구원.

정근식·김준, 『해조류양식 어촌의 구조와 변동』, 2004, 경인문화사.

조혜정, 「제주 잠녀사회의 성체계와 근대화」, 『한국어촌의 저발전과 적
　　　응』, 1992, 집문당.

충남대학교마을연구단, 『태안개미목마을』, 2006, 대원사.

태안군·태안문화원·공주대학교박물관, 『황도 붕기풍어제』, 1996, 태안군
　　　문화원.

한상복·전경수, 『한국의 낙도민속지』, 1992, 집문당.

제4장(이경엽)

곽유석, 「어업과 어로도구」, 『전라남도의 향토문화(하)』, 한국정신문화연
　　　구원, 2002.

국립민속박물관, 『어촌민속지』, 1996.

김종대, 『도깨비를 둘러싼 민간신앙과 전설』, 인디북, 2004.

김준, 「어촌사회의 구조와 변동」, 전남대 박사학위논문, 2000.

문무병, 「제주도 도깨비당 연구」, 『탐라문화』10, 제주대 탐라문화연구소,
　　　1990.

이경엽, 「금당 사람들의 삶과 민속신앙」, 『도서문화』17집, 2001, 목포대
　　　도서문화연구소.

이경엽, 「서남해의 여성 주체의 신앙과 의례」, 『남도민속연구』8, 남도민
　　　속학회, 2002.

이경엽, 「서남해의 갯제와 용왕신앙」, 『한국민속학』39, 한국민속학회,
　　　2004.

이경엽, 「서해안의 배치기소리와 조기잡이의 상관성」, 『한국민요학』15
　　　집, 한국민요학회, 2004.

이경엽, 「충남 녹도의 조기잡이와 어로신앙」, 『도서문화』30집, 목포대
　　　도서문화연구소, 2007.

전경수, 「섬사람들의 풍속과 삶」, 『한국의 기층문화』, 한길사, 1987.

조경만, 「흑산사람들의 삶과 민간신앙」, 『도서문화』6집, 목포대 도서문화연구소, 1988.

조경만 외, 「완도군의 민속자료」, 『완도군의 문화유적』, 목포대 박물관, 1995.

최덕원, 『다도해의 당제』, 학문사, 1990.

최춘일, 『경기만의 갯벌』, 경기문화재단, 2000.

하효길, 「서해안지방 풍어제의 형태와 특성」, 『중앙민속학』, 중앙대 민속학연구소, 1991.

하효길, 『풍어제무가』, 민속원, 2004.

허경회·이준곤, 「압해도 설화자료」, 『도서문화』 18집, 목포대 도서문화연구소, 2000.

제5장(홍순일)

1. 자료

1) 문헌조사자료

고광민, 「조기의 어법과 민속－주벅·살·낚시를 중심으로－」, 2005년 선정 학진 중점연구소 1단계 1차년도(2005.12.01-2006.11.30) 제2세부 무형문화자원 분야 「한국 도서·해양문화의 서해권 연구－조기를 중심으로－」, 『국가 해양력 강화를 위한 도서·해양문화 심층연구(1)－서해안의 포구와 조기－』, 목포대 도서문화연구소, 목포대 교수회관 2층 회의실, 2006.11.21(화).

_____, 「낙지의 어법과 어구」, 2005년 선정 학진 중점연구소 1단계 2차년도(2006.12.01-2007.11.30) 제2세부 무형문화자원 분야 「한국 도서·해양문화의 서해권 연구－갯벌을 중심으로－」, 공동학술대회 『강과 바다의 문화교류사』, 목포대 도서문화연구소·남도민속학회, 목포대 교수회관 2층 회의실, 2007.11.09(금).

_____, 대연평도(대연평도)의 '버컬그물'에 대하여」, 2005년 선정 학진

중점연구소 1단계 3차년도(2007.12.01-2008.11.30) 제2세부 무형
문화자원 분야 「한국 도서·해양문화의 서해권 연구 - 조기, 갯벌,
소금·젓갈을 중심으로 - 」, 공동학술대회 『연평도 주민들의 삶과
문화』, 목포대 도서문화연구소·남도민속학회, 목포대 교수회관 2
층 회의실, 2008.11.29(토)

고든 모스(Gordon Mohs), 국외석학초청강연회, 「캐나다 원주민 문화의
자원활용과 문화관광」강의, 목포대 도서문화연구소, 목포대 교
수회관 2층 회의실, 2007.04.26(목)13:00.

곡금량, 국외석학초청강연회, 「중국 해양문화유산과 국가정책」강의, 목
포대 도서문화연구소·다도해문화콘텐츠사업단, 목포대 교수회관
2층 회의실, 2007.10.15.

김 준, 「조기잡이 어민의 생활사: 파시 - 기억과 기록을 중심으로 - 」, 2005
년 선정 학진 중점연구소 1단계 1차년도(2005.12.01-2006.11.30)
제2세부 무형문화자원 분야 「한국 도서·해양문화의 서해권 연구
- 조기를 중심으로 - 」, 『국가 해양력 강화를 위한 도서·해양문
화 심층연구(1) - 서해안의 포구와 조기 - 』, 목포대 도서문화연
구소, 목포대 교수회관 2층 회의실, 2006.11.21(화).

_____, 「갯벌의 이용형태와 마을공동체」, 2005년 선정 학진 중점연구소
1단계 2차년도(2006.12.01-2007.11.30) 제2세부 무형문화자원 분
야 「한국 도서·해양문화의 서해권 연구 - 갯벌을 중심으로 - 」,
공동학술대회 『강과 바다의 문화교류사』, 목포대 도서문화연구
소·남도민속학회, 목포대 교수회관 2층 회의실, 2007.11.09(금).

_____, 「연평파시의 변화와 주민생활」, 2005년 선정 학진 중점연구소 1
단계 3차년도(2007.12.01-2008.11.30) 제2세부 무형문화자원 분
야 「한국 도서·해양문화의 서해권 연구 - 조기, 갯벌, 소금·젓갈
을 중심으로 - 」, 공동학술대회 『연평도 주민들의 삶과 문화』,
목포대 도서문화연구소·남도민속학회, 목포대 교수회관 2층 회
의실, 2008.11.29(토)

김지하, 초청강연회 「동아시아의 바다와 해양문학」, 목포대학교, 목포대
학교박물관 대강당, 2005.05.03(목)13:43-14:53.

나경수, 「전통서사를 활용한 지역문화의 활성화」, 전국학술대회 『한국어 문학 연구성과의 활용을 통한 현실문제 해결방안 모색』, 어문연 구학회, 충남대 인문대학 문원강당, 2007.11.16(금)10:00-18:00.

나승만, 「황해의 갯벌 망어업 고찰」, 2005년 선정 학진 중점연구소 1단 계 2차년도(2006.12.01-2007.11.30) 제2세부 무형문화자원 분야 「한국 도서·해양문화의 서해권 연구 – 갯벌을 중심으로 –」, 공 동학술대회 『강과 바다의 문화교류사』, 목포대 도서문화연구소· 남도민속학회, 목포대 교수회관 2층 회의실, 2007.11.09(금).

_____, 「풍선(風船)시대 연평도 조기잡이 망어로 민속지」, 2005년 선정 학진 중점연구소 1단계 3차년도(2007.12.01-2008.11.30) 제2세 부 무형문화자원 분야 「한국 도서·해양문화의 서해권 연구 – 조 기, 갯벌, 소금·젓갈을 중심으로 –」, 공동학술대회 『연평도 주민 들의 삶과 문화』, 목포대 도서문화연구소·남도민속학회, 목포대 교수회관 2층 회의실, 2008.11.29(토)

리(Bai-Lian Li), 국외석학초청강연회 「복잡한 생태계와 지속가능성 – 환 경경영과 관광 – (Ecological Complexity and Sustainability: Environmental Management Tourism)」강의, 목포대 도서문화연 구소·목포대 생물학과, 목포대 교수회관 2층 회의실, 2007.04.19 (목)16:00.

마렌지크, 제1회 무안 갯벌 워크샵 「와덴해 갯벌 보전정책의 핵심과 우 리나라 습지 보호지역에서의 적용가능성」강의, 목포대 도서문화 연구소·목포대 갯벌문화연구소·생태지평연구소·목포환경운동연 합, 목포대 교수회관 2층 회의실, 2007.06.01(금)10:00.

문화방송, 『MBC 한국민요대전2 전라남도 편 – 한국민요대전 전라남도 민요해설집』, (주)문화방송, 1993.

_____, 『MBC 한국민요대전 경기도 편-한국민요대전 경기도 민요해설 집』, (주)문화방송, 1996.03

박종오, 「연평도의 가정신앙」, 2005년 선정 학진 중점연구소 1단계 3차 년도(2007.12.01-2008.11.30) 제2세부 무형문화자원 분야 「한국 도서·해양문화의 서해권 연구 – 조기, 갯벌, 소금·젓갈을 중심으

로-」, 공동학술대회 『연평도 주민들의 삶과 문화』, 목포대 도
서문화연구소·남도민속학회, 목포대 교수회관 2층 회의실, 2008.
11.29(토)

서간려, 국외석학초청강연회, 「민속마을 관광과 현지 문화의 변천-광서
성 용척 지역을 중심으로-」, 『중국 소수민족과 문화관광』강의,
목포대 도서문화연구소·목포대 국어국문학과 BK21 서남해 도
서지역 무형문화자원 연구사업팀, 2007.06.14(목)10:00.

_____, 국외석학초청강연회, 「중국 소수민족의 문화자원과 공연문화」
강의, 목포대 국어국문학과 BK21 서남해 도서지역 무형문화자
원 연구사업팀·남도민속학회, 전남대학교 사범대학 2호관 101
호, 2007.06.14(토)14:00.

서영대, 「한국의 중국의 마고신」, 변산반도 해양문화포럼(2) 『변산반도의
해신과 해신설화』, 부안군지역혁신협의회, 부안노인·여성복지회
관 3층, 2007.09.28(금)14:00.

송화섭, 「변산반도의 해신」(Ⅱ), 변산반도 해양문화포럼(2) 『변산반도의
해신과 해신설화』, 부안군지역혁신협의회, 부안노인·여성복지회
관 3층, 2007.09.28(금)14:00.

_____, 「환황해권의 해신, 심청 그리고 변산반도」, 변산반도 해양문화
포럼(5) 『심청의 재발견』, 부안군지역혁신협의회, 국립민속박물관
강당, 2007.10.12(금)14:52.

우리나라 서해안 갯벌, 「트렌드 읽기(2) 에코투어, 오감을 깨우라」, KBS
스페셜 다큐멘터리 10부작 『문화의 질주』제4편, 공동기획 한국
방송영상산업진흥원, 2006.04.30, 20분32초부터 36분03초까지.

윤명철, 「변산반도의 해양사적 의미와 21세기적인 가치에 대한 모색」,
변산반도 해양문화포럼(4) 『환황해권시대 변산반도 해양문화의
전망』, 부안군지역혁신협의회, 전주역사박물관 강당, 2007.10.06
(토)14:42-15:08.

이경엽, 「조기잡이와 어로신앙-충남 보령시 녹도를 중심으로-」, 2005
년 선정 학진 중점연구소 1단계 1차년도(2005.12.01-2006.11.30)
제2세부 무형문화자원 분야 「한국 도서·해양문화의 서해권 연구

      －조기를 중심으로－」,『국가 해양력 강화를 위한 도서·해양문
화 심층연구(1)－서해안의 포구와 조기－』, 목포대 도서문화연
구소, 목포대 교수회관 2층 회의실, 2006.11.21(화).

_____,「도서·해양문화 연구의 쟁점－민속분야를 중심으로－」, 학술교
류 협정식 및 공동워크샵『도서학과 지역학의 탐색－서남해안지
역의 역사와 문화－』, 목포대 도서문화연구소·순천대 남도민속
연구소, 목포대 교수회관 2층 회의실, 2007.06.07.

_____,「갯벌어로와 어로신앙」, 2005년 선정 학진 중점연구소 1단계 2
차년도(2006.12.01-2007.11.30) 제2세부 무형문화자원 분야「한
국 도서·해양문화의 서해권 연구－갯벌을 중심으로－」, 공동학
술대회『강과 바다의 문화교류사』, 목포대 도서문화연구소·남도
민속학회, 목포대 교수회관 2층 회의실, 2007.11.09(금).

_____,「연평도의 어로신앙」, 2005년 선정 학진 중점연구소 1단계 3차
년도(2007.12.01-2008.11.30) 제2세부 무형문화자원 분야「한국
도서·해양문화의 서해권 연구－조기, 갯벌, 소금·젓갈을 중심으
로－」, 공동학술대회『연평도 주민들의 삶과 문화』, 목포대 도
서문화연구소·남도민속학회, 목포대 교수회관 2층 회의실, 2008.
11.29(토)

이동근·한철환·엄선희,「역사와 해양의식－해양의식의 체계적 함양방안
연구－」, 해양수산개발원, 2003.12.

이윤선,「독살 및 어부림(魚附林)의 문화원형성과 활용성－전남지역의
흔적을 중심으로－」, 2005년 선정 학진 중점연구소 1단계 1차년
도(2005.12.01-2006.11.30) 제2세부 무형문화자원 분야「한국 도
서·해양문화의 서해권 연구－조기를 중심으로－」,『국가 해양
력 강화를 위한 도서·해양문화 심층연구(1)－서해안의 포구와
조기－』, 목포대 도서문화연구소, 목포대 교수회관 2층 회의실,
2006.11.21(화).

_____,「해양문화의 프랙탈, 죽막동 수성당 포지셔닝」, 변산반도 해양
문화포럼(3)『변산반도 해양문화콘텐츠 개발』, 부안군지역혁신
협의회, 전주역사박물관 강당, 2007.10.05(금) 14:00.

_____, 「설화기반 축제 캐릭터의 스토리텔링과 글로컬 담론 - 전남 장
　　　성 <홍길동>과 곡성 <심청>을 중심으로 - 」, 2005년 선정 학
　　　진 중점연구소 1단계 2차년도(2006.12.01-2007.11.30) 제2세부
　　　무형문화자원 분야 「한국 도서·해양문화의 서해권 연구 - 갯벌
　　　을 중심으로 - 」, 공동학술대회 『강과 바다의 문화교류사』, 목포
　　　대 도서문화연구소·남도민속학회, 목포대 교수회관 2층 회의실,
　　　2007.11.09(금).

_____, 「연평바다 임경업캐릭터와 문화콘텐츠」, 2005년 선정 학진 중점
　　　연구소 1단계 3차년도(2007.12.01-2008.11.30) 제2세부 무형문
　　　화자원 분야 「한국 도서·해양문화의 서해권 연구 - 조기, 갯벌,
　　　소금·젓갈을 중심으로 - 」, 공동학술대회 『연평도 주민들의 삶과
　　　문화』, 목포대 도서문화연구소·남도민속학회, 목포대 교수회관
　　　2층 회의실, 2008.11.29(토)

이창식, 「변산반도의 해신」(Ⅰ), 변산반도 해양문화포럼(2) 『변산반도의
　　　해신과 해신설화』, 부안군지역혁신협의회, 부안노인·여성복지회
　　　관 3층, 2007.09.28(금) 14:00.

『2005군정백서』, 인천광역시 옹진군, 2005.

2007년도 인문한국지원사업 인문분야 신청서 「인문학 기반의 해양한국」
　　　(1), 목포대 도서문화연구소, 2007.08.

이해준·김삼기·이필영, 민속자료 조사보고서 『황도마을 붕기풍어제』, 태
　　　안군·태안문화원/공주대학교박물관, 1996.12.28.

조경만, 「생물종다양성을 위한 문화가치의 창출과 연계 - 서남해 연안,
　　　도서, 갯벌을 중심으로 - 」, 2005년 선정 학진 중점연구소 1단계
　　　2차년도(2006.12.01-2007.11.30) 제2세부 무형문화자원 분야 「한
　　　국 도서·해양문화의 서해권 연구 - 갯벌을 중심으로 - 」, 공동학
　　　술대회 『강과 바다의 문화교류사』, 목포대 도서문화연구소·남도
　　　민속학회, 목포대 교수회관 2층 회의실, 2007.11.09(금), 영문.

_____, 「과거의 번영에 대한 기억과 섬 지역성의 형성」, 2005년 선정 학
　　　진 중점연구소 1단계 3차년도(2007.12.01-2008.11.30) 제2세부
　　　무형문화자원 분야 「한국 도서·해양문화의 서해권 연구 - 조기,

갯벌, 소금·젓갈을 중심으로-」, 공동학술대회 『연평도 주민들의 삶과 문화』, 목포대 도서문화연구소·남도민속학회, 목포대 교수회관 2층 회의실, 2008.11.29(토)

조사보고 제14집 『서해도서 종합학술조사 II - 영흥·자월·북도면-』, 인천광역시립박물관, 2005.

중점연구소 지원사업 신청서, 목포대 도서문화연구소, 2005.10.

중점연구소 제2세부과제 논저목록집, 목포대 도서문화연구소, 2005.12.

중점연구소 제2세부과제 자료집 『갯벌』, 목포대 도서문화연구소, 2006.03.

중점연구소 제2세부과제 1단계 2차년도 연차보고서, 목포대 도서문화연구소, 2007.09.

최명환, 「서해안 해신과 해신설화」, 변산반도 해양문화포럼(2) 『변산반도의 해신과 해신설화』, 부안군지역혁신협의회, 부안노인·여성복지회관 3층, 2007.09.28(금)14:00.

「통과의례 편」, 『서울민속대관』 4, 서울특별시, 1993.

해양수산부, 『한국의 해양문화』 1·2 서남해역(하)·서해해역(하), 해양수산부, 2002.

허경회·나승만, 「목포의 설화·민요·지명 자료」, 목포대학교박물관 학술총서 제37책 『목포시의 문화유적』, 국립목포대학교 박물관/전라남도·목포시, 1995.

홍순일·이옥희·이명진, 「≪조사보고서 전남 진도군≫＜민요＞」, 『남도민속연구』 12, 남도민속학회, 2006.06.

홍순일, 「서해 도서지역의 구비전승물과 해양정서-조기를 중심으로-」, 2005년 선정 학진 중점연구소 1단계 1차년도(2005.12.01-2006.11.30) 제2세부 무형문화자원 분야 「한국 도서·해양문화의 서해권 연구-조기를 중심으로-」, 『국가 해양력 강화를 위한 도서·해양문화 심층연구(1)-서해안의 포구와 조기-』, 목포대 도서문화연구소, 목포대 교수회관 2층 회의실, 2006.11.21(화).

_____, 「지도·증도·임자도의 설화와 민요」, 도서문화연구자료총서 제17·18·19집 『도서문화유적 자료조사 및 자원화 연구6·7·8-지도·증도·임자면 편-』, 목포대학교 도서문화연구소·신안군, 2006.

홍순일·엄수경·김헌주·한은선·이혜숙, [조사보고서]「증도의 민요」,『도
    서문화』28, 목포대 도서문화연구소, 2006.12.

홍순일,「무안사람들의 주머니이야기, 왕건전설」,『무안군의 문화원형』,
    목포대 도서문화연구소·무안군, 2007.02.

홍순일·김헌주·한은선,「≪조사보고서 - 전남 광양시, 경남 남해군 일대≫
    <광양시 일대 조사보고서> 섬진강 유역의 진월면·다압면 민요」,
    『남도민속연구』14, 남도민속학회, 2007.06.

홍순일,「서해바다 황금갯벌의 구비전승물과 해양정서」, 2005년 선정 학
    진 중점연구소 1단계 2차년도 제2세부 무형문화자원 분야「한국
    도서·해양문화의 서해권 연구 - 갯벌을 중심으로 - 」, 공동학술
    대회『강과 바다의 문화교류사』, 목포대 도서문화연구소·남도민
    속학회, 목포대 교수회관 2층 회의실, 2007.11.09(금)10:00.

_____,「서해바다 연평어장권의 구비전승물과 해양정서」, 2005년 선정
    학진 중점연구소 1단계 3차년도(2007.12.01-2008.11.30) 제2세
    부 무형문화자원 분야「한국 도서·해양문화의 서해권 연구 - 조
    기, 갯벌, 소금·젓갈을 중심으로 - 」, 공동학술대회『연평도 주민
    들의 삶과 문화』, 목포대 도서문화연구소·남도민속학회, 목포대
    교수회관 2층 회의실, 2008.11.29(토)

2) 현지조사자료

(1)국내조사

번호	일시	지역	조사자	제보자	제보내용	비고
1	2006. 01.30-31	태안군 안면읍 황도리	홍순일	홍길용(남, 70), 김금화(여, 미상)외 주민, 무녀들	황도붕기풍어제	현지조사
2	2006. 01.31. 13:30	서산시 부석면 창리	홍순일, 송기태, 한은선, 양나영, 이혜숙	아무개(여, 미상)	창리영신제	현지조사

3	2006. 06.02.	부안군 위도 면	홍순일, 김현주, 김해미	서병진(남, 84), 서대석(남, 56) 외 6명	구비전승, 산다이. 위도파시(파장금), 조기울음	현지 조사
4	2006. 06.03.	부안군 위도 면 진리, 대 리	홍순일, 최유미	신갑균(남, 84) 외 4명	돌인형, 나무, 조 기잡이, 배 이야기, 산다이, 파장금, 민요, 산 이야기	현지 조사
5	2007. 02.26	인천광역시 옹진군 영흥 면 선재리	이경엽, 김준, 홍순일, 홍선기, 송기태, 한은선, 조화영, 조인경	최충일(남, 미 상), 김갑곤(남, 미상) 외 2명	시화호와 연안보 존, 지역적 표현 (인지어), 배, 느티 나무, 굴, 어장, 바 지락칼국수	현지 조사 (콜로 키움)
6	2007. 02.27	인천광역시 옹진군 영흥 면 선재2리	홍순일, 조화영	백승옥(여, 81), 강순녀(여, 77) 외 4명	아리랑고개, 도라 지타령, 상여, 자 장가, 귀신, 도깨 비불, 음나무	현지 조사
7	2007. 02.27-28	인천광역시 옹진군 영흥 면 선재3리	이경엽, 김준, 홍순일, 홍선기, 송기태, 한은선, 조화영, 조인경	김정환(남, 76), 문인분(여, 76), 손정종(남, 84)	당, 어촌계, 갯벌, 혼인, 생업, 노래, 낙지잡는 법, 배치 기, 배목수의 생애 담, 속신어(금기어)	현지 조사
8	2007. 02.28	경기도 안산 시 단원구 선감동 717 안산어촌민 속전 시관 중심	홍순일	[안내자] 김종선(남, 49)	산, 당산, 어로요 (배치기, 바디질소 리, 노젓는소리, 굴 딸 때 하는 소리)	현지 조사
9	2007. 03.02-03	인천광역시 옹진군 영흥 면	이경엽, 이윤선, 홍순일, 홍선기, 조화영	김매물(여, 69) 외 황해굿 한뜻계 보존회원들	영흥풍어제(산맞 이-뱃고사), 연평도 조기잡이, 배치기	현지 조사
10	2007. 06.15	태안군 안면 읍 황도리	홍순일	박현철(남, 47) 외 2명	제보자 파악(풍선 배, 갯벌, 풍어제, 뱃고사, 바지락, 굴,	현지 조사 (사전

				낙지, 설화, 배치기)	조사)
11	2007. 06.25	태안군 안면읍 황도리	이윤선, 홍순일, 한은선, 조화영	조동호(남, 59), 김기화(여, 63) 외 마을사람들	오후 갯벌, 당제, 당주	현지조사
12	2007. 06.26	태안군 안면읍 황도리	홍순일	강대성(남, 77), 이종래(남, 69) 외 2명	배치기, 황도붕기 풍어제 수상	현지조사(CD 자료)
13	2007. 06.27	태안군 안면읍 황도리	김준, 홍순일	홍길용(남, 71), 박병환(남, 85) 외 마을사람들	새벽 갯벌, 황도붕도풍어제, 나룻질	현지조사(비디오·사진자료)

(2) 국외조사

번호	조사일시	조사지역	조사자	제보자	제보내용	비고
1	2007.03.25	히로시마 오노미치(1)	김준, 문병채, 이윤선, 홍선기, 홍순일	자체	조사	가는길
2	2007.03.26	오노미치(2) 세토다	김준, 문병채, 이윤선, 홍선기, 홍순일	면담자, 가이드	면담, 극장	
3	2007.03.27	토모노우라 히로시마	김준, 문병채, 이윤선, 홍선기, 홍순일, 김재은	NPO면담자 (3명), 나카고시 교수	NPO면담, 나카고시 교수 발표	
4	2007.03.28	시모카마가리 가미카마가리 히로시마	김준, 문병채, 이윤선, 홍선기, 홍순일	가이드, 다도체험자	조선통신사박물관, 조염, 다도	
5	2007.03.29	사이쬬 미야지마	김준, 문병채, 이윤선,	가이드, 면담자	술, 면담	

			홍선기, 홍순일			
6	2007.0 3.30	미야지마	김준, 문병채, 이윤선, 홍선기, 홍순일	부가쿠 공연자들	부가쿠	부가 쿠, 연수, 사쿠 라
		히로시마	문병채· 이윤선· 김준· 김재은	도부공자 (渡部公子)	보존회	
			홍선기· 홍순일	카미 히카루 (紙光)· 출본경치 (出本敬治)	≪쌀로 술을 만들 때 하는 소리≫(<오후에 술 젓는(술을 섞을 때) 소리>를 현대식으로 바꾸어 사이죠 술 만 들기의 대표로 만든 최신판의 소리>, <쌀 씻을 때 하는 소리>, <좋은 효모를 만들 때 하는 소리>, <오 후에 술 젓는(술을 섞 을 때) 소리>, <추석 때에 하는 소리>, <아이들이 하는 소 리>, <히로시마현 기 아리에서 하는 소리>	
7	2007.0 3.31	히로시마 인천공항	김준, 문병채, 이윤선, 홍선기, 홍순일	자체	조사	오는 길

2. 저서

고철환 역,『한국의 갯벌』, 서울대학교출판부, 2001.

김준 글·사진,『새만금은 갯벌이다』, 한얼미디어, 2006.

나승만·김준·신순호·김창민·유철인·이경엽·김웅배·이준곤,『다도해 사람들 – 사회와 민속 – 』, 경인문화사, 2003.

나승만·신순호·조경만·이준곤·이경엽·김준, 『섬과 바다 – 어촌생활과 어민 – 』, 경인문화사, 2005.

나승만·신순호·조경엽·이경엽·김준·홍순일, 『해양생태와 해양문화』, 경인문화사, 2007.

나승만·조경만·고광민·이경엽·이윤선·김준·홍순일, 도서해양문화총서⑨ 『서해와 조기』, 경인문화사, 2008.

주강현, 『조기에 관한 명상』, 한겨레신문사, 1998.

_____,『주강현의 관해기 일상과 역사를 가로지르는 우리 바다 읽기 관해기 1·2·3 남쪽바다·서쪽바다·동쪽바다』, 웅진지식하우스, 2006.

앨빈토플러·이규행 감역, 『권력이동』, 한국경제신문사, 1994

에틱박물관 엮음/ 최길성 옮겨 엮음, 『일본 민속학자가 본 1930년대 서해 도서 민속』, 민속원, 2004.

최춘일, 『경기만의 갯벌』, 경기문화재단, 2000.

홍순일, 『판소리창본의 희곡적 연구』, 충남대 박사학위논문, 2002.02. [재수록] 홍순일, 『판소리창본의 희극정신과 극적 아이러니』, 박이정, 2003.

홍재상 글·사진, 『한국의 갯벌』, 대원사, 2003.

3. 논문

김순갑, 「우리나라 대중가요에 나타난 해양정서」, 『해양문화연구』 제4호, 1998.12.

나승만·홍순일, 「무안민요의 지역적 특성과 문화론적 활용 – 들노래를 중심으로 – 」, 『도서문화』 제29집, 목포대 도서문화연구소, 2007.06.

안승택, 「남양만 갯벌의 어업기술과 영향 – 어법과 어구의 분포에 대한 하나의 설명 – 」, 『비교문화연구』 제11집 제1호, 서울대 비교문화연구소, 2005.

이경엽, 「서해안의 배치기 소리와 조기잡이의 상관성」, 『한국민요학』 제15집, 한국민요학회, 2004.

이윤선, 「닻배노래에 나타난 어민 생활사 : 진도군 조도군도를 중심으로」,

『민요논집』 제7집, 민요학회, 2003.

_____,「조기잡이 닻배와 어로민요 닻배 연구」, 목포대 석사논문, 2002.

이흥동,「우리나라 갯벌자원의 중요성과 가치」,『월간 해양수산동향(현재: 월간 해양수산)』통권 제156호, 1997.07.

주강현,「서해안 조기잡이와 어업생산풍습－어업생산력과 임경업 신격화 문제를 중심으로－」,『역사민속학』창간호, 한국역사민속학회, 1991.

홍순일,「≪도서지역 민요≫와 문화관광」,『한국민요학』제17집, 한국민요학회, 2005.12. [재수록] 김기현·배인교·이경엽·이윤정·문숙희·이성훈·이윤선·권오경·김인숙·홍순일,『수산노동요연구』, 민속원, 2006; 나승만·신순호·조경만·이경엽·김준·홍순일,『해양생태와 해양문화』, 경인문화사, 2007.

_____,「≪도서지역 민요≫와 민속문화정보」,『한국민요학』제19집, 한국민요학회, 2006.12.

_____,「서해 도서지역의 구비전승물과 해양정서－조기를 중심으로－」,『도서문화』제28집, 목포대 도서문화연구소, 2006.12. [재수록] 홍순일,「칠산 조기잡이의 구비전승과 해양정서」『서회와 조기』, 경인문화사, 2008.10.31.

_____,「≪신안민요≫의 언어문화적 접근과 소리문화적 활용－<지도민요>·<중도민요>·<임자도민요>를 중심으로－」,『남도민속연구』제14집, 남도민속학회, 2007.06.

_____, 서해바다 황금갯벌의 구비전승물과 해양정서」『도서문화』제30집, 목포대 도서문화연구소, 2007.12.

홍태한,「설화와 민간신앙에서의 실존인물의 신격화 과정－남이 장군과 임경업 장군의 경우－」『한국민속학보』제3집, 한국민속학회, 1994.03.

나승만, 「어로기술」, 『한국의 해양문화』(서남해역 下편), 해양수산부, 2002.

서종원, 「서해안 지역의 임경업 신앙 연구」, 『경기 해안도서와 동아시아』, 경인문화사, 2007.

이경엽, 「충남 녹도의 조기잡이와 어로신앙」, 『도서문화』, 도서문화연구소, 2007,

이윤선, 「도서문화연구의 전개와 문화콘텐츠시대의 지향 -『도서문화』의 활용론적 연구경향을 중심으로 - 」, 『도서문화』 제29호, 목포대 도서문화연구소, 2007.

_____, 「서남해 전래 어구어법의 문화원형성」, 『도서문화』 24호, 목포대도서문화연구소, 2004.

_____, 「해양문화의 프랙탈, 죽막동 수성당 포지셔닝」, 『변산반도 해양문화 포럼』, 부안군지역혁신협의회, 2007,

_____, 「한국 서복설화의 현황과 관광자원화 방향」, 『도서문화』, 2007.

임은미, 「노스탤지어 관광상품 개발에 관한 탐색적 연구」, 『관광학연구』 제30권 제3호, 2006, 한국관광학회,

정연학, 「돌살(石箭)考」, 인하대학교 교육대학원 일반사회교육전공 석사학위논문, 1994, 인하대학교

주강현, 「서해안의 독살문화와 민중생활사」, 『해양과 문화 창간호』, 해양문화재단·한겨레신문사, 1999,

_____, 「충남 서해안의 독살(석전) 분포와 특징」, 『고고와 민속』 창간호, 1998. 한남대학교 박물관.

_____, 『신이 내린 황금그물 돌살』, 들녘, 2006,

채명룡, 「군산지역 유무형 문화자원의 관광자원화 방향」, 『군산문화』, 군산문화원, 2007

군산시, 『군산도서지』, 2006,

대전일보, 2004. 09. 30일자

개야도 어촌계 가페(daum). http://cafe.daum.net/ROOS

충남 서해어살축제 2008 홈페이지/ http://www.esal.co.kr

색 인

■ 필자 소개

나승만
목포대학교 국어국문학과 교수(민속학 전공)

조경만
목포대학교 역사문화학부 교수(문화인류학 전공)

고광민
제주대학교 학예연구사(민속학 전공)

이경엽
목포대학교 국어국문학과 교수(민속학 전공)

이윤선
목포대학교 도서문화연구소 연구교수(민속학 전공)

김 준
전남발전연구원 연구위원(사회학 전공)

홍순일
목포대학교 도서문화연구소 연구교수(구비문학 전공)

서해와 갯벌

〗인쇄일 : 2009년 8월 20일
〗발행일 : 2009년 8월 31일
〗집필자 : 나승만·조경만·고광민·이경엽·이윤선·김준·홍순일
〗발행처 : 경인문화사
〗발행인 : 한정희
〗편　집 : 신학태 김하림 문영주 김지선 정연규 안상준
〗주　소 : 서울시 마포구 마포동 324-3
〗전　화 : 02-718-4831~2
〗팩　스 : 02-703-9711
〗홈페이지 : www.kyunginp.co.kr ｜ 한국학서적.kr
〗이 메 일 : kyunginp@chol.com
〗등록번호 : 제10-18호(1973.11.8)

　ISBN : 978-89-499-0657-7　94380
ⓒ 2009, Kyung-in Publishing Co, Printed in Korea
※ 파본 및 훼손된 책은 교환해 드립니다.
값 17,000원